X.media.press

X.media.press ist eine praxisorientierte Reihe zur Gestaltung und Produktion von Multimedia-Projekten sowie von Digital- und Printmedien.

Thomas Klauß

Verbände digital

Grundlagen, Strategie, Technologie, Praxis

Mit einer Vergleichsstudie, 10 Fallbeispielen und
einem Geleitwort von Klaus-Peter Siegloch

Springer Vieweg

Thomas Klauß
Xpoint0 - Moderner Verband
Berlin, Deutschland

ISSN 1439-3107
ISBN 978-3-642-45018-1 ISBN 978-3-642-45019-8 (eBook)
DOI 10.1007/978-3-642-45019-8

Die Deutsche Nationalbibliothek verzeichnet diese Publikation in der Deutschen Nationalbibliografie; detaillierte bibliografische Daten sind im Internet über http://dnb.d-nb.de abrufbar.

Springer Vieweg

Gedruckt auf säurefreiem und chlorfrei gebleichtem Papier.

Springer Vieweg ist eine Marke von Springer DE. Springer DE ist Teil der Fachverlagsgruppe Springer Science+Business Media
www.springer-vieweg.de

Geleitwort von Klaus Peter Siegloch

Kommunikation ist heute vor allem digitale Kommunikation. Die Digitalisierung durchdringt alle Bereiche des öffentlichen und privaten Lebens, und sie verändert die Art, wie Menschen konsumieren und kommunizieren und wie sie in Verbänden zusammenarbeiten. Ob Wirtschafts-, Umwelt- oder kirchlicher Verband – so unterschiedlich die Institutionen auch sind, sie alle erleben einen grundlegenden Strukturwandel der Kommunikation mit Mitgliedern und Öffentlichkeit. Verbände stehen vor großen Herausforderungen, wenn sie diesen Wandel aktiv mitgestalten wollen.

World Wide Web, E-Mails, soziale Netzwerke, Smartphones und Co. haben alle Bereiche moderner Verbandsarbeit revolutioniert: Sie ermöglichen neue Formen der Arbeit und Zusammenarbeit, von der einfachen Heimarbeit bis hin zu Cloud Computing. Sie verändern die Art und Weise, wie Verbände ihre IT-Infrastruktur aufstellen, und verschärfen die Anforderungen an Datensicherheit und Datenschutz. Vor allem aber stellen sie Verbände vor die Frage, wie sie bei der Informationsflut, der Menschen jeden Tag ausgesetzt sind, noch erfolgreich ihre Botschaft verbreiten können. Denn die Art und Weise, wie Menschen Informationen aufnehmen, selektieren und austauschen haben sich grundlegend gewandelt – nicht nur technisch, sondern auch sozio-kulturell.

Verbänden haftet gelegentlich das Image an, etwas verstaubt zu sein. Das digitale Zeitalter bietet eine Chance, dieses Vorurteil einmal mehr zu widerlegen! Dafür müssen sich Verbandsmanager frühzeitig und umfassend damit auseinanderzusetzen, welche Möglichkeiten die neuen Technologien und Kommunikationsformen mit sich bringen. Einen Beitrag dazu soll das Buch leisten, das Sie in der Hand halten – oder eben auf Ihrem Display lesen.

Klaus-Peter Siegloch

Präsident des Bundesverbandes der Deutschen Luftverkehrswirtschaft e. V.

Berlin im März 2014

Inhaltsverzeichnis

Danksagung . . . XI

1 **Einführung** . . . 1
1.1 Herausforderungen für Verbände . . . 2
1.1.1 „Change" oder die Zeiten ändern sich . . . 2
1.1.2 Anforderungen von außen . . . 3
1.1.3 Binnensicht und Chancen . . . 4
1.2 Schöne neue Medienwelt . . . 5
1.2.1 Psychosoziale Faktoren . . . 6
1.2.2 Kultureller Wandel . . . 8
1.2.3 Big Data, Big Brother? . . . 9
1.2.4 Informationsökonomie . . . 12

2 **Studie „Verbände digital" 2010 und 2013** . . . 15
2.1 Studiendesign und Intro . . . 15
2.2 Verbandsinterne Kommunikation (Mitarbeiter und Mitglieder) . . . 16
2.3 Außenkommunikation . . . 18
2.4 Auswirkungen auf die Organisation . . . 20
2.5 Chancen und Risiken . . . 22
2.6 Fazit . . . 23

3 **Digitale Agenda – Strategie, Management & (Medien)Technologien** . . . 27
3.1 Organisation – Strukturen & Prozesse . . . 28
3.1.1 Unterschiede zwischen Verbänden . . . 29
3.1.2 Moderner Verband oder „Verband 2.0" . . . 31
3.1.3 „Digital Layer" . . . 33
3.2 Wissensmanagement . . . 36
3.2.1 Grundlagen . . . 37
3.2.2 Wissensmanagement Praktiken und Werkzeuge . . . 40
3.2.3 Wissensmanagement in Verbänden . . . 41

3.3 Intranet & Extranet oder Mitarbeiter- & Mitgliederportal . . . 44
3.3.1 Intranet für die Mitarbeiter des Verbandes . . . 46
3.3.2 Extranet für Mitglieder, assoziierte Personen oder Organisationen 49
3.3.3 Backend: Übergreifende Systeme – DMS, CMS, Portale . . . 55
3.4 Internet & Social Media . . . 62
3.4.1 Im Zentrum: Die Verbandswebsite . . . 64
3.4.2 Satelliten: Themen-, Kampagnenportale, Microsites etc. . . . 70
3.4.3 Social Media . . . 74
3.5 Kommunikations-, Veranstaltungs- und Mitglieder-/Stakeholder-management mit CRM-Systemen . . . 80
3.5.1 Kontaktdaten-, Stakeholder-, Mitglieder- und Gremien-Management . . . 82
3.5.2 Veranstaltungsmanagement . . . 86
3.5.3 Kommunikationsmanagement . . . 90
3.5.4 Schnittstellen und Folgerungen . . . 94
3.6 E-Lobbying (Spezialthema) . . . 96
3.6.1 Elektronische Vorbereitung klassischer Lobbying Maßnahmen . . 96
3.6.2 Elektronisches Agenda Setting, Online-Lobbying . . . 102
3.7 Datenschutz & Datensicherheit . . . 106
3.7.1 Rechtliche Grundlagen . . . 108
3.7.2 Öffentliches Verfahrensverzeichnis . . . 110
3.7.3 Internes Verfahrensverzeichnis . . . 111
3.7.4 Interner vs. externer Datenschutzbeauftragter . . . 118
3.8 Verbands-IT – Inhouse, Outsorced, Cloud . . . 119
3.8.1 Bausteine der Verbands-IT . . . 120
3.8.2 Hardware, Software, Services Inhouse oder Outsorced? . . . 122
3.8.3 Cloud . . . 124
3.8.4 Mobile Endgeräte . . . 126
3.9 Cloud & Mobile – Anwendungen für Verbände (Spezialthema) . . . 127
3.9.1 Dokumentenmanagement, E-Mail, Kalender . . . 129
3.9.2 Kontaktdaten und CRM . . . 130
3.9.3 Web- und Videokonferenzen . . . 132
3.9.4 Mobile Services & Apps . . . 133
3.10 Projekt- & Change Management, Compliance . . . 134
3.10.1 Rahmenbedingungen . . . 135
3.10.2 Agile Verfahren: Scrum . . . 136
3.10.3 Kombination agiler und klassischer Verfahren . . . 139
3.10.4 Software zur Unterstützung des Projektmanagements . . . 142
3.10.5 Einführung und Change Management . . . 147
3.10.6 Haftungsrisiken, (IT-)Compliance . . . 150

4 Zehn Fallbeispiele von Verbänden im Wandel . . . 153
4.1 Gesellschaft für Personzentrierte Psychotherapie und Beratung e. V. (GwG) . . . 154
4.1.1 Auf einen Blick . . . 154
4.1.2 Zur GwG . . . 154
4.1.3 Ausgangslage, Zielsetzung, Strategie . . . 156
4.1.4 Maßnahmen (Auswahl) . . . 158
4.1.5 Ergebnisse & Ausblick . . . 165
4.2 Weltverband Deutscher Auslandsschulen e. V. (WDA) . . . 166
4.2.1 Auf einen Blick . . . 166
4.2.2 Zum WDA . . . 166
4.2.3 Ausgangslage, Zielsetzung, Strategie . . . 167
4.2.4 Maßnahmen (Auswahl) . . . 169
4.2.5 Ergebnisse & Ausblick . . . 172
4.3 Arbeitgeberverband Gesamtmetall . . . 172
4.3.1 Auf einen Blick . . . 172
4.3.2 Zu Gesamtmetall . . . 172
4.3.3 Ausgangslage, Zielsetzung, Strategie . . . 174
4.3.4 Maßnahmen (Auswahl) . . . 174
4.3.5 Ergebnisse & Ausblick . . . 178
4.4 Bundesverband Informationswirtschaft, Telekommunikation und neue Medien e. V. (BITKOM) . . . 179
4.4.1 Auf einen Blick . . . 179
4.4.2 Zum BITKOM . . . 180
4.4.3 Ausgangslage, Zielsetzung, Strategie . . . 181
4.4.4 Maßnahmen (Auswahl) . . . 182
4.4.5 Ergebnisse & Ausblick . . . 188
4.5 Zentralverband Elektrotechnik- und Elektronikindustrie e. V. (ZVEI) . . . 189
4.5.1 Auf einen Blick . . . 189
4.5.2 Zum ZVEI . . . 190
4.5.3 Ausgangslage, Zielsetzung, Strategie . . . 191
4.5.4 Maßnahmen (Auswahl) . . . 191
4.5.5 Ergebnisse und Ausblick . . . 197
4.6 Verband Deutscher Zeitschriftenverleger e. V. (VDZ) . . . 197
4.6.1 Auf einen Blick . . . 197
4.6.2 Zum VDZ . . . 197
4.6.3 Ausgangslage, Zielsetzung, Strategie . . . 199
4.6.4 Maßnahmen (Auswahl) . . . 200
4.6.5 Ergebnisse, Ausblick . . . 205
4.7 Deutscher Journalisten-Verband e. V. (DJV) . . . 206
4.7.1 Auf einen Blick . . . 206
4.7.2 Zum DJV . . . 206

4.7.3 Ausgangslage, Zielsetzung, Strategie 208
4.7.4 Maßnahmen (Auswahl) 208
4.7.5 Ergebnisse & Ausblick 216
4.8 Die Familienunternehmer (ASU) & Die Jungen Unternehmer (BJU) . . . 218
4.8.1 Auf einen Blick 218
4.8.2 Zum ASU & BJU 218
4.8.3 Ausgangslage, Zielsetzung, Strategie 219
4.8.4 Maßnahmen (Auswahl) 220
4.8.5 Ergebnisse & Ausblick 224
4.9 Bundesverband der Deutschen Industrie e. V. (BDI) 225
4.9.1 Auf einen Blick 225
4.9.2 Zum BDI 226
4.9.3 Ausgangslage, Zielsetzung, Strategie 226
4.9.4 Maßnahmen (Auswahl) 228
4.9.5 Ergebnisse & Ausblick 232
4.10 Bundesverband der Deutschen Luftverkehrswirtschaft e. V. (BDL) 234
4.10.1 Auf einen Blick 234
4.10.2 Zum BDL 234
4.10.3 Ausgangslage, Zielsetzung, Strategie 234
4.10.4 Maßnahmen (Auswahl) 236
4.10.5 Ergebnisse und Ausblick 239

5 Fazit & Ausblick 241

Zum Autor 245

Literatur 247

Sachverzeichnis 249

Danksagung

Dieses Buch wäre ohne inhaltliche Beiträge/Unterstützung der folgenden Personen kaum zustande gekommen:

Annika Mierke (das Stilbüro) für Kapitelgrafiken, inhaltliche Anregungen und Korrekturen, Klaus-Peter Siegloch, Ivo Rzegotta, Marian Kortas (alle BDL) für Geleitwort und Fallbeispiel, Dr. Hans-Werner Busch (IVM), Dr. Anna Riedel (IEB) für die Studienauswertung, alle ehemaligen Kollegen vom BITKOM, Dr. Axel Garbers (ehemals BITKOM) sowie für weitere Beispiele Daniela Werner (BDI), Thilo Klingebiel (WDA), Martin Leutz (Gesamtmetall), Thorsten Meier (ZVEI), Oliver Claas (VCI), Peter Klotzki (VDZ), Michael Hirschler (DJV), Klaus-Hubert Fugger (ASU), Mathias Bucksteeg (BDEW), Oliver Wüntsch (GwG)

Einführung

1

Der Unterschied zwischen der Innovations- und Stagnationsgesellschaft ist der Grad der Digitalisierung (Alexander Dobrindt, Bundesminister für Verkehr und digitale Infrastruktur auf einer Start-up Messe in Berlin).

Verbände digital verweist auf die Erkenntnis, dass sich im Zuge der digitalen Revolution Wirtschaft („Mittelstand digital", „Industrie 4.0"), Staat und Gesellschaft („Digitale Agenda 2014–2017") und damit auch die Verbandswelt modernisieren müssen. Dabei geht es längst nicht mehr nur um Verbände im Internet, das Web 2.0 oder Social Media. Die Lehre der vergangenen Jahre ist, dass Maßnahmen auf diesen Gebieten nur etwas bewirken, wenn sie als Teil eines übergeordneten Konzeptes intelligent, zielgerichtet ein- und umgesetzt werden. Einzelne Töne finden kein Gehör, wenn sie nicht Teil einer stimmigen Komposition sind, oder mit den Worten des Komponisten Josef-Anton Bruckner „Wer hohe Türme bauen will, muss lange beim Fundament verweilen."

Die Regel ist leider immer noch, dass z. B. so schwierige, riskante und wichtige Prozesse, wie beispielsweise die Auswahl, Anpassung und Einführung eines CRM[1]-Systems ohne Anforderungsanalyse, geeigneten Software- und Dienstleister-Auswahlprozess und ohne professionelle Projektorganisation inklusive Change Management durchgeführt werden.

Es mangelt häufig auch an Zielvorstellungen, was mit den Maßnahmen genau erreicht werden soll, weshalb sich auch keinen Return on Investment zeigt. Es überrascht nicht, dass sich unter diesen Bedingungen viele Verbandsverantwortliche scheuen, konsequent Projekte mit den damit verbundenen Aufwänden und Risiken zu realisieren!

Dabei mögen auch Compliance Fragen eine Rolle spielen, stehen doch Geschäftsführer von Verbänden und deren GmbHs persönlich in der Haftung. Es ist jedoch ein Irrglaube, dass es weniger Risiken mit sich bringt, den Status quo beizubehalten (s. u. a. Abschn. 3.3, 3.7 und 3.10).

Auch in den sozialen Medien ist „dabei sein" längst nicht alles; im Gegenteil: Es ist besser, zunächst nur zu beobachten und zu analysieren, als ohne stimmiges Konzept zu

[1] Customer Relationship Management.

T. Klauß, *Verbände digital*, X.media.press, DOI 10.1007/978-3-642-45019-8_1,

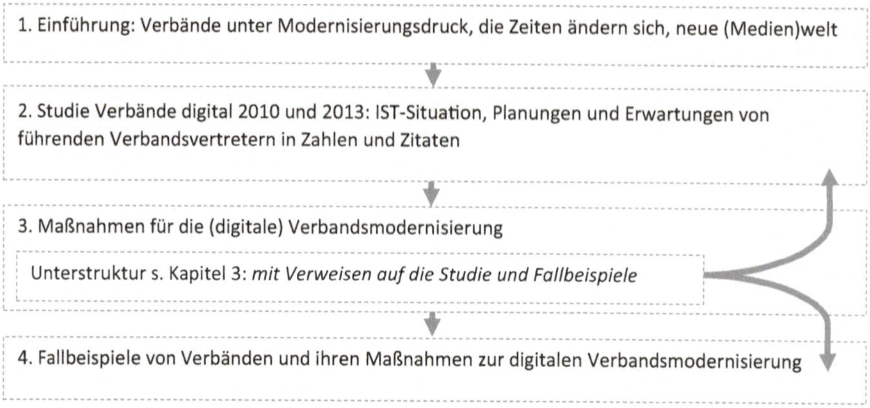

Abb. 1.1 Zum Aufbau des Buches

agieren. Schlecht gezielt, kann der Schuss schnell nach hinten losgehen, wie einige leidvolle, im Buch beschriebene Erfahrungen zeigen. Letztendlich können intelligent geplante und aufeinander abgestimmte Maßnahmen bei größerer Wirkung Ressourcen sparen helfen, anstatt sie für falsch aufgesetzte und mangelhaft geführte Projekte aufzubrauchen!

Das Buch beginnt mit einer grundlegenden Beschreibung aktueller Entwicklungen und den Herausforderungen, denen sich Verbänden gegenübergestellt sehen. Im zweiten Kapitel belegen Zahlen und Zitate aus der 2010 und 2013 durchgeführten Vergleichsstudie die digitale Entwicklung von Verbänden in Deutschland. Anschließend werden strategische, organisatorische, konzeptionelle und als Schwerpunkt Informations- und Kommunikationstechnische Maßnahmen beschrieben, mit denen sich Verbände digital modern aufstellen bzw. entwickeln können. Viele der Maßnahmen sind mit konkreten Praxishilfen und -Beispielen bestückt.

Last but not least ergänzen an vielen Stellen Referenzen auf Ergebnisse der Studie und die im vierten Teil des Buches ausführlich beschrieben Fallbeispiele (s. Abb. 1.1: Zum Aufbau des Buches) diese Inhalte.

1.1 Herausforderungen für Verbände

Es gibt keine Praxis ohne Theorie.[2]

1.1.1 „Change" oder die Zeiten ändern sich

In der digitalen Mediengesellschaft treten die materiellen und räumlichen Faktoren gegenüber Zeit und Aufmerksamkeit in den Hintergrund. Man kann darüber diskutieren, ob das

[2] Jeder Handlung liegen theoretische Annahmen zugrunde, bewusste oder unbewusste. Viele Fehler entstehen nicht durch falsche Ausführung sondern falsche Annahmen (biopsychologische Erkenntnis).

für alle ökonomischen Bereiche zutrifft, aber es passt mit Sicherheit auf die nichtkommerziellen Organisationen (NPOs) inklusive den eingetragenen Vereinen.

Verbände leben wie auch andere Vereine und die meisten NPOs von dem Engagement ihrer Mitglieder, der medialen Sichtbarkeit und politisch, sozialen Wirksamkeit. Die dafür notwendigen, virtuellen Rohstoffe Mitgliederengagement, Sichtbarkeit, Information und Kommunikation sind in besonderem Maße von der Digitalisierung betroffen.

Zeit ist der erste limitierende Faktor wenn es um die Beteiligung von Mitgliedern an Veranstaltungen jeder Art – seien es Meeting, Arbeitskreis-, Gremiensitzungen, Foren, Wahlen etc. geht. Immer weniger Arbeitnehmer vor allem kleinerer Unternehmen bzw. Organisationen bekommen die Zeit und auch die Reisekosten für eine intensive Mitarbeit in Verbänden gestellt. Neben den ökonomischen fordern auch die ökologischen Aspekte eine Fokussierung von Dienstreisen auf das Notwendige.

Zugleich fußt die Verbandsarbeit in erheblichem Maße auf solchen Veranstaltungen und dem direkten Dialog zwischen den Mitgliedern.

Digitale Tools, die eine zeit- und ortsunabhängige Verbandsarbeit, Information, Kommunikation inklusive Networking ermöglichen, werden für Verbände deshalb essenziell.

Wenn die Verbände solche Services Ihren Mitgliedern nicht anbieten, wandern diese mit ihrer verbandsrelevanten Kommunikation, ihrem Wissen, Austausch und Kooperation auf andere, verbandsexterne Plattformen ab. Damit geben die Verbände einen erheblichen Teil ihres Aufgaben- und Leistungsspektrums aus der Hand. Das ist nicht nur eine ganz reale Bedrohung kontrollierter Verbandsarbeit und Außenkommunikation, sondern schlicht der Existenzgrundlage von Verbänden: Der Mitgliedschaft und dem damit verbundenen Mehrwert.

1.1.2 Anforderungen von außen

Die Möglichkeiten und Anbieter digitaler Kommunikation nehmen exponentiell zu. Zeitgleich verlieren die klassischen Medien unaufhaltsam an Einfluss: Die althergebrachten Wege, Pressemitteilungen an die Medien zu bringen, finden dort kaum noch Abnehmer. Die elektronischen Medien sind schneller, zielgerichteter, personalisierter, einfacher zu verarbeiten und zu distribuieren.

Hinzu kommen die stark gestiegenen Anforderungen an thematische und Zielgruppen bzw. Personen optimierte Kampagnen. Eine noch größere Herausforderung, die so manche Presseabteilung überfordert, sind die mit Social Media in der Breite angekommenen, digitalen Dialogprozesse: Hier gilt es, in sehr kurzer Zeit authentisch und effektiv reagieren zu können – sei es auf Anfragen, Informationslecks, Image schädigende Äußerungen oder Gegenkampagnen.

Über mehrere Stellen abgestimmte Verlautbarungen sind da schlicht zu langsam, statisch und ineffizient. Zudem sind deren Aussagen durch den langen Abstimmungsprozess oft verwässert und schwer medial an die Frau oder den Mann zu bringen.

Mit oft an starren Abläufen gewöhnten Kommunikationsapparaten sind Verbände zum Teil überfordert, externe Zielgruppen zeitnah, punktgenau und pointiert zu erreichen. Gleiches gilt für die Aufgabe, Mitglieder schneller (vor allem vor anderen) zu informieren und zu mobilisieren.

Verbände dürfen nicht den Fehler begehen, das Feld anderen, konsequenter agierenden Akteuren zu überlassen, wie PR Agenturen oder von Firmen selbst organisierten Initiativen.

Auch die Politik kennt alternative Quellen zu den Verbänden als Aggregaten von Branchen- und anderen Positionen. Verdecktes Lobbying in Hinterzimmern wir schwerer, der Ruf nach Transparenz lauter. Immer mehr sickert auch ohne Organisationen wie Lobby Control vor allem über die schnellen, digitalen Dienste wie Twitter an die Öffentlichkeit: Jeder Teilnehmer eines Meetings oder einer Veranstaltung kann via Smartphone „News Leaks" direkt digital verbreiten. Für die Medien ist es mit Hilfe digitaler Agenten einfach, ohne Zeitverzögerung von diesen Meldungen zu erfahren und sie in der Öffentlichkeit bekannt zu machen. So dauert es heute Minuten oder ein paar Stunden, bis solche Nachrichten bekannt und nicht mehr zu kontrollieren sind. Auch darauf müssen sich Verbände einstellen. Dies geht nur, indem sie sich auf intelligente und effektive Art ähnlich mächtiger, digitaler Tools bedienen.

1.1.3 Binnensicht und Chancen

Die jüngere Generation von Mitarbeiter(innen) hat hohe Erwartungen an ein zeitgemäßes Arbeitsumfeld. Dazu gehören digitale Werkzeuge und Services, die sie von anderen Arbeitgebern, zumeist aus der Wirtschaft oder aus dem privaten Umfeld gewohnt sind und die sie benötigen, um mobil, flexibel, motiviert effizient arbeiten zu können.

Es herrscht also Veränderungsdruck von vielen Seiten: Von den neuen Mitarbeitern/innen, von den Mitgliedern (auch den potenziellen), Stakeholdern, der Politik, den Medien und der Öffentlichkeit.

Digitalisierung ist keineswegs die Lösung all dieser Probleme, doch ist sie heute, und wird es noch mehr in naher Zukunft, eine notwendige Voraussetzung!

Um keinen falschen Eindruck zu erwecken: Selbstverständlich ist der persönliche Kontakt (face2face für die Digital Natives) nach wie vor die erste Wahl: Ohne direkten Kontakt lässt sich kaum das Vertrauen aufbauen, welches für die virtuelle Kooperation unabdingbar ist. Aber es ist kein ökonomisch effizientes Mittel, ökologisch schwer tragbar und aufgrund von Zeitknappheit immer weniger realisierbar.

Deshalb sollten Verbände versuchen, die Zeit vor und nach den persönlichen Treffen so zu organisieren, dass aus den Treffen der bestmögliche Wert für alle Beteiligten entsteht. Durch eine intensivere Nutzung der Zeit zwischen den Treffen kann sich in erheblichem Maße auch die Mitgliederbindung steigern und verstetigen, wie Abb. 1.2: Aktivitätsniveau zwischen Treffen (Peaks) andeutet.

Verbände haben den Druck aber auch die große Chance, sich zu einem Teil neu zu erfinden und neue Aktionsfelder zu erschließen.

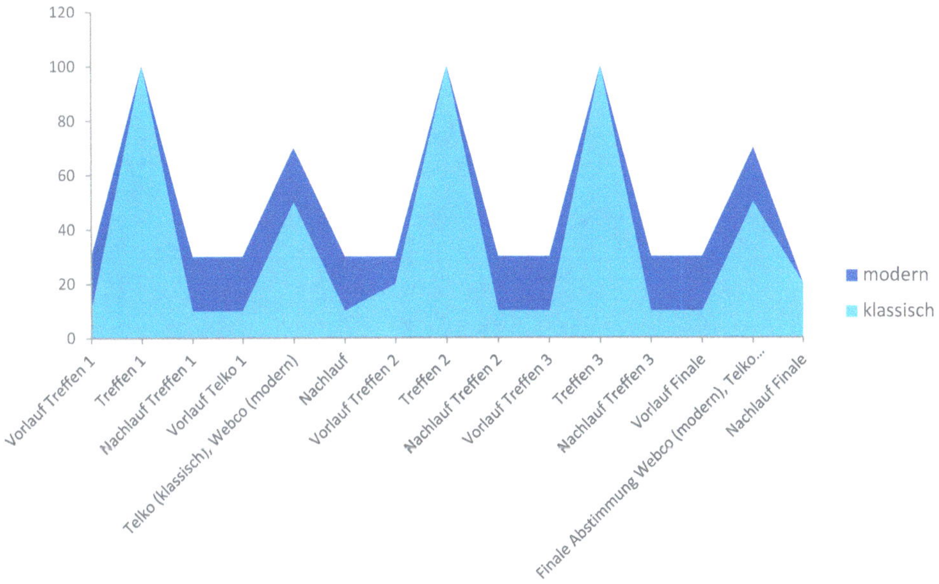

Abb. 1.2 Aktivitätsniveau zwischen Treffen (Peaks)

Viele der größten und stärksten Business Communities sind Verbände, die sich zudem auf Mitgliederbeiträge stützen können: Xing, LinkedIn, Twitter und anderen haben quasi bei null angefangen, sind aber in der Breite der Gesellschaft wesentlich präsenter, für die die Masse unverzichtbarer und haben längst begonnen, sich Verbandsterrain zu erobern.

1.2 Schöne neue Medienwelt

Kaum jemand stellt heute in Frage, dass Online Medien zu einer ernst zu nehmenden, ja unverzichtbaren Größe im Medienmix der Verbandskommunikation geworden sind (vgl. Kap. 2 Studie bei Verbänden 2010 und 2013).

Laut einer Studie der Princeton Survey Research Associates International [ST11] hat das Internet dem Fernsehen als Informationsmedium Nummer eins in den USA bereits 2011 den Rang abgelaufen.

Für Journalisten ist das Netz bekanntermaßen die Recherchequelle Nummer Eins. Längst schauen auch immer mehr Verbandsvertreter zuerst Online nach, wenn Sie sich über den aktuellsten Diskussionsstand sie betreffender Themen informieren wollen.

Hinzu kommt, dass die hoch im Kurs stehenden sozialen Medien komplett anders funktionieren als herkömmliche Broadcast-Medien wie etwa Fernsehen oder die Presse: Meldungen finden nur dann eine relevante Verbreitung, wenn sie über möglichst viele und/oder einflussreiche Knoten propagiert werden. Dazu benötigt man ein gutes Netzwerk von Unterstützern bzw. Followern (Twitter) oder Freunden/Fans (s. Abschn. 3.6 E-Lobbying).

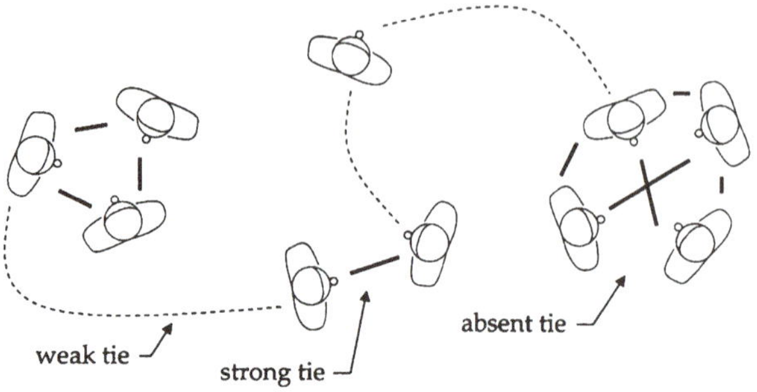

Abb. 1.3 Starke und schwache Bindungen in sozialen Netzen

Laut Angaben des Xing Gründers Lars Hinrichs basieren funktionierende Online Communities auf stabilen, vertrauensbasierte Beziehungen, die in „Offline" Netzwerken gebildet werden. D.h., die sozialen Online-Netzwerke bilden im Kern bereits bestehende Offline-Netzwerke ab – Ausnahme sind Kontakte auf Dating-Plattformen. Diese bestehenden, engen sozialen Beziehungen werden in der Sozialen Netzwerkanalyse (SNA) „strong binds" oder „strong ties" genannt (s. Abb. 1.3). Darüber hinaus gebildete, erweiterte Beziehungen bezeichnet man als „weak binds/ties". Diese entstehen oft durch Empfehlungen aus dem Netzwerk der engeren Beziehungen, neuen Bekanntschaften oder online recherchierten und für den Recherchezweck als passend bewerteten Personen.

Die Grundprinzipien solcher Netzwerke scheinen dabei für das Privatumfeld genauso zu gelten wie für den beruflichen Kontext – ob nun für den Austausch innerhalb eines Unternehmens oder über Unternehmensgrenzen hinweg.

Die schwächeren Verbindungen nach Außen („Weak ties") werden von „Grenzüberschreitern" („Spanners")[3] gezogen und dienen dem Austausch über die engeren, persönlichen Gruppen hinweg. Sie helfen, unterschiedliche Perspektiven und Informationskontexte zu verbinden und damit das Entstehen oder die Verbreitung neue Ideen bzw. Innovationen zu fördern. Die starken Bindungen, wie sie durch bestehende Organisationsstrukturen wie Projektteams gebildet werden, dienen eher der Ausdifferenzierung und Umsetzung in einem nahen Umfeld. Hierzu R.S. Burt von der University of Chicago in seinem Paper „Social origins of good ideas": „Good ideas emerge from the intersection of social worlds [weak ties, groups], but spread in a way that continued segregation between worlds" [Bu03].

Um diese Effekte nutzen zu können, muss man sich mit den motivationalen Hintergründen beschäftigen.

1.2.1 Psychosoziale Faktoren

Was sind nun die treibenden Kräfte einer aktiven Beteiligung an dem Austausch in sozialen Netzen für den Einzelnen?

[3] Vgl. auch Studie [TU06].

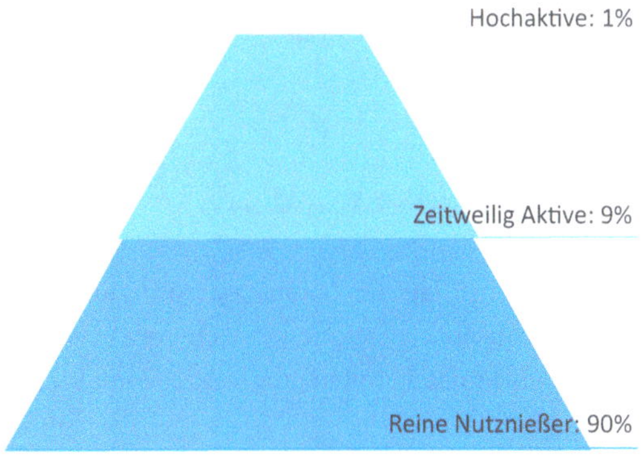

Abb. 1.4 Nielsen Pyramide der User Beteiligung: 10-9-1-Regel [Ni08]

Ein probater Ansatz ist die durch Erfahrungen im Großen und Ganzen bestätigte Hypothese, nach der maximal 10 % der Netzwerkteilnehmer Inhalte beisteuern, wobei ca. 1 % für den Großteil aller Inhalte verantwortlich zeichnet (s. Abb. 1.4: Nielsen Pyramide der User Beteiligung: 10-9-1-Regel [Ni08]).

Diese Regel wurde für Communities aus dem Freizeitbereich aufgestellt und lässt sich nicht 1 : 1 auf den beruflichen Kontext übertragen. Doch gilt auch dort, dass ein sehr geringer Anteil der Teilnehmer den allergrößten Teil der Beiträge liefert – wie im Übrigen jeder bestätigen kann, der mehrere Arbeitskreismeetings besucht oder gar moderiert hat.

Extrinsische Motivationsfaktoren (etwa Bonifikationen) können hier nur wenig ändern, vielmehr zeigt sich, dass die Motivationsfaktoren im privaten und Geschäftsumfeld weitestgehend intrinsische sind und sich größtenteils decken [St08]:

(1) Soziale (berufliche) Anerkennung, Selbstmarketing,
(2) Vertrauliche Kontakte zur Erreichung eigener Ziele für das soziale (berufliche) Vorankommen knüpfen,
(3) Unterhaltung(!) oder Befriedigung (z. B. durch Wissensvermehrung, Hilfe).

Die motivationalen Hintergründe und darauf basierenden Strukturen und Faktoren gab es also lange vor dem Web 2.0: Im wirtschaftlichen Umfeld waren zunächst Zünfte, Kammern, dann Verbände und im Schnittfeld von privaten und geschäftlichen Aktivitäten gab und wird es auch weiterhin Stammtische, „Pizza-Connections“, Golf- und andere Clubs geben, um nur einige Beispiele zu nennen.

Was sich gravierend ändert ist das Nutzungs- oder Kommunikationsverhalten jüngerer Netzwerkteilnehmer: Der Trend zeigt einen Anstieg der Kommunikationsfrequenz, bei einer Abnahme des Informationsgehaltes (zumindest quantitativ, s. Twitter und Messanger vs. Newsletter und E-Mail).

Dabei entwickelt sich die Kommunikation in Richtung individualisierter Dialoge in mehreren, aufeinander abgestimmten elektronischen Medien. Diese werden oft als individualisierte (Friend-)Streams in kleinen Anwendungen (Apps) auf den Displays der mobilen Endgeräte zusammengeführt und sind so omnipräsent. Solche verdichteten Dialogströme bedeuten auch eine neue Qualität und Quantität an Rückmeldungen, die zeitnah gemanagt werden wollen.

1.2.2 Kultureller Wandel

Bis vor kurzen lag der Schutz persönlicher Daten noch nicht hoch im Kurs. Zumindest deuteten die Informationen, welche gerade jüngere Nutzer bereit sind freiwillig Preis zu geben, um möglichst viele, passende Kontakte zu bekommen und ihre Reputation zu stärken, darauf hin.

Es hat den Anschein, als hätten der Grad und die Qualität der persönlichen Vernetzung einen höheren Stellenwert als das untrennbar mit der eigenen Person verbundene Persönlichkeitsprofil.

Der Kommunikationsphilosoph Vilém Flusser hatte bereits 1988 in einem Essay prophezeit: „Das neue Menschenbild als Verknotung von Beziehungen [...] sieht ungefähr so aus: Wir haben uns als ein Netz von zwischenmenschlichen Beziehungen vorzustellen, ein ‚intersubjektives Relationsfeld'. Die Fäden dieses Netzes sind als Kanäle zu sehen, durch welche Informationen wie Vorstellungen, Gefühle, Absichten oder Erkenntnisse fließen. Diese Fäden verknoten sich provisorisch und bilden das, was wir ‚menschliche Subjekte' nennen. Die Gesamtheit der Fäden macht die konkrete Lebenswelt aus. [...] Das ‚Selbst' (‚Ich') ist ein abstrakt gedachter Punkt, um welchen sich konkrete Beziehungen hüllen. ‚Ich' ist wozu ‚Du' gesagt wird." [V. Flusser: „Die Stadt als Wellental in der Bilderflut", in Vilém Flusser, Nachgeschichten, Essays, Vorträge, Glossen Bollmann, Düsseldorf 1990].

Oder in einfachen Worten: Man kennt mich, also bin ich!

Auch wenn es sicher noch eine Pointierung darstellt, lohnt es, sich dieses radikale Bild vor Augen zu halten, wenn man verstehen will, warum sich vor allem Digital Natives so verhalten.

Diese Kultur findet in den sozialen Medien eine ideale Infrastruktur: Nie war es so einfach, sich weltweit, zeit- und ortsunabhängig mit Hilfe leistungsfähigster Kommunikationstools zu vernetzen und als vernetztes Profil darzustellen (s. Abb. 1.5: Beispiel eines persönlichen Business-Netzwerks).

Entscheidend für das Erstvertrauen ist oft eine persönliche Empfehlung (meine Freunde machen das auch) und der entsprechende Stallgeruch (s. Facebook, das aus einem ähnlichen Umfeld entstanden ist, aus dem auch die ersten Teilnehmer stammen).

Quellen, zu denen ein persönlicher Bezug vorhanden ist, wird in der Web 2.0 sozialisierten Gemeinschaft eher geglaubt, als alteingesessenen Institutionen: Dies ist ein ganz entscheidender Faktor für den Erfolg persönlicher(!) Blogs, Facebook-Profile oder YouTube Channel. Mit der stärkeren Betonung der Informationsversorgung über das persönliche Netzwerk einher geht der Bedeutungsverlust des klassischen Bildungskanons, also einer Gruppen übergreifenden Wissensbasis.

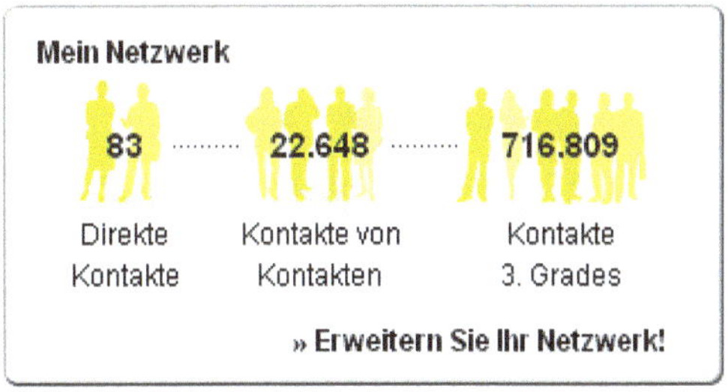

Abb. 1.5 Beispiel des persönlichen Netzwerkes eines Verbands-Mitarbeiters

Und natürlich ist das weltweite Netz das mit Abstand schnellste und aktuellste Medium, wenn auch nicht das zuverlässigste.

Spätestens mit der NSA-Affäre und zunehmenden Presseberichten über Datendiebstahl oder den wenig vertrauensvollen Umgang mit personenbezogenen Daten insbesondere bei Google und Facebook ist die Aufmerksamkeit der Nutzer gegenüber Web-Community-Anbietern deutlich gewachsen. Wenn sie auch ad hoc bereitwillig persönliche Daten einstellen, so suchen sie schnell nach Alternativen, wenn sie das Gefühl haben, einem nicht vertrauenswürdigen Anbieter aufgesessen zu sein.

Oder, um es mit den Worten eines Internet-Propagandisten zu sagen: „Das Web hat seine Unschuld verloren."

1.2.3 Big Data, Big Brother?

Auch diese Entwicklung bestätigt die Princeton-Studie selbst in Bezug auf die nicht für den hohen Stellenwert von Datenschutz bekannten USA [St11]: Schon vor der NSA-Affäre begannen sich immer mehr US-Bürger für Gedanken über Datenschutz-Strategien für ihr digitales Abbild zu machen.

Darauf musste auch der Facebook Gründer Zuckerberg, für den Datenschutz bisher als Anachronismus galt, eingehen: „Wir haben in den vergangenen Jahren immer wieder gehört, dass die Menschen mehr Kontrolle darüber haben wollen, wie sie ihre Daten teilen." Deshalb wurde die General-Vollmacht zur uneingeschränkten Datenverarbeitung ausdifferenziert und der automatische Zugriff auf Daten von Freunden (!) des Nutzers abgeschafft (SZ vom 2. Mai 2014, S. 19, Wirtschaftsteil).

Nichtsdestoweniger hat sich mit dem Netz eine Parallelwelt entwickelt, die immer mehr in die „reale"[4] Welt hineindiffundiert. Dass dies kein Science Fiction ist, zeigt sich in vielerlei Hinsicht.

Die in jedem Jahr wachsende, politisch motivierte Bloggermesse re:publika beschäftigt sich seit ihrer Gründung 2007 mit der Frage, was die digitale Gesellschaft von der analogen unterscheidet oder mit ihr verbindet. Ging es zu Beginn primär darum, das Netz zu bevölkern und zu beleben, stand im Jahr 2013 auf der Agenda, die Errungenschaften der di-

[4] gem. des einfachen, philosophischen Realismus des Alltagsverstandes, Anmerkung des Autors.

gitalen Gesellschaft in die analoge zu transferieren. So stellte ein Beitrag wörtlich die Frage „in wie weit die analoge Gesellschaft bereits in der digitalen angekommen ist".

2014 steht die Konferenz im Lichte oder Schatten der NSA-Affäre: „*Das omniobservierte Netz mag ein zugigeres geworden sein und wird doch seine Reservate zu schützen wissen, lernen, Haken zu schlagen, sich weiterentwickeln. Für die re:publica 2014 begeben wir uns deshalb INTO THE WILD auf die Suche nach unerwarteten technischen Lösungen, überraschenden Impulsen aus Wissenschaft, Wirtschaft und Politik und freuen uns auf neue, ungezähmte Netzkultur*" (http://re-publica.de/ueber-motto).

Die ständige Präsenz von Smartphones, Tablets oder Phablets, deren Stellenwert als Statussymbole den von Autos bei der Jugend längst überholt hat, Googles Datenbrille (bald Kontaktlinsen), Smartwatches, Navigationsdienste, Chips in Personalausweisen, Krankenkassen-, Kredit- und Kundenkarten, RFID, mit dem Internet verbundene Fernseher, allgemein das Internet der Dinge u. v. a. m. stellen längst eine drahtlose Verbindung unserer Alltagswelt mit dem Web her.

Damit werden Daten nicht nur mittels (mehr oder weniger) bewusster Eingabe in die elektronischen Begleiter gesammelt, sondern auch über uns nicht bewusste und kaum zu kontrollierende Phänomene, wie:

- Sprachmuster beim Telefonieren und Tippmuster beim Schreiben, die zusammen mit weiteren physiologischen Merkmalen (s. u.) Hinweise auf Gemütszustände geben.
- Bewegungsmuster, dazu zählen sämtliche über ein Smartphone oder eine Smartwatch registrierbaren Daten wie Pfad, Ausrichtung, Bewegung im Raum (z. B. Drehen).
- Physiologische Parameter über Uhren, Brille/Kontaktlinsen, Sportmessgeräte, Kleidung/Schuhe mit Chips, wie z. B. Schrittfolge, Blickrichtung, -Fokus, -Dauer, Pupillenweitung, Blinkfrequenz, Herzfrequenz, Blutdruck, Hautfeuchtigkeit, Körperwärme ja potenziell sogar Hirnströme und Hormonspiegel u. v. a. m.[5]
- Daten, die unsere Online-Kontakte über uns eingeben, etwa mittels Fotos (automatische Gesichtserkennung) oder auch über Google Glasses (die sieht man wenigstens) oder Kontaktlinsen.

Diese exemplarische Auswahl ermöglicht bereits heute ein lebensnahes Abbild unserer persönlichen Interessen, Vorlieben und Aktivitäten. Mit massiven Investitionen in Forschung, Entwicklung und Rechenpower (Stichwort Big Data) antizipiert Google schon heute, was die Benutzer seiner Dienste wollen. Dies zeigt sich vor allem an der Suche, die den Kontext aus allen Google Diensten zusammen verarbeitet, um Fragen direkt beantworten zu können, Fehler zu korrigieren („meinten Sie vielleicht ...?") und dem Nutzer auf ihn zugeschnittene Ergebnisse anzuzeigen. Die Verknüpfung der Daten aus allen Google-Diensten inklusive Telefon-, GPS-, Sensordaten u. v. a. m. wird ausdrücklich, wenn auch im

[5] Der Autor hat sich während seines Studiums an der TU-Berlin intensiv mit Hirnforschung beschäftigt. Dort am Berliner Brain-Computer Interface (BBCI) gibt es Projekte, bei denen die Steuerung von Geräten direkt über die durch Elektroden (EEG) an der Kopfhaut gemessene Gehirnaktivität realisiert wird.

Konjunktiv („möglicherweise") in den Datenschutzbestimmungen erwähnt (Fassung vom 31. März 2014 s. https://www.google.de/intl/de/policies/privacy/).

Praktisch zeigt sich das auch an dem Dienst Google Now, der den Aufenthaltsort des Mobilgeräte-Trägers zusammen mit den Koordinaten des Meeting-Ortes für eine automatische Fahrtzeitberechnung bei anstehenden Terminen nutzt.

Aktuell forscht Google intensiv an der Auswertung physiologischer Daten, die von Google Glasses, Linsen, Uhren und in Kleidung integrierte Sensoren (Android Wear) erfasst und an das Google Brain zur Auswertung gesendet werden. Kein Scherz: Mit dem Forschungsprojekt Google Brain will die Informationsweltmacht[6] menschliche Intelligenz imitieren! Mittlerweile weiß man, dass dies nur funktionieren kann, wenn man den Lebenskontext mit einbezieht. Deshalb will Google mit seinen Geräten und Diensten zum unverzichtbaren, ständigen Begleiter werden.

Ein „Nicht-Mitmachen" ist wegen der subtilen Omnipräsenz quasi unmöglich – der Einzelne kann die Datensammlung durch andere oft nicht wahrnehmen und selbst wenn, kaum verhindern.

Es müssen also neue Strategien und Lösungen entwickelt werden, die den bewussten und soweit möglich kontrollierten Umgang mit diesen Systemen in einer vernetzten Umgebung realisieren helfen. Dies kann nur funktionieren, wenn man die Spitze dieser Entwicklung im Auge behält und rechtzeitig Maßnahmen ergreift. Dazu ein Zitat aus der Welt des Sports: *„Ein guter Eishockeyspieler spielt da, wo der Puck ist. Ein bedeutender Eishockey-Spieler spielt da, wo der Puck sein wird" [Wayne Gretzky]*[7].

Kurz- oder mittelfristig wird ein vertrauensbasierter Austausch aus Datenschutz- und Datensicherheitsgründen auf geschlossene Plattformen abwandern. Hier liegt ein großes Potenzial für Verbände, die ihren Mitgliedern exklusive Plattformen als geldwerten Service zur Vernetzung in einer vertrauensbasierten Umgebung anbieten können (s. Kap. 3.3).

Verbände sind so gesehen prädestinierte Betreiber von geschützten Plattformen für Informationsaustausch und Vernetzung.

Information ist eine der wichtigsten Ressourcen des 21. Jahrhunderts, wirtschaftlich vielleicht sogar die wichtigste. Deshalb ist die Politik in Deutschland und Europa gefordert, eigene Informationsinfrastrukturen zu schaffen, um diesen ökonomischen Rohstoff nicht vollends in die USA abwandern zu lassen – ob durch Nutzung US-amerikanischer IT-Services oder die NSA.

In den USA haben die Verantwortlichen längst verstanden, dass ein gesicherter Zugriff auf Informationen den gleichen Stellenwert haben muss, wie der Zugriff auf physische Rohstoffe. Europa und die Bundesrepublik werden dies schleunigst nachholen müssen, will es

[6] S. Artikel „Gooliath", erschienen am 3.5.2014 in C't 11/14, S. 128: „Wie Google als einflussreichstes High-Tech-Unternehmen das Netz beherrscht. Google steuert mit seiner Suchmaschine die weltweiten Surfer-Ströme, dominiert die Online-Werbung, kontrolliert mit seiner Plattform Android den Smartphone-Markt und setzt mit seiner immensen Entwickler-Power technische Standards im Web. Jetzt macht sich der Online-Riese daran, das Internet der Dinge zu erobern."

[7] Spitzname „The Great One", von vielen als der beste Eishockeyspieler aller Zeiten angesehen. * 26.01.1961 in Brantford, Ontario, Kanada.

seine wirtschaftliche Stärke nicht nachhaltig aufs Spiel setzen. Die kurz vor Redaktionsschluss dieses Buches vorgestellte Digitale Agenda der Bundesregierung ist immerhin ein Anfang, mehr aber noch nicht.

Man löst keine Probleme, indem man sie auf Eis legt (Winston S. Churchill).

1.2.4 Informationsökonomie

Die Ökonomisierung von sozialen Beziehungen hat mit den sozialen Netzen eine neue Dimension erreicht. Potenziert wird diese Entwicklung mit der fast zeitgleich aufkommenden Datensammel- und Auswertungsgigantomanie nicht nur bei den Geheimdiensten, sondern auch bei den weltweit agierenden Internetkonzernen – vor allem aber nicht nur Google. 2011 beschrieb der Mitherausgeber der Frankfurter Allgemeinen Zeitung, Frank Schirrmacher, in seinem Buch „Payback. Warum wir im Informationszeitalter gezwungen sind zu tun, was wir nicht tun wollen, und wie wir die Kontrolle über unser Denken zurückgewinnen" [FS11], den Einfluss moderner Informationsmedien auf den Menschen und die Gesellschaft. Er bekam dafür Beistand von so unterschiedlicher Seite wie dem Wirtschaftsnobelpreisträger Daniel Kahneman oder dem Internet Veteran und Virtual-Reality-Pionier Jaron Lanier.

In seinem Buch nahm er die sozio-kulturellen Auswirkungen von Big Data vorweg (der Begriff war damals noch nicht populär). Sie liegen für den einzelnen wie auch für Organisationen in der (theoretischen) Vorhersagbarkeit ihrer Handlungen. Wie im vorhergehenden Abschnitt beschrieben, setzten intelligente Algorithmen in der digitalisierten Welt alle verfügbaren Nutzungsdaten zusammen, um zu berechnen, welche Situation welche Akteure zu welchen Handlungen bewegen.

2013 erschien Schirrmachers letztes Buch „Ego" [FS13] in dem er seine kritische Sicht auf den grenzenlosen Siegeszug der Informationsökonomie darlegt. In die gleiche Richtung weist das Buch eines Autors mit einem ganz anderen Hintergrund. Auch Bernhard Heinzlmaiers Buch „Performer, Styler Egoisten" [BH13], in dem er sich mit den Idealen einer Jugend auseinandersetzt, die das Internet bereits mit der Muttermilch aufgesogen hat, verweist im Titel auf die Bedeutung des „Egos". Entscheidend dabei ist auch hier der ökonomische Faktor: „Die Ökonomisierung des Sozialen zieht die Ökonomisierung des Denkens nach sich. Vor allem die junge Generation orientiert sich weitgehend am individuellen ökonomischen Vorteil und ist dafür bereit, persönliche Überzeugungen zurückzustellen."

Durch den beruflich und privat erlebten ökonomischen Druck und das Zurückstecken eigener Überzeugungen sind die Jungen seiner Meinung nach gerne bereit, Verantwortung abzugeben. Dies gilt vor allem für politische Prozesse, bei denen sie zwar mitentscheiden wollen, aber nicht die Kraft haben, sich ernsthaft inhaltlich zu engagieren. Zudem haben die digitalen, Bild dominierten Medien sie zu Augenmenschen gemacht, die in erster Linie auf eine attraktive Verpackung und weniger auf die Inhalte ansprechen. Das ist im Prinzip nichts Neues, nur haben die Jungen durch Ihre Medienkompetenz eine hohe Erwartung an sehenswerte *Contents, Clips, Campaigns*. Das macht sie zu unberechenbaren „Klickakteuren“ gut gemachter, authentisch wirkender und emotional ansprechender Kampagnen.

Die sozialen Internettechnologien bieten die Möglichkeit, sich ohne großen Aufwand innerhalb von Minuten weltweit zu vernetzen und medial Gehör zu verschaffen. Mit der intensiveren Vernetzung Gleichgesinnter fördert es aber auch das Auseinanderdriften „anderer“ Gruppierungen, was eine gemeinsame Ansprache unterschiedlicher Gruppen immer schwieriger macht.

Gleichzeitig senken die digitalen Beschleunigungstechnologen die Halbwertszeiten von Meinungen und Wahrnehmungen rapide. Paradoxer Weise sind dieselben Technologien nicht nur Teil des Problems, sondern auch dessen Lösung: Ohne sie ist eine Verarbeitung und Produktion bei der erhöhten Taktzahl nicht mehr zu bewältigen und werden die Digital Natives nicht erreicht.

Der mediale, kulturelle, technologischen Wandel insgesamt stellt große Herausforderungen an gemeinnütze Organisationen hinsichtlich Professionalisierung, Ökonomisierung, Technisierung und neuen Angeboten an Mitglieder und Mitarbeiter/innen.

Die Frage, mit der sich dieses Buch beschäftigt ist: „*Wie können sich Verbände in diesem schwierigen Umfeld positionieren und dabei den neuen Anforderungen der Öffentlichkeit, Stakeholder und Mitarbeiter/innen gerecht werden?*“

Wie die durchaus kritische Betrachtungsweise andeutet, geht es in diesem Buch keinesfalls um die Positionierung einer digitalen Verbandsphilosophie. Vielmehr soll mit einer nüchternen, pragmatischen Grundhaltung den Verantwortlichen ein Praxis orientierter Reader für eine zeitgemäße Weiterentwicklung Ihres Verbandes an die Hand gegeben werden.

Ein Ziel des Autors ist es, den in der Verantwortung stehenden Führungskräften die digitale Kompetenz zu vermitteln, die sie benötigen, um einen modernen Verband auf Kurs zu halten. Ergänzend zu diesem Buch bietet er deshalb Informationsveranstaltungen, Seminare, Workshops und Beratung an.

Denn wie der Präsident des Bundesverbandes der Deutschen Luftverkehrswirtschaft, Klaus-Peter Siegloch in seinem Geleitwort schreibt, „müssen sich Verbandsmanager frühzeitig und umfassend damit auseinandersetzen [...]“.

Dazu abschließend noch ein Zitat des Wirtschaftshistorikers Whitman Rostow: „Krisen meistert man am besten, indem man ihnen zuvor kommt.“

Studie „Verbände digital" 2010 und 2013

2

Wie wirken sich die massiven Veränderungen in der Kommunikationskultur, die Konkurrenz zu verbandsexternen Interessensvertretungen und die gestiegenen Erwartungen der Mitglieder an moderne Services auf die digitale Modernisierung von Verbänden aus?

Als wir Ende 2010 unsere erste Umfrage zu diesem Themenbereich durchgeführt haben, war das Thema Social Media bei Verbänden gerade angekommen. Mittlerweile haben etliche Verbände (erste) Erfahrungen gesammelt und widmen sich nun verstärkt den dahinter stehenden, essenziellen Fragen digitaler Verbandskommunikation und Verbandsarbeit.

Damit einher rücken die digitale Verbandsinfrastruktur und hiermit verbundenen Fragestellungen bzgl. Strategien, Services und Organisation immer mehr in den Fokus.

Mit der Fortführung unserer Umfrage in Richtung eines regelmäßigen Panels zu diesem Thema, wollen wir diese Entwicklungen weiter nachverfolgen und transparent machen.

Die Studie wurde federführen von Xpoint0 – Moderner Verband in enger Kooperation mit dem IVM – Institut für Verbandsmanagement, Dr. Hans-Werner Busch und dem IEB – Institute of Electronic Business e. V. durchgeführt. Besonderer Dank gilt Frau Dr. Anna Riedel vom IEB für die Auswertungen!

2.1 Studiendesign und Intro

In den Monaten Oktober und November 2010 und Juni, Juli 2013 wurde jeweils eine Online-Umfrage unter mehr als eintausend Verbänden durchgeführt. Insgesamt wurden 2010 13 und 2013 14 Einzelfragen in vier Fragenblöcken gestellt:

a) Verbandsinterne Kommunikation (intern und mit den Mitgliedern),
b) Außenkommunikation,
c) Auswirkungen auf organisatorische Aspekte und
d) Kurz- und mittelfristige Entwicklungen.

T. Klauß, *Verbände digital*, X.media.press, DOI 10.1007/978-3-642-45019-8_2,

2013 neu hinzugekommen ist eine Frage zum Thema Cloud. Ansonsten können die Ergebnisse aus 2013 direkt mit denen von 2010 verglichen werden – nachfolgend in Klammern (2010|2013).

Die Befragung richtete sich in erster Linie an Dach- und Branchenverbände (ihr Anteil beträgt zusammen mehr als drei Viertel) mit überwiegend mehr als 10 Mitarbeitern (68 %|60 %) und mehr als 100 Mitgliedern (74 %|68,5 %). Knapp ein Drittel (2010 und 2013) verfügt sogar über mehr als 1000 Mitglieder.

Der Vergleich zu der 2010er Studie lässt zunächst darauf schließen, dass die Unsicherheit der Verbände im Verhältnis zu neuen Online Medien geschrumpft ist: Nur noch 27 % haben im Vergleich zu 37,5 % Angst vor Kontrollverlust.

Interessanterweise sehen immer noch 21,78 % der Teilnehmer digitale Medien primär als zusätzlichen Distributionskanal, was auch daran liegen kann, dass die Verantwortung für die digitale Kommunikation noch zumeist in der Presseabteilung verankert ist (2013: 45,6 %).

Verbände haben bei Informations- und Kommunikationsmaßnahmen und anderen Angeboten mannigfaltige Herausforderungen unterschiedlicher Zielgruppen zu berücksichtigen. So wirken beispielsweise in der internen Kommunikation und mit Mitgliedern andere Maßnahmen als bei Medien, Politik, Wirtschaft und Gesellschaft.

Zudem wird das Management der Außen- und Binnenkommunikation durch die wachsende Zahl neuer, digitaler Kanäle, die auch Erwartungen an eine zielgerichtete, personalisierte und Medien übergreifende Ansprache mit sich bringen, immer komplexer.

Welche Systeme und Services setzen Verbände heute ein und was hat sich seit 2010 verändert?

Grundsätzlich lässt sich konstatieren, dass die Bedeutung der digitaler Informations- und Kommunikationsmedien für Verbände weiter ansteigt. Im Vergleich zu 2010 ist die Zahl leitender Verbandsmitarbeiter, die einen merklichen Einfluss auf die Verbandsführung und Organisation erwarten, auf 80 % gewachsen! Davon sind 37,5 % sogar der Meinung, dass digitale Medien und Services einen „grundlegenden Einfluss auf die Verbandsführung und Organisation" haben – 2010 waren nicht einmal 14 % dieser Meinung!

2.2 Verbandsinterne Kommunikation (Mitarbeiter und Mitglieder)

Beim Kontaktdaten- und Kommunikationsmanagement ist ein deutlicher Trend in Richtung Professionalisierung zu erkennen (siehe Abb. 2.1). Während die Nutzung von Adressdatenbanken stark abgenommen hat, konnten die integrierten Kampagnenmanagementsysteme einen Zuwachs verzeichnen. Vor allem die Verwaltung über ein CRM (Customer Relationship Management) ist mit rund 14 Prozentpunkten Steigerung ein Indiz für die Digitalisierung der verbandsinternen Kommunikation (s. Abb. 2.1).

Auch die interne Kommunikation zwischen den Mitarbeitern der Verbände über ein Intranet ist im Vergleich zu 2010 weiter gestiegen. Während 2010 noch über 30 % angaben, über gar kein Intranet zu verfügen, waren es 2013 nur noch knapp 17 %.

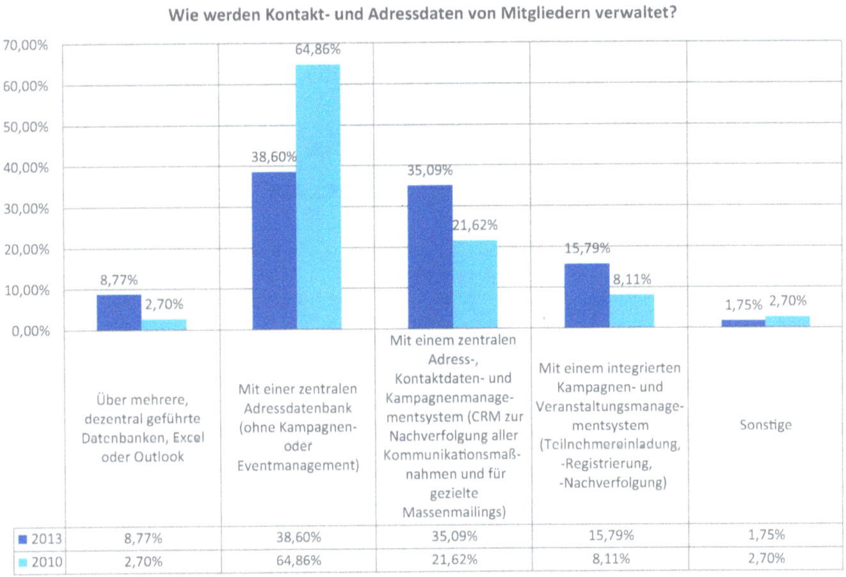

Abb. 2.1 Verwaltung der Kontakt- und Adressdaten

Bezüglich der Kommunikation im gesamten Verbandsnetzwerk, also mit den Mitgliedern, ist die Nutzung von digitalen Medien bis auf Blogs, Podcasts und Online-Umfragen überall gestiegen. Insbesondere die eigenen sozialen Netzwerke, die Online-Arbeitsbereiche und die personalisierten Mitgliederportale konnten einen Zuwachs um neun, zwölf beziehungsweise 18 Prozentpunkte verzeichnen.

Auffallend ist der parallele Rückgang passwortgeschützter Bereiche im Internet, was insgesamt auf eine Tendenz zu speziellen Portalen und Instrumenten schließen lässt. Dennoch sind passwortgeschützte Bereiche immer noch stärker vertreten (56 %) als personalisierte Mitgliederportale (49 %), wie in Abb. 2.2 zu sehen ist.

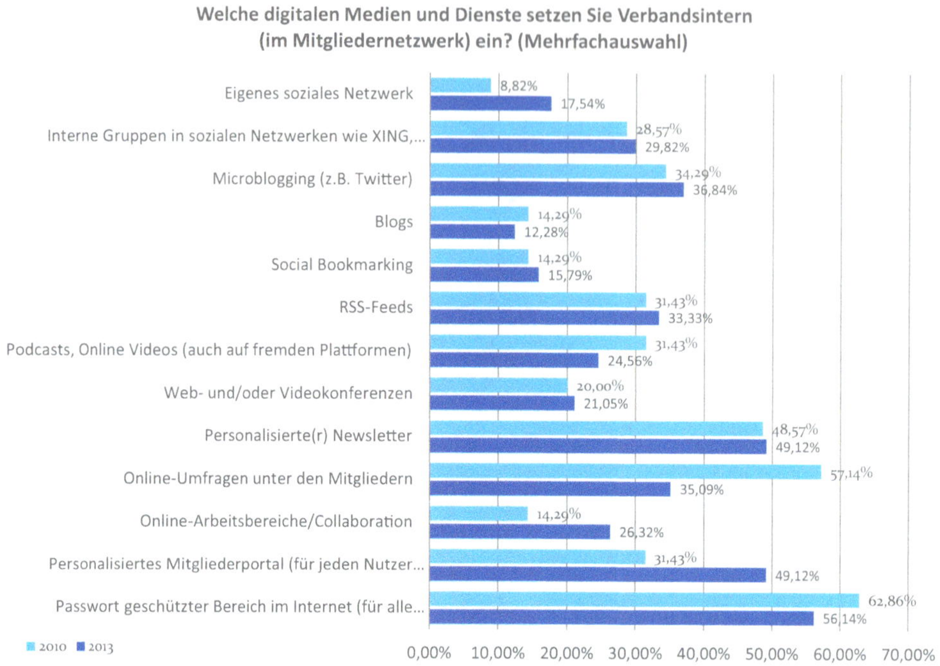

Abb. 2.2 Welche digitalen Medien und Dienste setzen Sie verbandsintern (im Mitgliedernetzwerk) ein?

2.3 Außenkommunikation

Das Gesamtvolumen fast aller Instrumente für die Kommunikation mit Politik und Branchenvertretern ist gestiegen. Ein besonders hohes Einsatzplus konnten Twitter, personalisierte Newsletter und Online Umfragen verzeichnen. Einzig die Kommunikation über Blogs ist im Vergleich zur Studie von 2010 leicht rückläufig, s. Abb. 2.3.

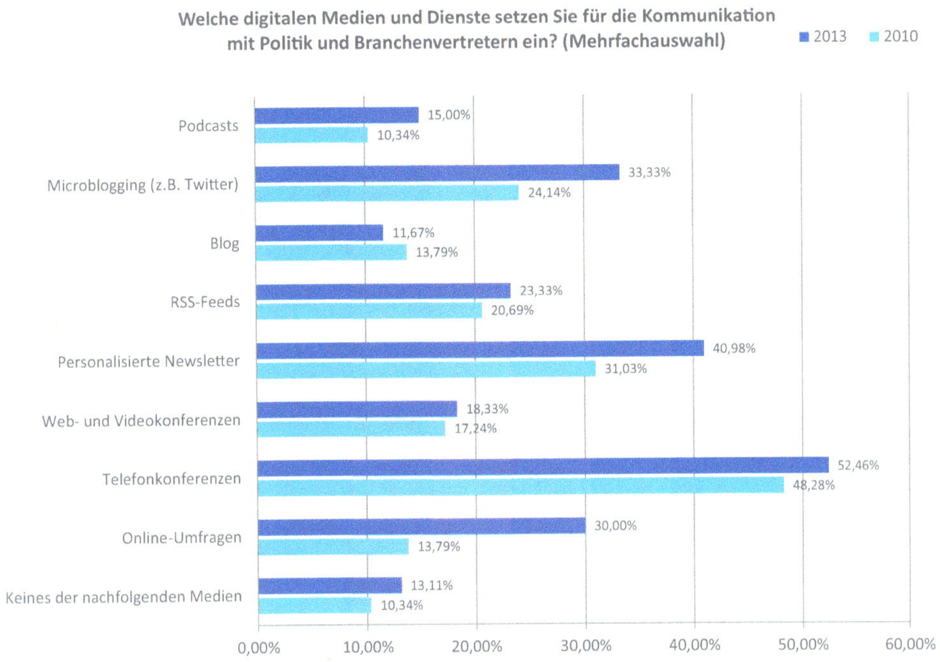

Abb. 2.3 Welche digitalen Medien und Dienste setzen Sie für die Kommunikation mit Politik und Branchenvertretern (E-Lobbying & Marketing) ein?

Auch in der Kommunikation mit Presse und Öffentlichkeit haben die digitalen Medien und Dienste im Vergleichszeitraum stark zugenommen. Hier sind die sozialen Medien besonders hervorzuheben. Video Communities, soziale Netzwerke (als Gruppe oder als Profil), RSS-Feeds und Microblogging-Instrumente wie Twitter haben Zuwachsraten von mind. 15 Prozentpunkten. Lediglich Podcasts sind in dieser Betrachtung leicht zurückgefallen (s. Abb. 2.4).

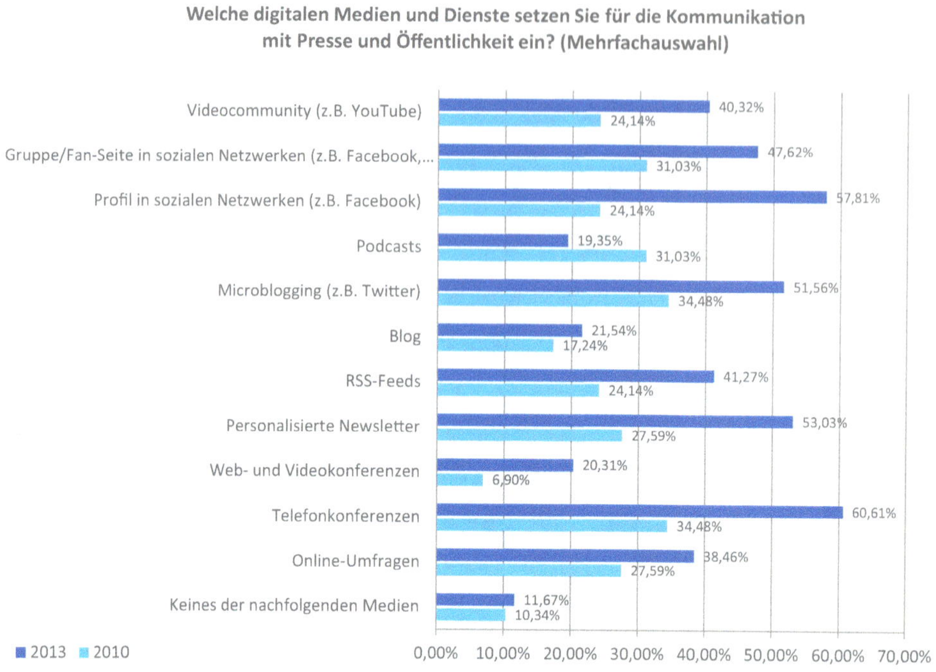

Abb. 2.4 Welche digitalen Medien und Dienste setzen Sie für die Kommunikation mit Presse und Öffentlichkeit (PR) ein?

2.4 Auswirkungen auf die Organisation

In der Befragung 2013 neu hinzugekommen ist die Frage zu einem Thema, welches 2010 noch bei kaum einem Verband auf der Agenda stand: Cloud Computing, oder einfach Cloud. Die Auswirkungen einer Einführung von Cloud-Lösungen reichen von der Organisation der Verbandsarbeit über Mitgliederservices, rechtliche, fiskalische, personelle Aspekte bis hin zu Fragen der Verbandsausrichtung und -Aufstellung.

Ähnlich wie 2010 beim Thema Social Media stehen die Verbände bei Handhabung des Themas Cloud heute noch sehr am Anfang. Im Unterschied dazu werden Cloud-Lösungen wie Doodle, Dropbox, Google Doc etc. bei fast jedem Verband in der täglichen Arbeit von den Mitarbeitern oder Mitgliedern wie selbstverständlich eingesetzt. So entwickelt sich eine parallele Infrastruktur außerhalb des Verbandes, die immer mehr Verbandswissen aufsaugt.

Damit riskieren die Verbände, dass sich Mitglieder zunehmend auf externen Plattformen selbst organisieren.

Nur etwas mehr als 5 % der Antworteten bieten in ihrem Verband offiziell Googles Cloud-Services an, wohingegen dies für fast 72 % nicht einmal ein optionales Thema ist!

Tab. 2.1 „Mit welcher Maßnahme haben Sie in Ihrem Verband eine besonders positive und mit welcher eher enttäuschende Erfahrungen gemacht“

Positive Erfahrungen mit	Enttäuscht von
Aktiver Einbindung von Mitglieder via Mitgliederportal, Collaboration u.ä.	
Facebook für Nachwuchswerbung oder spezielle Themen	Unspezifisch eingesetztem Facebook
Twitter zur (Weiter-)Verbreitung von Meldungen	
	Foren generell
Blog für internen Dialog	Blog für Außendialog
Personalisierten Newsletter	
Intelligenter Verknüpfung von On- und Offline-Angeboten	

Dagegen setzen immerhin 17,5 % bereits eine Collaboration Plattform wie z. B. Drupal, Teamspace, Microsoft Sharepoint, o. Ä. ein. Dies könnte ein Hinweis auf die Bedeutung vertraulicher, nach außen zumindest in höherem Grad abgesicherter Plattformen für die Verbandsarbeit sein.

Die mit Abstand am häufigsten eingesetzten Cloud-Services sind Web- und/oder Videokonferenzsysteme, die von jedem Dritten eingesetzt werden und bei den meisten anderen zumindest eine Option darstellen. Unter den Eintragungen „Sonstige [Cloud Services]“ wurden „Doodle“ und „VMWare“ am häufigsten genannt.

Bei der organisatorischen Verantwortlichkeit für digitale Kommunikation und Information, gab es keine signifikante Entwicklung zu beobachten: Bei fast jedem zweiten Verband (46,7 %) liegt sie wie eingangs erwähnt in der Pressestelle, gefolgt von der Geschäftsführung (26,3 %) und Marketing (12,3 %). Nur die wenigsten haben eine eigene Abteilung für Online Kommunikation.

Was die Einschätzung der Bedeutung von digitalen Medien und Services für die Verbandsarbeit in den nächsten drei Jahren betrifft, zeigt sich ein klares Bild: Sämtliche Kommentare von den Teilnehmern gehen von einer weiter wachsenden Bedeutung aus! Allerdings muss der Einsatz unterschiedlicher Tools zu den Zielen, Zielgruppen und internen Ressourcen und Strukturen passen (siehe auch Tab. 2.1).

Dies soll abschließend durch ein paar persönliche Einschätzungen führender Verbandskräfte aus dem Jahr 2013 illustriert werden (anonymisierte Zitate von Umfrageteilnehmern):

Die Verbandsarbeit wird langfristig gesehen nicht mehr ohne digitale Medien auskommen. Wichtig wird sein, die Medien strategisch auszuwählen und zu bespielen. Ganz wichtig wird auch der Know-how-Aufbau sein, da gerade in der Führungsebene häufig wenig Kenntnisse über die Funktionsweisen und Möglichkeiten der sozialen Medien vorhanden sind.

Digitale Medien werden die klassische Pressearbeit mehr und mehr ablösen. Presse als Multiplikator verliert an Bedeutung. Die Chancen der Gestaltung der öffentlichen Meinung über Social Media müssen aktiv genutzt werden. Kunden und Mitglieder wollen das!

Steigende Bedeutung auch als Arbeitsmittel, die den E-Mail Verkehr ergänzen oder ersetzen können. Andererseits noch unklare Situation, welche Kommunikationsmittel sich nachhaltig durchsetzen werden.

Sicherheits- und Datenschutzthemen werden uns mehr beschäftigen.

Man benötigt unbedingt ein gut durchdachtes Konzept und die nötige Manpower.

2.5 Chancen und Risiken

Wie sind die bisherigen Erfahrungen, die Verbände mit aktuellen digitalen Informations- und Kommunikationsmaßnahmen gemacht haben?

Interessant ist zu beobachten, wie sich die Sicht auf Social Media mit eigenen praktischen Erfahrungen verändert hat. Als erstes fällt auf, dass nur noch halb so viele eine Ablenkung der Mitarbeiter von ihren Kernaufgaben befürchten (9,9 statt 18,8 %).

Auch haben 2013 erstmals – wenn auch sehr wenige – Teilnehmer die Antwortoption „Verlust von Hierarchien" angekreuzt (2010 waren es 0 %). Zudem tauchen vermehrt unter der Option „Andere" Anmerkungen bezüglich unterschätztem Zeit- und Personalbedarfs auf.

Als größte Risiken, die mit dem verstärkten Einsatz einher gehen, werden wie schon 2010 Kontrollverlust und Gegenöffentlichkeiten gesehen, wobei die Angst vor einem Kontrollverlust über den Kommunikationsverlauf von 37,5 auf 27 % deutlich gesunken ist.

Abbildung 2.5 zeigt den grafischen Vergleich von 2010 (blau) und 2013 (rotbraun).

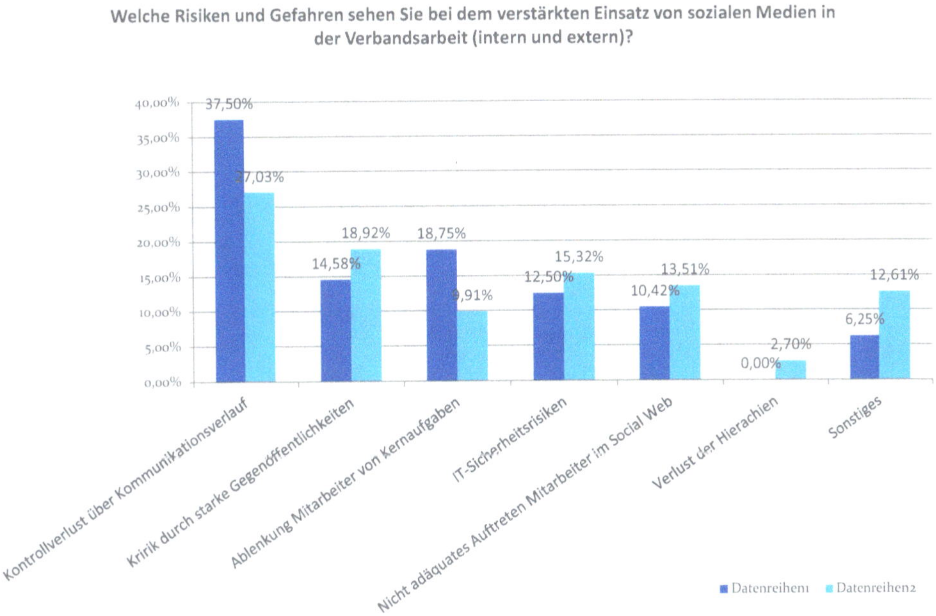

Abb. 2.5 Welche Risiken und Gefahren sehen Sie bei dem verstärkten Einsatz von sozialen Medien in der Verbandsarbeit (intern und extern)?

Als Chancen werden zunehmend auch die interaktiven Eigenschaften der neuen Medien gesehen: Agenda Setting, Monitoring, der öffentliche Dialog und Mitgliederservices sind im Vergleich zu 2010 stärker in den Vordergrund gerückt, auch wenn die Informationsverbreitung immer noch knapp vorne liegt.

Bezogen auf die eigenen Praxiserfahrungen, berichten die Teilnehmer 2013 in Tab. 2.1. von folgenden besonders positiven und enttäuschenden Maßnahmen.

2.6 Fazit

Die aus der Umfrage 2010 abgeleitete These, dass sich der Schwerpunkt in Richtung konzertierter Maßnahmenbündel verschieben wird, hat sich bestätigt. Das Gros der Verbände hat in den letzten drei Jahren zunächst Gehversuche mit einzelnen Maßnahmen, wie etwa Twitter-Accounts oder Präsenzen in anderen Sozialen Netzwerken wie Facebook, Xing oder LinkedIn unternommen. Dabei haben sie erfahren, dass einzelne Maßnahmen wenig oder nichts bewirken.

Auch haben die meisten Verbände gelernt, die neuen, digitalen Medien und Dienste gezielter einzusetzen, als noch vor drei Jahren. Das zeigt sich in den signifikant unterschiedlichen Antworten zu den nach Zielgruppen/Anwendungsbereichen wie z. B. Öffentlichkeit, Politik, Mitglieder, Mitarbeiter unterschiedenen Fragen.

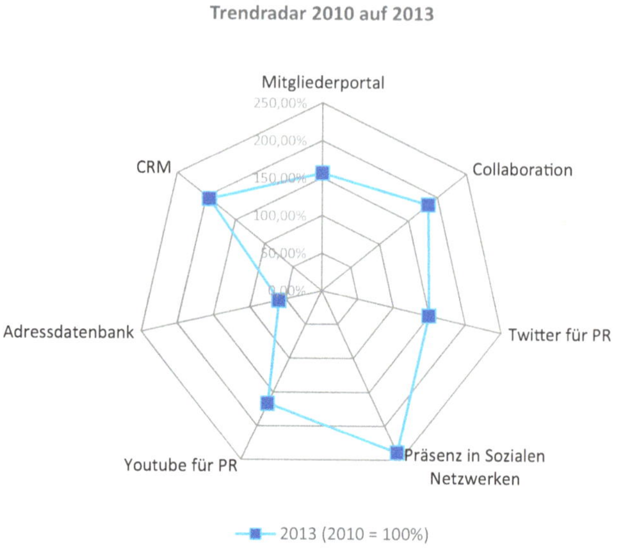

Abb. 2.6 Trendradar mit den prozentualen Entwicklungen von 2010 (100 %) auf 2013

Twitter hat sich als PR Instrument eindeutig etabliert, genauso sind die meisten Verbände mittlerweile auf mindestens einem der großen sozialen Netzwerke vertreten. Hierbei hat sich YouTube durchgesetzt und gewinnt weiter, wohingegen der sich Einsatz von Facebook mehr und mehr auf einzelne Anwendungsbereiche wie vor allem Mitarbeitergewinnung und als Teil von Themenkampagnen konzentriert.

Ein Megatrend scheint zu sein, dass immer mehr Verbände ihre alten Adressdatenbanken durch moderne Kommunikationsmanagement-Systeme ersetzen: Der Einsatz von CRM-Systemen ist um 95 % gestiegen, wohingegen Adressdatenbanken um mehr als 40 % zurückgegangen sind!

Da die meisten CRM-Systeme auch Funktionalitäten zum Mitgliedermanagement umfassen, könnte auch das eine Rolle bei der Einführung solcher Systeme spielen. Diese Vermutung wird unterstützt durch die wachsende Bedeutung von personalisierten Mitgliederportalen (+ 56 %), die zunehmend den einfachen, Passwort geschützten Bereich im Internet ablösen.

Damit einher gehen neue Optionen der Gremienarbeit und des Networking, die sich in dem zweiten Mega-Trend abzeichnen: Der Einführung von Collaboration (+ 84 %).

Unser Trendradar in Abb. 2.6. zeigt einige der auffälligsten Entwicklungen seit 2010.

Tabelle 2.2 zeigt die genauen Zahlen zum Trendradar.

Insgesamt sind viele Verbände auf dem richtigen Weg, aber noch längst nicht so weit, ein übergreifendes Gesamtkonzept vorliegen oder gar umgesetzt zu haben. Meist fehlt noch eine klare Vorstellung davon, wo welche digitalen Maßnahmen eingeführt bzw. platziert werden können, damit sie möglichst Ressourcen sparend die größte und nachhaltigste Wirkung erzielen.

Tab. 2.2 Zahlen zum Trendradar

Maßnahme	2013 (2010 = 100%)
Mitgliederportal	156.28%
Collaboration	184.18%
Twitter für PR	149.54%
Präsenz in Sozialen Netzwerken	239.48%
YouTube für PR	167.03%
Adressdatenbank	59.51%
CRM	194.70%

▸ **Hinweis** Die Fragebögen und Gesamtauswertung sind nicht Bestandteil dieses Praxisbuches. Wer sich dafür interessiert, trägt sich bitte unter folgender URL ein: www.moderner-verband.de/anfrage.htm.

3 Digitale Agenda – Strategie, Management & (Medien)Technologien

In diesem Kapitel werden in komprimierter Form strategische, organisatorische und technologische Aspekte für die (aus Managementsicht) wichtigsten Bereiche digitaler Verbandsentwicklung behandelt. Der Schwerpunkt liegt dabei auf pragmatischen Vorgehensweisen und konkreten Lösungsvorschlägen zu den in Abb. 3.1 dargestellten Maßnahmenfeldern.

An mehreren Stellen des Buches werden in der Praxis bewährte Konzepte vorgestellt und Erfahrungen des Autors mit eingeflochten.

Zum Beleg wird häufig eingangs des Kapitels ein Bezug zu den Ergebnissen der Studie aus Kap. 2 hergestellt. In anderen Fällen werden Untersuchungen weiterer Quellen herangezogen.

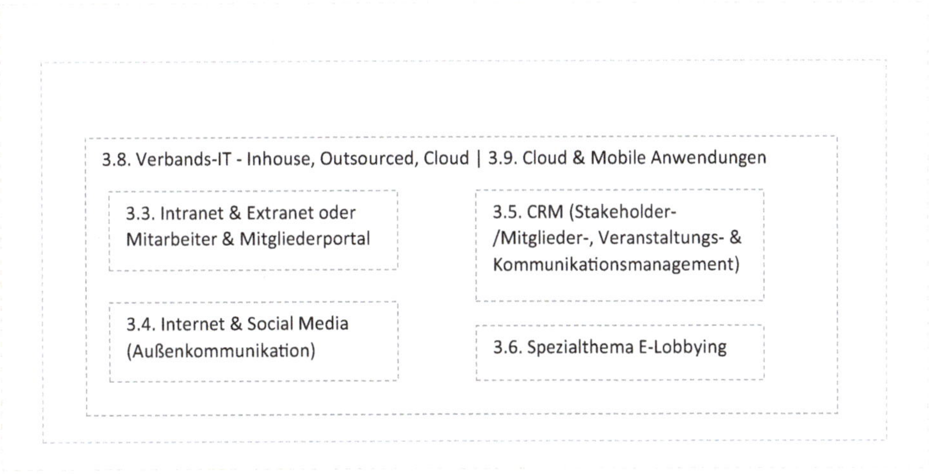

Abb. 3.1 Inhaltliche Topologie des Kapitels

T. Klauß, *Verbände digital*, X.media.press, DOI 10.1007/978-3-642-45019-8_3,

Es liegt in der Natur der Sache, dass in diesem Buch nicht alle Aspekte der genannten Themen bzw. Maßnahmenfelder behandelt und mit fertigen Lösungen belegt werden können. Dafür wird an den passenden Stellen auf die konkreten Fallbeispiele aus Kap. 4 verwiesen.

3.1 Organisation – Strukturen & Prozesse

Strukturen und Prozesse richtig eingesetzt können Freiräume schaffen, statt sie einzuengen.

In diesem Abschnitt wird keine grundlegende Darstellung von Verbandsstrukturen und Prozessen ausgebreitet. Hierzu gibt es andere Quellen, etwa zum Freiburger Management-Modell für Nonprofit-Organisationen [LI13] oder zu den „Grundlagen [der] Organisation in Nonprofit-Organisationen" [SC05].

Vielmehr liegt der Fokus auf den für die nachfolgenden Kapitel interessanten Aspekten.

▸ **Begriff/Erläuterung** Verbände sind laut Wikipedia „Gruppen von Einzelpersonen (natürliche Personen) oder Körperschaften (juristische Personen) aller Art, die sich freiwillig zur Verfolgung gemeinsamer Zwecke zusammengeschlossen haben und meist über eine feste, interne *Organisationsstruktur* auf Basis einer Satzung verfügen. Verbände bündeln die *Interessen* der einzelnen *Mitglieder* zum Erreichen gemeinsamer Ziel- oder *Wertvorstellungen*, sie stellen eine soziale *Interessengruppe* dar (Interessenverband)."

Sie agieren im Wesentlichen in drei Sphären, wie das Diagramm in Abb. 3.2 zeigt.

Informationstechnik greift durchgängig in organisatorische und soziale Phänomene ein und verändert sie, weshalb die sozialen und technischen Entwicklungspotenziale aufeinander abgestimmt werden müssen [RO98].

Interne Organisation Die für den Entwicklungsprozess notwendigen Maßnahmen betreffen zunächst die Zusammenarbeit in der oder den (Bundes)Geschäftsstelle(n): Verantwortungen und Aufgaben müssen (neu) verteilt, Arbeitsprozesse modernisiert oder neu gestaltet und zum Teil auch neue Kompetenzen für die Mitarbeiter geschaffen werden. Dabei sollten Prozesse vor Strukturen treten, um eine flexiblere, den Anforderungen von Projektarbeit entgegenkommende Organisation zu schaffen.

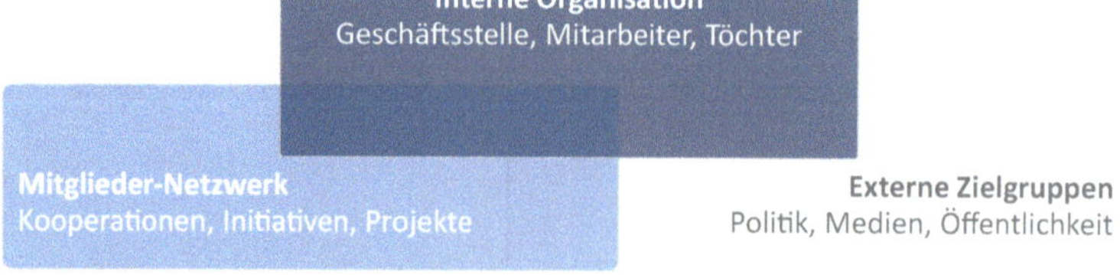

Abb. 3.2 Venn Diagramm der Organisationssphären

Mitglieder-Netzwerk Hier gilt es, den Mitgliedern attraktive, werthaltige Dienste anzubieten, ihre Bedürfnisse zu eruieren und zu bedienen. Des Weiteren steht die Vernetzung untereinander, als auch mit relevanten, externen Bereichen (etwa Politik, Kooperationen) auf der Agenda. Bei großen, komplexen Mitgliedernetzwerken und insbesondere dann, wenn diese durch eine Web 2.0/Community-Plattform unterstützt werden, kann die Schaffung einer Stelle als Community-Manager angemessen sein, was einige Verbände auch getan haben (s. Fallbeispiel 4.1).

Externe Zielgruppen Alle wichtigen Kommunikationsmaßnahmen des Verbandes, seiner Tochtergesellschaften und Partner müssen so aufeinander abgestimmt werden, dass sie den optimalen Effekt erzielen.

In der Öffentlichkeitsarbeit erfolgreiche Verbände betreiben eine Komposition von Kommunikation und Kampagnen unter einer klar erkennbaren Marke und Botschaft.

3.1.1 Unterschiede zwischen Verbänden

Um unterschiedlichen Voraussetzungen der jeweiligen Organisation gerecht zu werden, können auf oberster Ebene drei wesentliche Arten von Verbänden unterschieden werden:

i. Fach- und Branchenverbände ohne Fachverbands-Unterstruktur mit Firmen als Mitgliedern,
ii. Dachverbände mit anderen – meist regionalen – Verbänden als Mitgliedern und ähnlich strukturierte Dach-Branchenverbände mit mehr oder weniger stark selbstständiger Fachverbands-Unterstruktur,
iii. Personenverbände mit natürlichen Personen als Mitgliedern.

Fach- und Branchenverbände wie auch Personenverbände haben es aufgrund ihrer flacheren Struktur und dem direkten „Draht" zu den zahlenden Personen- oder Firmenmitgliedern i. d. R. wesentlich einfacher, Modernisierungsmaßnahmen umzusetzen. Sie können zentral in direkter Abstimmung mit den Mitgliedern, Vorstand und Präsidium organisatorische und technische Maßnahmen konzipieren, planen, umsetzen, einführen und managen.

Dachverbände hingegen sind auf eine enge Zusammenarbeit mit den Mitgliedsverbänden angewiesen.

Dabei sehen sie sich häufig nicht nur einer schwer unter einen Hut zu bringenden Gemengelage unterschiedlicher Interessen der autarken Mitglieder gegenüber, sondern auch einem generellen Akzeptanzproblem von oben gesteuerter Maßnahmen. Dazu Dr. Hans-Werner Busch vom Institut für Verbandsmanagement, IVM:

> *Gewiss wäre mancher Dachverband gerne mit Ressourcenvollmachten ausgestattet [...] mit strategischer Führung, Portfolio Management, Finanzmanagement und Budgethoheit. Umgekehrt ist*

die Perspektive von Mitgliedsverbänden in der Sentenz konzentriert: „Den Dachverband, den halten wir uns!“ Das meint: Er soll nur das tun, was der eigene Verband nicht kann; er handelt nur im Auftrag. [Dr. Hans-Werner Busch: „Das Zusammenspiel von Dachverband und Mitgliedsverband – eine dauerhafte Reibungsfläche?“ in der Fachzeitschrift Verbändereport 3|2009].

Dass eine gegenseitig nur schwer in Einklang zu bringende Erwartungshaltung leicht zu Erstarrungserscheinungen führen kann, ist offensichtlich.

Von oben betrachtet, gibt es jedoch bei den meisten Verbänden mit mindestens fünf Mitarbeitern im Wesentlichen die gleichen Aktionsfelder oder Kernprozesse:

(1) **Zentrale Funktionen** wie Geschäftsführung, Finanzen/Buchhaltung, Personal, IT, Recht,
(2) **Politik** inkl. Lobbyarbeit,
(3) **Kommunikation** (intern und extern, Themenarbeit, PR/Medienarbeit, öffentliche Veranstaltungen),
(4) **Mitglieder**services, -Betreuung, -Neugewinnung, Gremienarbeit, Networking, interne Veranstaltungen.

Einen wichtigen Spezialfall innerhalb der Verbandstypologie stellen Tarifverbände dar: Bei ihnen ist die politische Arbeit noch höher gewichtet und etwas anders gelagert als in reinen Fachverbänden. Auch bieten sie in der Regel spezielle Beratungs- und Unterstützungsleistungen zu tarifvertraglichen Fragestellungen an.

Bei Verbänden mit mehr als neun festen Mitarbeitern ist ein Datenschutzbeauftragter (intern oder extern) gesetzliche Pflicht (s. Kap. 3.7).

Potenziell können alle Aufgaben und Tätigkeiten durch externe Dienstleister (Outsourcing) abgedeckt werden, was aber natürlich nicht immer, insbesondere bei den Kernaufgaben des Verbandes, sinnvoll ist.

Kleinere Verbände mit weniger als fünf Mitarbeitern können oft nur diese Kernaufgaben intern abdecken, da sie neben einem Geschäftsführer evtl. nur ein Sekretariat, eine Art Fachreferenten und einen für sämtliche Kommunikationsbereiche verantwortlichen Mitarbeiter beschäftigen. Weite Teile der Aufgaben, die nicht direkt der Mitgliederbetreuung, Kommunikation oder dem Networking zugeordnet sind, wie etwa Buchhaltung, werden extern vergeben.

Oft betrifft dies auch große Teile der IT und digitalen Kommunikation: Da diese immer enger direkt mit den Kernaufgaben verwoben sind, ist hier eine strategische Steuerung von essenzieller Bedeutung. Ansonsten laufen die Verbände Gefahr, sich von externen Anbietern abhängig zu machen und Alleinstellungsmerkmale abzugeben.

3.1.2 Moderner Verband oder „Verband 2.0"

Auch wenn der Begriff Verband 2.0 schon sehr strapaziert erscheint, ist er an dieser Stelle ein passender Hinweis darauf, dass moderne Organisationsphilosophien vom Modell des „Enterprise 2.0" geprägt sind.

Eine prägnante, tabellarische Darstellung der Charakteristiken von „Enterprise 1.0 vs. Enterprise 2.0" liefert *Todd Stephens*[1].

Tabelle 3.1 zeigt eine vom Autor überarbeitete und an die Spezifika von Verbänden angepasste Version.

Ein moderner Verband versteht sich als Netzwerkorganisation, die den Austausch und die Zusammenarbeit der Mitglieder stärkt und auch Nicht-Mitgliedern interaktive Anknüpfungspunkte anbietet. Verbände 2.0 wollen mehr Mitgliederorientierung und mehr Service und stärker vernetzte, flachere Strukturen.

Der Entwicklungsprozess dorthin bedeutet, die Potenziale moderner Informations- und Kommunikationstechnologien (IKT) für die Verbandsarbeit bestmöglich zu nutzen.

Praxishilfe

Die Checkliste in Tab. 3.2 liefert eine sehr einfache Vorlage, mit der wichtige Aktionsbereiche priorisiert werden können.

Modernisierungsmaßnahmen bei Verbänden sind also häufig eng verknüpft mit den durch die neuen Technologien geschaffenen Infrastrukturen und Kommunikationskulturen.

Fallbeispiel

In Kap. 4 finden sich mehrere Praxisbeispiele zu solchen Wandlungsprozessen, etwa bei Abschn. 4.1, 4.2, 4.6 und 4.9.

So lautet eine Erkenntnis aus dem ersten Fallbeispiel, dass die folgende Faktoren den Erfolg von Veränderungsmaßnahmen begünstigen:

- Geschäftsführung treibt mit Kernteam den Veränderungsprozess
- Willen zur Veränderung auch unter den Mitarbeitern und Mitgliedern
- Mitglieder werden bei der Entwicklung neuer Mitgliederservices und deren Verbreitung beteiligt
- Maßnahmen werden intern erfolgreich vermarktet (was durch Offenheit, Transparenz und Möglichkeiten zur Partizipation erheblich vereinfacht wird!)
- Es gibt ein gut durchdachtes Konzept und eine professionelle Maßnahmenplanung (Projektmanagement, Change Management)

---

[1] Quelle: Todd Stephens, 2007, Enterprise 1.0 versus 2.0.

- Technisch und/oder organisatorisch anspruchsvolle Maßnahmen werden professionell extern begleitet, wenn intern keine ausreichende Projektmanagementkompetenz verfügbar ist –zudem hilft die Außensicht, interne Barrieren zu beseitigen.

Tab. 3.1 Verband 1.0 vs. 2.0

Verband 1.0 Charakteristika	Verband 2.0 Charakteristika
Statische Kommunikationsinhalte ▪ Einwegkommunikation, Pressearbeit ▪ Zentral erstellte oder verantwortete Inhalte ▪ Aktualisierung nur in Neuauflagen ▪ Zielgruppenorientiert ▪ Broadcasting an starre Presseverteiler	Bereitstellung dynamischer Inhalte ▪ Mitglieder kommentieren/diskutieren und generieren Inhalte ▪ Fortlaufend überarbeitete Online-Inhalte ▪ Personalisierte, medienübergreifende Information ▪ Differenzierte, dialogorientierte Kommunikation
Zentral kontrollierte Prozesse ▪ "Broadcasting" vom Zentrum in die Peripherie (Push) ▪ Hierachische Abnahme- und Freigabeprozesse ▪ Bearbeitung von Rechercheanfragen durch Referenten	Dezentralere Selbstorganisation ▪ Breitere, selbstverantwortliche Kommunikationsbasis im Verband (dezentrales Twitter, Bloggen) ▪ Stärker Guideline gesteuerte Kommunikation ▪ Selbstbestimmte Information und Informationswege (Pull) durch die Mitglieder ▪ Selbstrecherche im Verbandsnetzwerk, optionaler Self Service
Analoges Networking ▪ Gremienmeetings ▪ Spezielle Networking-Veranstaltungen, zentral organisiert ▪ Austausch über Telefon und E-Mail	Web 2.0 Networking ▪ Selbstorganisiertes Peer-Group-Networking ▪ Themen-Communities ▪ Blogs
Zentral gesteuerte, verbandsweite Ausbreitung neuer Plattformen ▪ Big Bang Rollout, d.h. alle Gremien, alle Mitglieder bekommen annähernd zeitgleich die selben Services vorgesetzt	Partizipative Entwicklung, Installation in Kerngruppen und Nutzung von „Schneeballeffekten" ▪ Kerngruppe und „Early Adopters" dienen als Tester und Promotoren einer neuen Netzwerkplattform und anderer Tools (Angebot on-demand und on-interest)
Infrastruktur für formale, an klaren Regeln und Prozessen orientierte Netzwerkarbeit ▪ Informelle Beziehungen zu organisieren, wird den Akteuren überlassen (keine Infrastruktur)	Infrastruktur ausweiten auf die Unterstützung informeller Netzwerkbeziehungen („weak ties") ▪ Über die angebotenen Web 2.0 /Kommunikationstools können sich die Mitglieder auch Online auf selbstgewählte Weise vernetzen
Zentral gesteuertes Themenmanagement	Dezentral (mit)gesteuertes Themenmanagement
Arbeitsanweisungen Top-Down	Policies zur Selbstverantwortung

Tab. 3.2 Checkliste primäre Aktionsbereiche (Top Level)

Maßnahmen-Prioritäten

3 - sehr wichtig, unbedingt erforderlich
2 - wichtig, sollte angegangen werden
1 - aktuell nicht so wichtig, aber weiter im Auge behalten
0 – auf absehbare Zeit nicht relevant

	Wert (0 – 3) eintragen:
Organisation (Status und Potenziale)	
▪ Verbandsstrategie(n)	
▪ Organisationskultur	
▪ Organisationsstruktur (intern und in Gremien)	
▪ Ressourcen und Prozesse (Personal, themenrelevante Abläufe)	
▪ IT (inhouse + outsourced, cloud)	
Informations- und Kommunikationsmaßnahmen (Status und Potenziale)	
▪ Wissensmanagement	
▪ Öffentlichkeitsarbeit	
▪ Lobbying	
▪ Verbandsmarketing zur Mitgliedergewinnung	
▪ Information der und Kommunikation mit den Mitgliedern und Mitgliederservices (Mitgliederbindung und -neugewinnung)	
▪ Vernetzung und Netzwerkarbeit mit und unter den Mitgliedern (Mitgliederbindung)	

3.1.3 „Digital Layer"

Ein geeignetes Modell digitaler Verbandsarbeit muss neben der organisatorischen auch die informationstechnische Infrastruktur abbilden, was in den gängigen Modellen noch nicht berücksichtigt ist. In Abb. 3.3 werden die drei eingangs aufgeführten Sphären der Verbandsarbeit mit Kernprozessen und IT-Infrastruktur in einem topologischen Modell zusammengebracht.

Dieses einfache Modell soll helfen, digitale Maßnahmen zielgerichtet, integrativ zu planen, in dem es sowohl eine übergreifende, als auch eine nach Bereichen separierte Sicht ermöglicht.

Wichtig für die Planung ist es zu wissen, welche Systeme und Prozesse das Rückgrat der Verbandstätigkeit bilden. An diese sollten die einzelnen Maßnahmen aufgehängt werden, um eine integrative Struktur zu schaffen. Oft wird der umgekehrte Weg beschritten, was zu nachträglich hohen Integrationskosten führt. Um Datenverluste und Mehraufwände zu

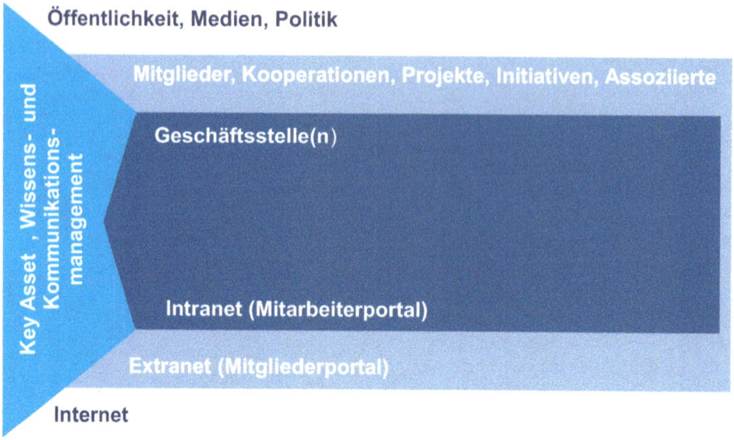

Abb. 3.3 Digitale Sicht auf Verbände

verhindern, muss die Integration unterschiedlicher Systeme möglichst früh mit eingeplant werden.

Die Abb. 3.4, 3.5 und 3.6 ordnen exemplarische Maßnahmen in die drei Sphären des Verbandsmodells.

Die meisten der genannten Maßnahmen werden sukzessive in den nachfolgenden Kapiteln bzw. Abschnitten in zusammenhängenden Themenbereichen behandelt und in Kap. 4 mit Fallbeispielen belegt:

- 3.3 Intranet & Extranet oder Mitarbeiter- & Mitgliederportal
- 3.4 Internet & Social Media

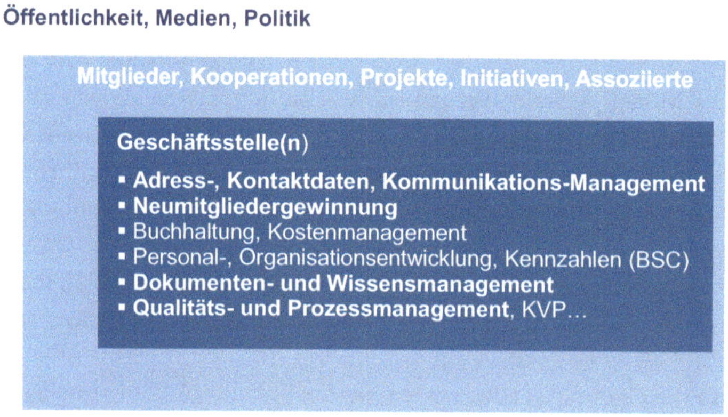

Abb. 3.4 Digitale Sicht auf die Geschäftsstelle(n)

Öffentlichkeit, Medien, Politik

Mitglieder, Kooperationen, Projekte, Initiativen, Assoziierte

- **Gremienarbeit & -Management**
- **Veranstaltungsmanagement**
- Beitragsmanagement
- **Mitglieder-Information und Services**
- **Positionsabstimmung, Meinungsbildung**
- **Anfragenmanagement**
- **Projektmanagement**
- Kooperations- & **Beziehungsmanagement**
- **Erstellung von Dokumenten u.a. Medien/Publikationen**
- Wahlen
- …

Abb. 3.5 Digitale Sicht auf Maßnahmen im Mitglieder-Netzwerk

Öffentlichkeit

- **Pressearbeit**
- **(e)Lobbying & (e)Campaigning**
- Veranstaltungsmanagement (Foren, Kongresse)
- **‚Marken'-Pflege/Image,** Präsenz
- **Agenda Setting**
- Themen Monitoring
- Umfragen und Studien
- **Vernetzung, Social Media**
- Medienkooperationen
- Branchen-Kommunikation und Mitgliedergewinnung
- Kooperationsprojekte
- **Online Pressekonferenzen**
- Webinare
- …

Abb. 3.6 Digitale Sicht auf die Außenkommunikation

- 3.5 Kommunikations-, Veranstaltungs- und Mitglieder-/Stakeholdermanagement mit CRM-Systemen
- 3.6 E-Lobbying (Spezialthema)
- 3.7 Datenschutz & Datensicherheit
- 3.8 Verbands-IT inhouse, outsourced, Cloud
- 3.9 Cloud & Mobile Anwendungen (Spezialthema)
- 3.10 Project & Change Management oder Umsetzung & Einführung, Compliance und Haftungsrisiken

▸ **Hinweis** An mehreren Stellen werden Namen von Softwareprodukten oder Anbietern genannt: Deren Nennung ist in diesem Buch nicht als Empfehlung zu verstehen, sondern hat lediglich Beispielcharakter!

Voraussetzung aller IT-Lösungen und Maßnahmen ist eine übergreifende Informations-, Kommunikations- und Wissensmanagement-Strategie, die es ermöglicht, von öffentlichen über die Mitgliedernetzwerke bis in die internen Bereiche durchgängigen Strukturen, Prozesse und Technologien zu planen und einzuführen.

3.2 Wissensmanagement

Eine Investition in Wissen bringt immer noch die besten Zinsen (Benjamin Franklin).

Eine geeignete Wissensstrategie, deren organisatorische Umsetzung und technologische Unterstützung ist, wie auch eine lebendige Wissenskultur, ein wichtiger Erfolgsfaktor für die Weiterentwicklung eines Verbandes. In diesem Kapitel werden neben einigen Grundlagen auch Verfahren und Technologien eingeführt, die für den Aufbau einer effektiven Dialog- und Wissensinfrastruktur relevant sind.

Als Anknüpfungspunkt an das vorangegangene Kapitel eignet sich das Bild der lernenden Organisation. Das Modell in Abb. 3.7 wurde auf Basis des Standardmodells der Gesellschaft für Wissensmanagement, GfWM, auf die Verbandswelt übertragen.

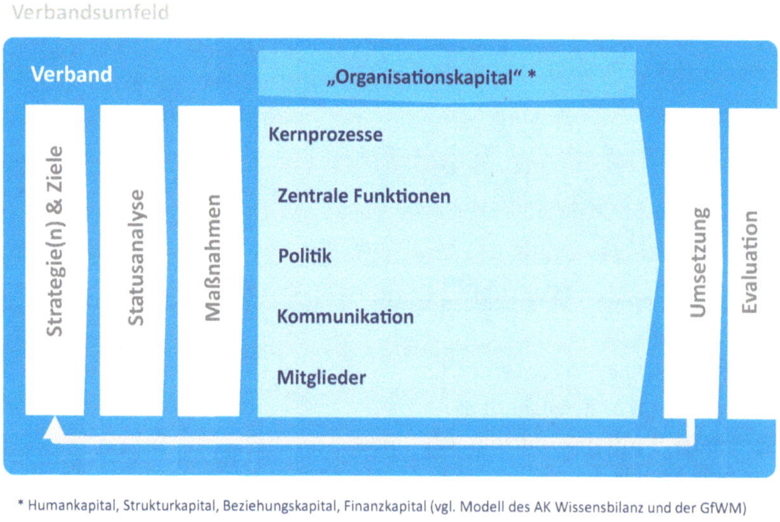

Abb. 3.7 Modell für Verbände als lernende Organisationen

Die lernende Verbandsorganisation durchläuft dabei rekursiv die Schritte Strategieentwicklung, Statusanalyse, Maßnahmenentwicklung, Umsetzung und Auswertung (der Maßnahmen Zielerreichung).

Die Ergebnisse fließen dann wieder zurück in eine kritische (Neu)Bewertung der Strategie und Ziele.

Im Zentrum zwischen den strategisch vordefinierten Maßnahmen und deren Umsetzung stehen die Kernprozesse mit den damit verbundenen Ressourcen. Ohne dieses sogenannte Organisationskapital wäre eine Organisation nicht handlungsfähig.

Wissensmanagement beschäftigt sich damit, das zu einem großen Teil intangible, also immaterielle Wissenskapital aufzuspüren, nutzbar zu machen, zu halten und weiter zu entwickeln. Das organisationale Wissen steckt in den Prozessen, Personen, Projekten und analog (z. B. in Form von Akten) oder digital gespeicherten Informationen.

3.2.1 Grundlagen

Es folgt eine komprimierte Einführung zu zentralen Wissensprozessen, Wissensarten und Einsatzgebieten des Wissensmanagements.

Neben dem Konzept der lernenden Organisation bilden die Kategorien der bedeutenden Wissensmanagement-Theoretiker, Probst auf der einen und Nonaka, Takeuchi auf der anderen Seite, einen wichtigen Orientierungsrahmen.

Nonaka und Takeuchi [NO95] beschreiben die unterschiedlichen Umsetzungsformen zwischen den beiden grundsätzlichen Wissensarten, dem explizitem und dem implizitem Wissen.

▸ **Begriff/Erläuterung** Die Unterscheidung von explizitem und implizitem Wissen ist im Wissensmanagement elementar und wird von fast allen Wissensmanagern geteilt:

I. Explizites Wissen ist analog oder digital „in-formiertes", also in eine Form gegossenes Wissen. Darunter kann formalisiertes, formuliertes oder abgebildetes Wissen verstanden werden. Es wird auf Wissensträgern wie Bücher, Dokumente, Dateien, Daten, Filme, Videos etc. gespeichert und verteilt.
II. Implizites Wissen ist informelles, zumeist in den Köpfen ihrer menschlichen Träger gespeichertes Erfahrungswissen.

Die Umsetzungsformen oder besser Transformationsarten beschreiben Nonaka und Takeuchi als Wissensspirale, wie Abb. 3.8 verdeutlicht.

Es folgt eine kurze Erläuterung der vier Transformationsarten:

- **Sozialisierung**
  Erwerb von Know-how, direkt oder medial vermittelt von Menschen – Beispiele Erfahrungsaustausch, Coaching (direkt) oder Webinare (indirekt).

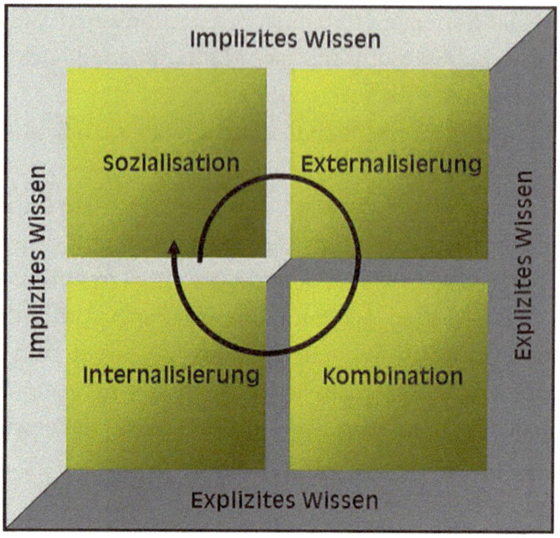

Abb. 3.8 Transformationsarten zwischen den grundsätzlichen Wissensformen (Wikipedia, Arzach)

- **Externalisierung**
  Implizites Wissen, welches bereits durch eine Sozialisierung erworben wurde, wird hier in explizites Wissen umgewandelt.
- **Kombination**
  Dokumentiertes Wissen wird miteinander verknüpft, um neues explizites Wissen zu schaffen, z. B. mit Business Intelligence Systemen.
- **Internalisierung**
  Durch Anwendung expliziten Wissens (z. B. Anleitungen) kann dieses zu Erfahrungswissen, also implizitem transformiert werden.

Im Unterschied zu Nonaka und Takeuchi beschreibt **Probst** beschreibt die Phasen oder Prozesse des Wissensmanagements aus Organisationssicht in Form von prozesshaften „Wissensbausteinen".

▸ **Begriff/Erläuterung** Tabelle 3.3 zeigt die sechs Kernprozesse des Wissensmanagements (Wissensbausteine) nach Probst [PR98].

Zusammenführung der Modelle von Probst und Nonaka In einer zweidimensionalen Matrix zusammengefasst, bieten die beiden Ansätze einen praxistauglichen Orientierungsrahmen, um den Anwendungskontext unterschiedlicher Wissensmanagement-Methoden/Praktiken/Werkzeuge einzuordnen.

Aus pragmatischen Gründen konzentrieren wir uns bei dieser Übersicht in Tab. 3.4 exemplarisch auf die drei Wissensbausteine „Wissenserwerb", „Wissensverteilung" und „Wissensnutzung".

Tab. 3.3 Sechs Kernprozesse des Wissensmanagements nach Probst

Wissens-identifikation	Hier soll ein Überblick geschaffen werden über interne und externe Daten, Informationen und Fähigkeiten.
Wissenserwerb	Durch die Rekrutierung von externen Experten oder Assoziation mit Innovationsträgern (z.B. Forschungseinrichtungen oder ausgezeichnete Organisationen) können Verbände sich Know-how einverleiben, das sie aus eigener Kraft nicht entwickeln können. Knapp formuliert: Einbinden oder Entwickeln?
Wissens-entwicklung	Wissensentwicklung ist ein ergänzender Baustein zum Wissenserwerb. Jenes Wissen, das nicht durch den Baustein Wissenserwerb abgedeckt werden soll, muss intern entwickelt werden.
Wissensverteilung	Die Kernfrage lautet: Wer sollte was in welchem Umfang wissen oder können und wie können die Prozesse der Wissens(ver)teilung erleichtert werden? Hierzu gibt es eine Vielzahl von Methoden wie zum Beispiel: Lessons Learned, After Action Review, Workshops, Jour fixe, Mentoren Prinzip, Newsletter und vieles mehr.
Wissensnutzung	Nutzung ist der produktive Einsatz organisationalen Wissens (s. Modell der lernenden Organisation).
Wissens-bewahrung	Um wertvolle Sachkenntnisse zu erhalten, gilt es brauchbare Selektionsprozesse zu gestalten und sodann angemessen zu speichern wie auch zu aktualisieren.

Tab. 3.4 Wissensmanagement-Praktiken nach Nonaka (Generik) und Probst (Bausteine/Phasen)

	Socialization	Externalization	Internalization	Combination
Wissenserwerb	z.B. Debriefing, Storytelling, World Café, Think Tanks, Syntegrety	z.B. Wissensmodellierung, Wissenslandkarte, Knowledge Flow Analysis, Wiki, Case Studies	z.B. Lesen, Übungen, Best Practice,	z.B. Blended Learning, Think-Tools u.ä.
Wissensverteilung	z.B. Lessons Learned, After Action Review, Workshops, Jour fixe, Mentorenprinzip	z.B. Wissensdatenbank, Yellow Pages,	z.B. Vortrag, Buch, E-Mag, Newsletter, Feed	z.B. Blended Learning, ,./Blog/Tweet, Communities
Wissensnutzung	z.B. Wissensmanager, Competence Center	z.B. Expertendatenbank, Business Intelligence, Wissensmanagement-Apps	z.B. Knowledge-Pod/Video-Cast, Lehrvideos, Webinare	z.B. Wissensbilanz, Blended-/ Double-Loop-Learning,
...				

3.2.2 Wissensmanagement Praktiken und Werkzeuge

Für die Auswahl der Wissensmanagement-Praktiken wird auf die Ergebnisse der Studie „Wissensmanagement-Trends 2013–2023 – Was Anwender nutzen und Visionäre erwarten“ (Herausgeber: Dr. Toralf Kahlert, Dr. Lars Langenberg, Pumacy Technologies AG, 2013) zurück gegriffen. Sie fasst über 120 aus der Literatur gesammelte Wissensmanagement-Praktiken zusammen, verdichtet sie auf 32 WM-Praktiken und kategorisiert diese anhand der sechs Kern-Wissensbausteine nach Probst (s. Tab. 3.5).

In der Tab. 3.6 sind einige vergleichsweise kostengünstig und einfach einzuführende Instrumente zur Unterstützung der Wissensidentifikation, -Bewahrung und -(Ver)teilung mit Anwendungsfällen aufgeführt.

Tab. 3.5 Wissensmanagement-Praktiken, kategorisiert nach Probst

WISSENSERWERB	WISSENSBEWAHRUNG	WISSENSNUTZUNG
▪ Best Practice	▪ Wissenstransfer	▪ Wissensmanager
▪ Debriefing	▪ Projektdatenbank	▪ Expertendatenbank/Yellow Pages
▪ Wissenslandkarte	▪ Content Management System	▪ Business Intelligence
▪ Knowledge Flow Analysis	▪ Document Management System	▪ Knowledge-Pod/Video-Cast
▪ Wiki	▪ Selbsterklärende Ordnerstruktur	
▪ Storytelling	▪ KM Cloud-Anwendung	
▪ World Café		
▪ Wissensmodellierung		
WISSENSIDENTIFIKATION	**WISSENSENTWICKELUNG**	**WISSENSVERTEILUNG**
▪ Suchmaschine	▪ Betriebsbegehung	▪ Groupware System
▪ Tagging	▪ Jobrotation	▪ Blog/Microblog
▪ Wissensaudit	▪ E-Learning	▪ Forum/Wissensmarktplatz
▪ Wissensbilanz	▪ Open Space	▪ Double-Loop-Learning
		▪ Newsgroup/Feeds/RSS
		▪ Knowledge Management-Apps

Tab. 3.6 Instrumente praxisorientierter Wissensmanagement-Lösungen

Instrument	Wissensbaustein nach Probst	Wissenstransformationsprozess nach Nonaka
1. Foren/Blogs im Intra- oder Extranet, in denen sich Mitarbeiter und externe Kontakte mittels Fachbeiträgen darstellen können. Die Beiträge werden rubriziert und/oder verschlagwortet (oder „getaggt") archiviert und können so recherchiert werden	W.Identifikation, W.Bewahrung, W.(Ver)Teilung	Externalization, Combination, Internalization
2. Mitarbeiter ergänzen ihre Nutzerprofile im Intranet oder internen Adress-/Kontaktdatenbanken um Kenntnisse, Fachgebiete usw.	W.Identifikation	Externalization, Combination
3. Externe Kontakte können ihre Nutzerprofile im Extranet um ein Expertenprofil ergänzen und anderen sichtbar machen, um sich besser zu vernetzen	W.Identifikation	Externalization, Socialization
4. Dokumentiertes Wissen wird maximal einfach und für jeden verständlich verschlagwortet in zentralen Daten-/Dokumentenbibliotheken abgelegt	W.Identifikation, W.Bewahrung, W.(Ver)Teilung	Externalization, Combination, Internalization
5. In Linksammlungen können relevante Onlinequellen zentral gesammelt und kommentiert werden	W.Identifikation, W.Bewahrung, W.(Ver)Teilung	Externalization, Internalization
6. Strukturierte Dokumentation von informellem Erfahrungswissen in Wikis	W.Identifikation, W.Bewahrung, W.(Ver)Teilung	Externalization, Combination, Internalization
7. Dokumentation von formellen Abläufen in Prozessdiagrammen (über Bürosoftware) oder Checklisten	W.Bewahrung,	Externalization, Internalization
8. Gemeinsame Erarbeitung von dokumentiertem Wissen in Bibliothek oder Wiki	W.Identifikation, W.Bewahrung, W.(Ver)Teilung	Externalization, Combination, Internalization, Socialization
9. Synchrone Kommunikation etwa über Messenger	W.(Ver)Teilung	Socialization

3.2.3 Wissensmanagement in Verbänden

Verbände gründen sich zum größten Teil auf Kommunikations- und Wissensarbeit. Da auch modernes Kommunikationsmanagement auf der intelligenten Verarbeitung und Nutzung von Informationen über die Kommunikationspartner oder Community-Mitglieder basiert, müsste Wissensmanagement eigentlich eines der zentralen Themen in Verbänden sein. Eigentlich, weil es diesen Stellenwert in der Verbandswelt (noch) nicht hat.

Laut Dr. Hans-Werner Busch, renommierter und erfahrener Berater zu Verbandsstrategien und selbst lange in führender Position eines starken Verbandes, ist Kommunikation ein wissensbasierter Prozess. Zudem, so Busch weiter, „fördert ein integriertes Kommunikations- und Wissensmanagement die Vernetzung der Prozesse und erleichtert Spill-over-Effekte". Das von ihm entworfene Modell in Abb. 3.9 skizziert diese positiven Ausschüttungseffekte als über eine Plattform (Portal) induzierte Einflüsse.

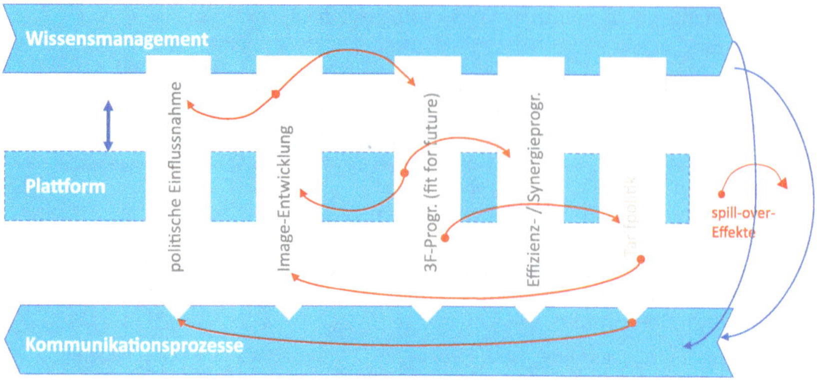

Abb. 3.9 Vernetzung von Kommunikations- und Wissensmanagement über zentrale Verbandsprozesse

Dieses Modell zeigt wie auch schon das eingangs des Kapitels vorgestellte Modell einer lernenden Organisation, dass Wissensmanagement wie Informationstechnologie eine Querschnittsaufgabe ist, die sich durch alle Kernprozesse der Verbandsarbeit zieht.

Unten folgt eine weiterführende Übersicht der Aufgabenbereiche, in denen es explizit oder implizit eine große Rolle spielt. In Klammern finden sich Verweise auf die entsprechenden Kapitel in diesem Buch.

Fallbeispiel

Zu einigen dieser Anwendungsfelder finden sich konkrete Beispiele unter 4., auf die aus den angegebenen Kapiteln verwiesen wird!

- Organisationsentwicklung
  - Wissen in Organisation erheben, erhalten und entwickeln (vgl. dieses Kapitel)
- Personalentwicklung
  - Transparent machen und richtiges Einsetzen der Mitarbeiter-Kompetenzen (Kompetenzmanagement, s. Abschn. 3.3.1)
    Gezielte Weiterbildung
  - Systematische Jobübergabe, z. B. mittels Wissensstafette oder Dokumentation, Externalisierung persönlichen Wissens (vgl. Abschn. 3.5)
- Projektmanagement (s. Abschn. 3.10)
  - Projektdatenbank/Wissensarchiv mit Projektdatenblättern, Debriefings, Kalkulationen, Planungsunterlagen, Konzepten, Lasten-, Pflichtenheften, Verträgen, Angeboten, Ausschreibungen, Leistungsbeschreibungen etc. zur späteren Wiederverwendung
- Content-, Dokumenten-, und Publikationsmanagement (s. Abschn. 3.3, 3.4 und 3.9)
  - Systematische, zentrale Ablage alle Dokumentenarten inklusive Metadaten (Autor, Version, Schlagworte …)

  - Geeignete Recherchemöglichkeit nach Dokumenten aller Art (facettiert, Volltext, indiziert, semantisch …)
  - Gemeinsame Bearbeitung (Collaboration), Redaktionsprozess, -Workflow
  - Rechtssichere Archivierung
  - Publikation
  - Systematische Text- und Medienproduktion für unterschiedliche Kanäle und Zielgruppen ohne Mehrfacharbeit; z. B. Intranet, Internet, Social Media …
- Information und Beratung (s. Abschn. 3.3 und 3.4)
  - Personalisierte Multi Channel Information von Mitarbeitern, Mitgliedern, Multiplikatoren etc.
  - Wissensarchiv mit Beratungsressourcen, wie Fallbeispielen, Daten, Studien, rechtlichen Informationen …
- Adress-, Kontakt-, Kommunikationsmanagement (s. Abschn. 3.5)
  - Kontaktdaten zentral, aktuell, ohne Duplikate und verknüpft mit allen für die Kommunikation relevanten Daten des Kontaktes (Organisationen, Themen, Gremien, Mitgliedschaft, Veranstaltungen, Kommunikationsaktivitäten, Social Media, Abonnements …) > Achtung Datenschutz!
- Networking und Lobbyarbeit (s. Abschn. 3.6)
  - Gezielte Vernetzung „passender“ (z. B. thematisch oder geografisch) Mitglieder, Stakeholder, politischer Ansprechpartner
  - Profilbildung als Vorbereitung für Lobbygespräche (s. Abschn. 3.7)
- Mitgliederservices (s. Abschn. 3.3)
  - Erhebung der Mitgliederbedürfnisse und Interessen
  - Bedarfsgerechte Informationsbereitstellung was, wann, auf welchem Weg und in welcher Form es der Empfänger möchte
  - Registrierung der Mitgliederaktivität/Response
  - Organisation von Mitgliederlotsen, Paten o.Ä.
- Mitgliedergewinnung (s. Abschn. 3.4 und 3.5)
  - Recherche und Analyse potenzieller Neumitglieder
  - Tracking des Mitgliedergewinnungsprozesses
- Tarifverhandlungen
  - Rechtliche Rahmenbedingungen

u. v. a. m.

Treiber und Barrieren

In Tab. 3.7 sind die nach Davenport et al. [DA00] geläufigsten Barrieren mit bewährten Lösungsoptionen aufgeführt (sie nennen es „Frictions“, Reibungen oder Spannungen, weil sie den Wissensaustausch verlangsamen aber nicht komplett aufhalten).

Sowohl die Reibungspunkte als auch die Lösungen gelten gleichermaßen für den *inner*- und *inter*organisationalen Wissensaustausch.

Tab. 3.7 Barrieren/Reibungspunkte, die Wissenstransfer behindern und Lösungsmöglichkeiten [DA00]

Barrieren	Lösungsmöglichkeiten (Beispiele)
Fehlendes Vertrauen	Vertrauen herstellen durch persönliche Treffen
Unterschiedliche Kulturen, (fach)sprachliche und berufliche Kontexte	Eine gemeinsame Basis des Verständnisses durch Weiterbildung, Diskussionen, Job-Rotation, Medien (erklärende Bücher, Filme…) schaffen
Terminmangel /Zeitknappheit und Mangel an Meeting Räumen, Angst vor Unproduktivität	(Feste) Zeiten und Orte für den Wissenstransfer etablieren, auch Messen, Konferenzen
Anerkennung und Auszeichnungen gehen an die Wissensträger	Incentives für das Teilen von Wissen, Performance-Auswertung, Indikatoren ausloben
Limitierte Aufnahmekapazität bei den Arbeitnehmern	Training und Einräumen bewusster Freiräume für den Wissenstransfer; Flexibilität und Offenheit fördern
Glaube, dass bestimmte Gruppen prädestinierte Wissensträger sind und „not-invented-here" Syndrom	Nichthierarchischen Zugang zu Wissen fördern – Bedeutung der Qualität von Ideen gegenüber dem Status des Wissensträgers betonen
Intoleranz gegenüber Fehlern oder Hilfsanfragen	Kreatives Scheitern als zur Organisationskultur gehörig explizit akzeptieren und Nicht-Wissen nicht sanktionieren

In Verbänden, die auf eine freiwillige, aktive Mitwirkung der Mitglieder oder externer Multiplikatoren oder Promotoren angewiesen sind kommt als Punkt noch hinzu: Personen zu erreichen und zur Mitwirkung zu motivieren!

3.3 Intranet & Extranet oder Mitarbeiter- & Mitgliederportal

Das implizite Wissen des Verbandes steckt vorwiegend in den Köpfen der Mitarbeiter und Mitglieder, das explizite in den im Verband kursierenden Daten und Dateien.

In CRM-Systemen werden Kontakt-, Kommunikations-, Mitglieds- und alle damit verbundenen Daten gemanagt (mehr dazu unter Abschn. 3.5).

Zusammen mit Intranet, Extranet, Content- und Dokumentenmanagement-Systemen bilden sie das Rückgrat elektronischen Wissensmanagements in Verbänden; letztere sind oft integraler Bestandteil hochwertiger Portalsysteme.

Community oder Social Collaboration Portale ermöglichen ergänzend eigene Social Intranet und Extranet Anwendungen, die den informellen Wissensaustausch (Socialisation, s. Abschn. 3.2.1) und die Dokumentation impliziten Wissens unterstützen (Externalisierung).

Derart vielseitige Portalsysteme werden beispielsweise von Microsoft (Sharepoint), IBM (Notes & Connections), SAP(Netweaver), Atlassian (Confluence) oder als Open Source wie z. B. Liferay, Drupal, OpenText, Typo3, WebWeaver und vielen anderen mehr angeboten.[2]

Die Schwerpunkte von Intranet und Extranet-Portalen in Verbänden liegen bei:

- Collaboration,
- Networking,
- Kompetenzmanagement,
- Contentmanagement,
- Dokumentenmanagement (wenn integriert, s. u.),
- Mitgliederservice (Extranet) und
- Qualitätsmanagement (stärker im Intranet).

Schnittpunkte zwischen Portal- und CRM-Systemen gibt es bei der vernetzten Kommunikation, den Kontaktprofilen, Veranstaltungsanmeldungen und Mitgliederinformation (s. Schnittstelle Mitgliederportal-CRM unter Abschn. 3.2), doch dazu später.

Zunächst zur Definition und Gegenüberstellung von Intra- und Extranet.

▸ **Begriff/Erläuterung** In der Verbandspraxis wird diese Trennung meist nicht scharf gezogen und ein Extranet geht schon mal als Intranet durch. Dabei ist es eigentlich ganz einfach:

A. Ein INTRAnet ist ausschließlich INNERHALB der eigenen Organisation von deren Mitarbeitern nutzbar. Aus technischer Sicht ist ein Intranet i. d. R. nur im internen Verbandnetz (LAN = Local Area Network) oder über VPN zugänglich, weshalb es auch keinen separaten Login benötigt.
B. Ein EXTRAnet richtet sich an alle Personen, die mit der betreibenden Organisation vertraglich oder geschäftlich verknüpft sind. Bei Verbänden sind dies größtenteils die Mitglieder, weshalb Verbands-Extranets auch Mitgliederportale heißen.

Soweit, so gut; nun betrachten gerade Mitgliedsorganisationen, die Personen als Mitglieder haben, diese oft als Teil der eigenen Organisation. Da sie keine Angestellten oder Teilhaber/Gesellschafter des Verbandes sind, ist das eine im oben genannten Sinne allerdings wenig pragmatische Sichtweise, es sei denn, sie bekleiden ein offizielles Amt im Verband (Präsidium, Vorstand …).

Der Unterschied wird offensichtlich, wenn man sich die Informations- und Kommunikationsflüsse anschaut: Abb. 3.10 zeigt das schematisch anhand eines einfachen Verbandsmodells.

[2] Die genannten Systeme sind lediglich Beispiele und stellen keine generelle Empfehlung des Autors dar! Bei der Suche nach einer geeigneten Lösung kommt man um eine individuelle Anforderungsprüfung nicht herum.

Abb. 3.10 Intranet & Extranet in der Verbandsarbeit

3.3.1 Intranet für die Mitarbeiter des Verbandes

Laut unserer Studie (s. Abschn. 2.2) steigt die Verbreitung von Intranets in den Verbänden: während 2010 noch über 30 % angaben, über gar kein Intranet zu verfügen, waren es 2013 nur noch knapp 17 %.

Idealer Weise sollte ein Intranet die erste Anlaufstelle in der oder den Geschäftsstellen für die Mitarbeiter sein, wenn sie z. B.:

- Dokumente, Publikationen, Vorlagen, Formulare oder wichtige Verbandstermin-/Veranstaltungshinweise suchen,
- intern an alle oder viele Kollegen kommunizieren wollen (um Messenger und Mail nicht zu überfrachten),
- in verteilten Projektgruppen oder Geschäftsstellen übergreifend zusammen arbeiten wollen,
- sich über Abläufe, Richtlinien, Organisationsstrukturen, Verantwortlichkeiten und Prozesse des Verbandes informieren wollen,
- Verbesserungsvorschläge einreichen wollen (sofern ein KVP[3]-Prozess eingeführt wurde),
- Informationen und Kontaktdaten zu Bereichen/Abteilungen oder Kollegen suchen,
- sich für Personalentwicklungsmaßnahmen (u. a. Weiterbildung) interessieren und anmelden wollen,
- interne Anwendungen verwenden wollen und dazu Benutzungshinweise benötigen oder
- allgemein interne Dienste und Tools in Anspruch nehmen wollen, wie z. B. den IT-Service, Bestellservice, oder die Reisekostenabrechnung (ggf. mit Online-Formular) u. a. m.

[3] Kontinuierlicher Verbesserungsprozess, meist Teil des Qualitäts- und/oder Prozessmanagement.

Diese Auflistung gilt allgemein für Verbands-Intranets einschließlich Social Intranets und anderer Variationen.

Beim Dokumentenmanagement kann es einen fließenden Übergang zum Mitgliederportal geben, der dann entweder durch eine Schnittstelle oder ein durchgängiges Dokumentenmanagementsystem (DMS) für Intra- und Extranet realisiert ist.

Gleiches gilt für das Content Management, also die redaktionelle Bearbeitung aller Browser basierten Inhalte (meist html-, asp- oder jsp-Formate): Es macht in vielen Fällen Sinn, ein mehrkanal- und mehrmandantenfähiges CMS einzuführen, mit dem vom Intranet über das Extranet bis zum Internet und im Idealfall auch für digitale Offline Publikationen Contents bearbeitet und publiziert werden können. Durchgängige Dokumenten- und Content Management Systeme werden unter Abschn. 3.3.3 behandelt.

Der Schwerpunkt der Intranet-Nutzung liegt bei vielen Verbänden auf der internen Information und Kommunikation sowie der Vorlagen-/Formularsuche.

Ebenfalls ein Dauerbrenner sind interne Telefonlisten. Deren Beliebtheit bietet die große Chance, die interne Vernetzung zwischen den Mitarbeitern und die Nutzung bisher brach liegender Kompetenzen zu fördern. Dabei hilft schon eine kurze Beschreibung der jeweiligen Position, des Aufgabenbereichs und evtl. offizieller Angaben zur Qualifikation.

Auf freiwilliger Basis kann man den Mitarbeitern auch die Möglichkeit geben, mehr von sich preiszugeben. Eine Variante dafür ist ein interner Blog: Dort können Mitarbeiter etwa berichten, mit was sie sich aktuell (fachlich) beschäftigen und so ein wesentlich differenzierteres und realistischeres Bild ihrer Kenntnisse abgeben. Kollegen können dann im Blog nach internen Ansprechpartnern zu bestimmten Fragestellungen suchen und sich mit ihnen austauschen.

Solch ein Blog erleichtert auch die Eingliederung neuer Mitarbeiter, die sich darin schneller ein Bild von den Kollegen machen und sich auch gleich selbst vorstellen können.

Nebenbei entsteht damit eine allen Mitarbeitern zur Verfügung stehende Datenbasis expliziten Wissens, das ansonsten nur zwischen wenigen, in Kontakt stehenden Kollegen kursiert oder in den Köpfen einzelner bleibt (vgl. Abschn. 3.2).

Ein interner Blog kann eine lebendige Erweiterung formalisierten Organisationswissens schaffen, welches in eher trockenen Strukturdiagrammen, Prozessen, Guidelines und anderen Regelwerken dokumentiert ist.

Damit Mitarbeiter die Hemmschwelle überwinden, sich vielleicht erstmals mit eigenen Beiträgen vor den Kollegen inklusive Geschäftsleitung zu zeigen, ist ein gehöriges Maß an Vertrauen in die Unternehmenskultur und deren oberste Vertreter notwendig.

Praxishilfe

Helfen können hier interne Kommunikationsregelungen, die aber, um die angesprochene Wirkung zu erzielen, von der Geschäftsführung glaubhaft (vor)getragen und vorgelebt werden müssen. Es folgt ein Beispiel einer Art „Netiquette", die nur aus zwei grundsätzlichen Regeln besteht:

(1) Grundsatz: Jeder Mitarbeiter darf sich frei in eigenen Beiträgen äußern, ohne Benachteiligungen befürchten zu müssen. Das schließt ausdrücklich auch kritische Beiträge mit ein.
Die einzige Ausnahme: Betrifft ein Inhalt direkt den Arbeitsbereich einer/eines Kollegin/en, sollte der Inhalt vorher mit dieser Person abgestimmt werden.
(2) Jeder Mitarbeiter darf jeden Artikel kommentieren, vorausgesetzt die Kommentare sind seriös und sachbezogen. Verleumdende, beleidigende oder rufschädigende Inhalte gehören nicht in die interne Kommunikation, gleich über welches Medium!

Je nach Verbandsart und -größe, spielt systemgestütztes Qualitäts- und Compliance Management (Rechtskonformität) eine mehr oder weniger wichtige Rolle. Bei größeren Branchenverbänden aus der chemischen und technischen Industrie findet man solche Anwendungen eher als in kleinen Regionalverbänden des Sozialbereichs.

▸ **Begriff/Erläuterung** Qualitätsmanagement impliziert die Dokumentation und fortlaufende Aktualisierung von Organisationsstrukturen und Prozessen. Organigramme liegen bei fast allen Verbänden vor, schwerer tun sich viele mit einer formellen Abbildung dynamischer Arbeitsabläufe. Dieses Prozedere empfiehlt sich jedoch nicht nur als Basis für das Qualitätsmanagement und als wichtiger Baustein für das Erkennen eventuell nicht rechtskonforme Vorgänge (Compliance, s. Abschn. 3.10.6). Es kann auch dazu beitragen, die Verbandsarbeit insgesamt innovativer, effektiver und effizienter zu machen!

Des Weiteren helfen Prozessbeschreibungen bei der Auswahl passender IT-Lösungen für zentrale Bereiche der Verbandsarbeit, wie z. B. CRM-Systemen und sind elementar bei ihrer Anpassung/Weiterentwicklung und Einführung.

Wenn sie gewissenhaft gemacht sind, beschreiben solche Ablaufdiagramme formalisiert die wichtigsten Anwendungsszenarien oder Use Cases für diese Systeme.

Zur Qualitätssicherung wie zur Compliance gehört ein professionelles Dokumentenmanagement. Eine direkte Überschneidung gibt es bei der revisionssicheren Archivierung: Ein sehr schwieriges Thema, weil die gesetzliche Regelung in der GDPdU leider nicht genau sagt, was darunter zu verstehen ist.

▸ **Begriff/Erläuterung** Unstrittig ist, dass bei einer revisionssicheren Archivierung buchhaltungsrelevante Unterlagen getrennt von denen der Personalabteilung verwaltet und unveränderlich so gespeichert werden müssen, dass sie innerhalb der Aufbewahrungsfristen für die Finanzbehörden in ihrer unverfälschten Form aufrufbar sind.

An dieser Stelle sei noch erwähnt, dass rein technische Lösungen nicht genügen, um Revisionssicherheit herzustellen, organisatorische Maßnahmen sind ebenfalls erforderlich.

Die Integration von Dokumentenarchiven in das Intra-, aber auch das Extranet mittels Portalsystemen (s. u.), hat ein paar Vorteile gegenüber deren Verwaltung nur auf Fileservern:

- In Webanwendungen lassen sich nutzerfreundlichere, facettierte Suchen integrieren, mit denen Dokumentenrecherche beschleunigt werden kann
- Sofern es die Sicherheitsrichtlinien zulassen, können die Dokumente von unterwegs mit dem Browser auch ohne umständliche VPN-Verbindung aufgerufen werden
- Im Browser kann in Web-Anwendungen wie Workspaces, Teamrooms oder Online Gremienarbeitsräumen gemeinsam an Dokumenten gearbeitet werden
- Hinter solchen Web-Anwendungen liegt meist ein komplettes Dokumentenmanagementsystem inklusive automatischer Versionierung
- Mit diesen Anwendungen können oft auch Workflows zur Dokumentenerstellung etwa von Publikationen zur Unterstützung und Qualitätssicherung eingerichtet werden

Eine weitere Alternative für das Dokumentenmanagement sind Cloud-Laufwerke. Bei Google Docs und Office 365 beispielsweise sind diese mit Anwendungen für Dokumentenmanagement und Online-Zusammenarbeit kombiniert. Es gibt auch Cloud-Lösungen, die eine Datenhaltung in Deutschland garantieren oder es ermöglichen, einen eigenen Cloud-Dienst einzurichten.

Näheres dazu und den damit verbundenen Datensicherheits- und Datenschutzaspekten siehe Abschn. 3.9.

Fallbeispiel

Unter Abschn. 4.4 wird ausführlicher auf ein Intranet mit internem Blog, Dokumenten- und Qualitätsmanagement eingegangen.

3.3.2 Extranet für Mitglieder, assoziierte Personen oder Organisationen

Gemäß unserer Studie (Abschn. 2.2) sind einfache, passwortgeschützte Bereiche für Mitglieder im Internet zugunsten von personalisierten Portalen auf dem Rückzug. Mitgliederportale verzeichnen einen Zuwachs von 18 Prozentpunkten, Online-Arbeitsbereiche von 12 und eigene Social Communities im Extranet von neun Prozent (Social Extranet).

Die Unterschiede zwischen Online-Arbeitsbereichen und Communities verschwimmen langsam unter dem Begriff „Social Collaboration".

▸ **Begriff/Erläuterung** *„Social Collaboration verbindet die Kommunikationsstärken sozialer Medien mit der Produktivitätssteigerung elektronischen Zusammenarbeitens. Dieser Trend wird sich ohne Zweifel fortsetzen und Social Collaboration in der Arbeitswelt als Standard etablieren."* (Dr. Michael P. Wagner schreibt dazu in der iX vom April 2014)

Mitgliederportale können je nach Verband und Anwendungsschwerpunkt eine stärkere Ausprägung in Richtung Collaboration (Gremien- und Projektarbeit, oft bei Fachverbänden) oder Community (Networking, oft bei Personenverbänden) aufweisen.

Für die meisten Verbände haben die folgenden Anwendungsbereiche im Extranet Relevanz:

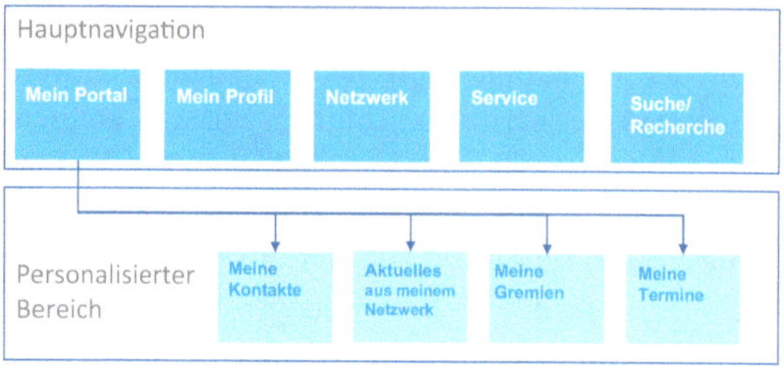

Abb. 3.11 Simple Top-Level Sitemap mit angedeutetem Personalisierungsbereich für ein Verbands-Extranet

(a) Ein **Wissensportal** für die Verbandsmitglieder mit zum Teil exklusiven **Informationen, Daten, Dokumenten, Terminen** zu allen Themen des Verbandes und seiner Mitglieder;

(b) Optionen für alle Nutzer, **ihr eigenen Kontaktprofil** zu verwalten, sich mit anderen Nutzern zu vernetzen, auszutauschen (Online **Verbandscommunity**) und sich nach eigenem Bedarf **Informationsdienste zu konfigurieren** (s. u. Schnittstelle CRM-Mitgliederportal);
Zu den personalisierten Informationsdiensten gehören neben personalisierten **Newslettern** und **Rundschreiben** auch automatische **Benachrichtigungsservices**, die per E-Mail, RSS-Feed oder auf anderem, vom Nutzer gewünschten Weg über neue Inhalte informieren. Ein Beispiel dafür wäre eine E-Mail-Benachrichtigung mit Link auf die neue Version eines Positionspapiers.
Hinweis: *Datenschutzrecht beachten!*

(c) **Online Erweiterung der klassischen Gremienarbeit** – virtuelle Zusammenarbeit/Collaboration in verschiedenen Online-Räumen (virtuelle Gremienräume, Project Workspaces …) mit Bibliotheken, Kalendern, Kontaktlisten, Blogs, Wikis, Foren, Dokumenten- und Projektmanagementunterstützung (s. u. Szenario Online Gremienarbeit).
Hinweis: *Kartellrecht beachten!*

(d) Online-Formulare beispielsweise zur **Veranstaltungsanmeldung**, für **Umfragen** unter den Mitgliedern als Service **Anfragen** oder zum **Feedback**;
Hinweis: *Datenschutzrecht beachten!*

(e) Social Media (z. B. Blogs) als **Dialogplattform für die Mitglieder**, in denen sie selbstorganisiert Beiträge einstellen und kommentieren können.
Hinweis: *Datenschutz- und Kartellrecht beachten!*

(f) Links auf **exklusive Mitgliederservices**.

Eine stark vereinfachte Sitemap solch eines personalisierten Mitgliederportals skizziert Abb. 3.11.

Eine adäquate Zielrichtung für ein Mitgliederportal wäre, das für Mitglieder relevante und darstellbare Wissen des Verbandsnetzwerkes auf einer Plattform zu sammeln, die Mitglieder als Community einzubinden und ihnen eine Zeit- und Ort unabhängige, aktive Verbandsmitarbeit zu ermöglichen.

Dabei sollte jedes Mitglied eine seinem Informationsbedürfnis entsprechende, personalisierbare Sicht auf den Verband bekommen, sich per Expertenprofil darstellen und mit anderen vernetzen können. Die wichtigsten Funktionen sollten – wenn geeignet – auf allen gängigen Geräten medienadäquat bereitgestellt werden.

Zum Thema mobile Services siehe Abschn. 3.9 und zur mobilen Darstellung siehe Abschn. 3.4.

Durch die NSA-Affäre, mit der öffentlich verfügbare Plattformen gerade aus den USA einen herben Vertrauensverlust erlitten haben, bekommen eigene, geschützte Community-Plattformen eine zunehmende Attraktivität. Verbände können mit solchen Angeboten einen großen, geldwerten Mehrwert für Mitglieder und Assoziierte schaffen.

In geschützten Bereichen kann die Zusammenarbeit und Vernetzung unter dem Dach des Verbands zu neuer Blüte getrieben werden, wenn die Mitglieder entsprechend motiviert werden. Ein motivierender Aspekt, der von Mitgliedern immer wieder genannt wird, ist derjenige der Transparenz und Miteinflussnahme auf die Verbandsarbeit und Verbandspositionen. Gerade hier kommen die Stärken solcher Collaboration Plattformen zum Tragen – wenn man sie denn in dieser Form nutzen will und kann.

Fallbeispiele

Beispiele hierfür bieten der BITKOM (Abschn. 4.4), ZVEI (Abschn. 4.6) und der BDI (Abschn. 4.9).

Abbildung 3.12 zeigt die Ergänzung des klassischen durch ein digitales Gremiennetzwerk. Mit einer Ausdehnung in den digitalen Raum ergeben sich neue, Gremien übergreifende Vernetzungsoptionen und eine Verstärkung der Gremien durch die temporäre oder dauerhaft virtuelle Einbindung externer Experten (Arbeitsgruppe online).

Zu der Bedeutung der unterschiedlichen Figuren siehe auch die Legende in der nachfolgenden Abb. 3.13.

Die Zusammenarbeit und das Networking in Arbeitskreisen, Task Forces, Dialogkreisen, Lenkungs- und Fachausschüssen, Projekt- und Arbeitsgruppen zwischen den physischen Meetings wird mittels virtueller Gremien effektiver und intensiver gestaltbar.

Dazu zählt die mit Hilfe der angebotenen Tools zeitversetzt oder parallel online durchgeführte gemeinsame Arbeit an Leitfäden, Positionspapieren oder anderen Dokumenten.

In den virtuellen Gremien- oder Arbeitsräumen können Bibliotheken mit vollständigen Dokumentenmanagement-Funktionalitäten, Projektmanagementtools und individuell einstellbare Informationsdienste per E-Mail oder RSS-Feeds genutzt werden.

Des Weiteren wird der gremieninterne oder -übergreifende Austausch mit allen Mitgliedern in themenbasierten Foren, Blogs, in Webkonferenzen oder mittels Online-Umfragen unterstützt.

Durch Konfiguration der eigenen Profil- und Kontaktseite kann jedes Mitglied selbst entscheiden, welche persönlichen Daten es welchen Mitgliedern anzeigen möchte.

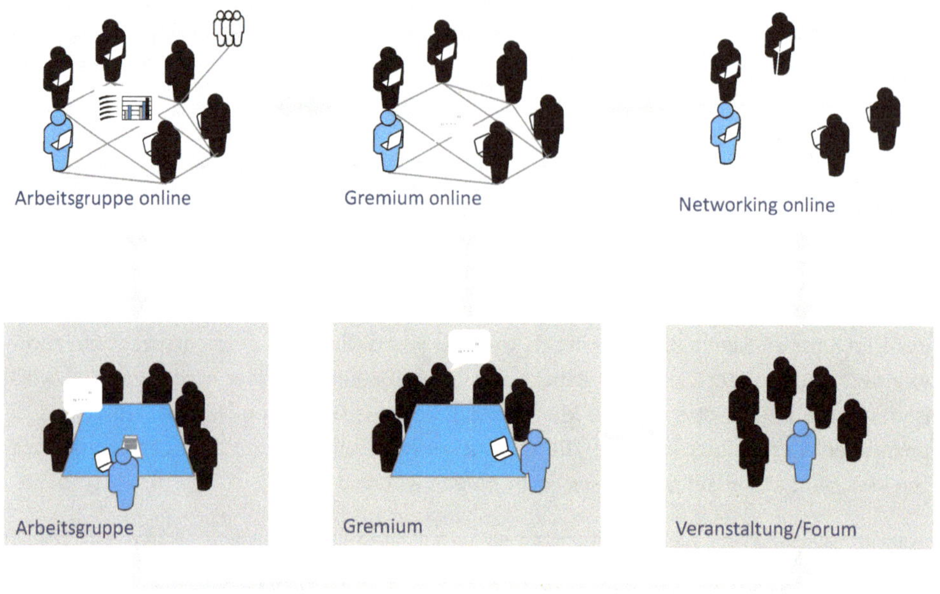

Abb. 3.12 Beispiele physischer und virtueller Gremienarbeit und Vernetzung und Anwendungsszenarien für ein virtuelles Gremiennetzwerk

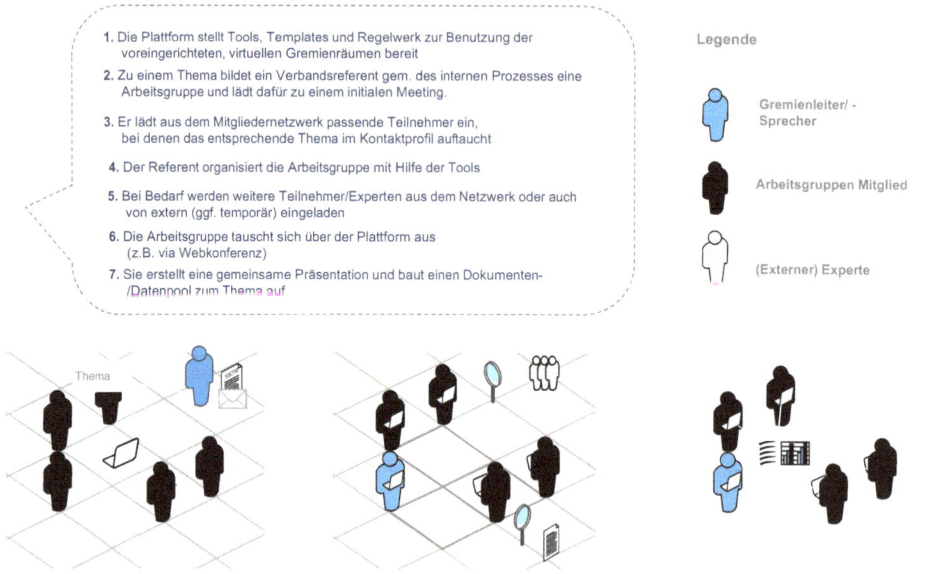

Abb. 3.13 Beispielszenario für online Gremienarbeit

Sukzessive entsteht ein zentraler, zeit- und ortsunabhängig verfügbarer Wissenspool aller Experten, Inhalte und Veranstaltungen, personalisierbar nach Themengebieten und Gremienmitgliedschaften.

Online Gremienarbeitsräume lassen sich mit Collaboration Portalsystemen umsetzen.

Abbildung 3.13 zeigt ein Beispiel-Szenario für Online Gremienarbeit.

Ähnliche Funktionen wie für die Online Gremienarbeit kommen auch in der Vor- und Nachbereitung von Lenkungsausschüssen, Konferenzen und Foren zum Tragen:

- Die Organisatoren können orts- und zeitungebunden gemeinsam am Programm und allen weiteren Aspekten der Veranstaltungsplanung arbeiten. Ferner können sie externe Dienstleister unter der Wahl reduzierter Zugriffsrechte für eine effektive Zusammenarbeit in den Workspace einladen.
- Referenten sind u. a. durch automatische Benachrichtigungen über neue Inhalte immer auf den neusten Stand bezüglich der anderen Vorträge und ggf. der Abnahme ihrer Beiträge (etwa für den Tagungsband). Zudem stehen sie in direktem Kontakt mit den Veranstaltern.
- Nach Terminierung können die Vorträge und weiteren Veranstaltungsmaterialien direkt für die Teilnehmer freigegeben werden und
- die Teilnehmer sich mittels ihres Mitglieder- oder Teilnehmerprofils auf der Plattform bekannt machen sowie über die integrierten Social Media Tools mit anderen Teilnehmern vernetzen.
- Der Verband bekommt so ein intensiveres Feedback zur Veranstaltung und kann Nichtmitglieder direkt in die zu ihnen passenden Gremien einladen.

Fallbeispiel

Der BITKOM hat 2008 eines der ersten, großen Mitgliederportale in Deutschland mit kompletter Online-Gremienstruktur, Vernetzungsoptionen, Themenblogs und Wissenspool aufgebaut. Weitere Fallbeispiele, die auf sehr ähnlichen Portalen basieren, finden sich unter Abschn. 4.9 und 4.6.

Ein Beispiel für eine andersartige, Community basierte Plattform wird unter Abschn. 4.2 beschrieben.

Schnittstelle Mitgliederportal-CRM

Das BITKOM Fallbeispiel beschreibt auch eines der ersten Mitgliederportale, das über eine ausgereifte Schnittstelle zu einem CRM-System verfügt. Über diese Schnittstelle werden im CRM angelegte Gremien automatisch, also ohne einen weiteren Handgriff des Webmasters oder Online Redakteurs, als separate Gremienarbeitsräume im Portal generiert. Auch die Mitglieder werden automatisch vom System mit ihren persönlichen Zugängen und vorangelegten Profilen versorgt, die sie beim ersten Login anpassen und in der Community differenziert freigeben (ähnlich Xing) können. Zusätzlich werden über die Schnittstelle Themenstrukturen synchronisiert, die zusammen mit den Gremienmitgliedschaften und persönlichen Einstellungen weitere Diversifizierungskriterien bilden. Damit wird das Ziel verfolgt, die Informations- und Kommunikationsangebote möglichst individuell an die Bedürfnisse der Mitglieder anzupassen.

An mehreren Stellen, so auch im oben skizzierten Szenario bei der Suche nach passenden Teilnehmern für eine neue Projektgruppe, wurde bereits auf einzelne Funktionen der Schnittstelle zwischen Extranet und CRM hingewiesen. Nachfolgend werden nach Objekten gegliedert weitere Daten aufgeführt, die für einen Austausch zwischen Mitgliederportal und CRM in Frage kommen.

Kontakte:

- Kontaktdaten für das Profil im Portal
- Gremienmitgliedschaften
- Themen-Interessen und persönliche Kommunikationseinstellungen (z. B. für Newsletter, Mailings)
- Zugangsdaten und -berechtigungen für das Mitgliederportal

Gremien:

- Name und Art (Arbeitskreis, Forum, Projektgruppe, Task Force etc.) des Gremiums
- Gremienmitglieder (Kontakte)
- Struktur (übergeordnete Gremien, Bereiche, untergegliederte Arbeitsgruppen …)

Themen:

- Kontakte, die sich für diese Themen interessieren
- Gremien, die sich mit diesen Themen beschäftigen
- Newsletter(Inhalte), Mailings und Veranstaltungen zu diesen Themen

Organisationen/Institutionen/Unternehmen:

- Wenn gewünscht, Profildaten für die Darstellung der Organisation/Institution/Firma im Portal

Veranstaltungen:

- Veranstaltungsdaten
- Agenda, Anfahrt Skizze
- Online Anmeldungen

Praxishilfe

Bezüglich der Kontaktdaten könnte die Synchronisation z. B. wie in Tab. 3.8 aussehen. Die Extranet-Nutzer sollen damit die Möglichkeit bekommen, Ihre eigenen Profildaten

Tab. 3.8 Synchronisation von Kontaktdaten zwischen Extranet und CRM nach Klauß

Extranet (Profilseite)	Synchronisationsrichtung
Login	CRM > Extranet
Kontaktdaten	CRM < > Extranet
Website(s)	Extranet > CRM
Foto	Extranet > CRM
Organisation	CRM < > Extranet
Position	CRM < > Extranet
Abteilung	CRM < > Extranet
Muttersprache	CRM < > Extranet
Fremdsprachen	CRM < > Extranet
Private Kontaktdaten	CRM < > Extranet
Kommunikationskanäle	CRM < > Extranet
Themen (Interessen)	CRM < > Extranet
Gremien	CRM < > Extranet

zu pflegen und entweder allen oder ausgewählten anderen Extranet-Usern anzuzeigen. Dies soll die Networking-Aktivität auch online fördern und sie motivieren, sich als Experten im geschlossenen Verbandsnetzwerk zu präsentieren.

3.3.3 Backend: Übergreifende Systeme – DMS, CMS, Portale

Dokumentenmanagement-Systeme (DMS)

DMS wird zumindest im deutschsprachigen Raum als Oberbegriff für Systeme verwandt, die Dokumente und ähnliche Dateien wie Bilder, Videos, Tonaufnahmen, E-Mails, digitalisierte Belege u. v. a. m. digital managen. Zu der Kategorie gehören auch Publikations- und Archivierungssysteme, mit denen digitale und analoge Dokumente (Druckmaterialien, Aktenpläne, Scans) verwaltet werden.

Dokumentenmanagement ist mehr als die gemeinsame Ablage von Dokumenten auf internen Fileservern. Diese haben limitierte Suchfunktionen, keine automatische Versionsverwaltung, ein umständlich zu handhabendes Rechtemanagement, keine revisionssichere Archivierung und keine Unterstützung der gemeinsamen, parallelen Arbeit an Dokumenten.

Beispiel

Jeder, der auf Fileservern Dokumente gesucht hat oder Dokumente bearbeiten wollte, die jemand anderes in der Organisation gerade geöffnet hat (oder vergessen hat, zu schließen) oder von extern oder gar mobil auf die Dokumente zugreifen wollte, kennt einige dieser Problematiken aus eigener Erfahrung.

Gleichzeitig sind Dokumente elementar für große Teile der Verbandsarbeit. Das gilt umso mehr, je mehr Dokumente verwaltet werden und je mehr Personen mit ihnen arbeiten. Für die Gremienarbeit im Extranet, die auch zu beträchtlichen Teilen auf Dokumenten basiert, ist zumindest ein rudimentäres Dokumentenmanagement, das einen externen Zugriff ermöglicht, unverzichtbar.

Hinweis Qualitäts-, Vertragsmanagement und Compliance (u. a. revisionssichere Archivierung) sind Gründe, ein Dokumentenmanagement auch im Intranet einzuführen (s. Abschn. 3.3.1). Last but not least ist der größte Anteil an explizitem Wissen eines Verbandes in Dokumenten gespeichert. Da Rechercheaktivitäten einen beträchtlichen Teil der täglichen Verbandsarbeit ausmachen, sollten diese Dokumente möglichst einfach und effektiv recherchierbar sein.

Es stellt sich daher die Frage, ob ein separates Dokumentenmanagementsystem oder ein in die Intra- und Extranet-Lösung integriertes vorzuziehen ist.

Eine pragmatische Antwort: Wenn in diesen Lösungen ein geeignetes Dokumentenmanagement ohne größeren Anpassungsaufwand realisierbar ist, sollte das in Erwägung gezogen werden. Es gibt jedoch auch (Ausnahme)Fälle, bei denen aus verbandsspezifischen Gründen ein separates DMS vorzuziehen ist – das lässt sich jedoch nur im Einzelfall entscheiden.

Dazu gehört die sicherheitstechnische Konzeption des Intra- und Extranet-Systems: Wenn der für Dokumentenmanagement verantwortliche Part auf einem externen, nicht ausreichend abgesichertem Server läuft, ist dies ein gewichtiges Gegenargument.

Auch für Verbände, die kein Intra- oder Extranet-System haben und auch nicht planen, eines einzurichten, kann ein separates, internes DMS eine sinnvolle Lösung sein.

- Zum Thema Cloud-Dokumentenarchive siehe Abschn. 3.9.

Es gibt auch viele CRM-Systeme, die Dokumentenmanagement mit anbieten. Da dies nur eine Nebenfunktion ist, sind diese jedoch meist nicht mit denen von genuinen DMS oder auch von kompletten Intranet- oder Extranet-Portalen vergleichbar.

Portal und Content Management-Systeme (CMS)

Der Begriff Content steht in der Abstraktionsskala zwischen Information/Datum und Dokument/Datei. Mit Content Management- oder auch Redaktionssystemen werden alle Online Inhalte für die eigenen Websites, sei es im Intra-, Extra- oder Internet verwaltet. Sie sind also die zentralen Systeme für die Darstellung des Verbandes und seiner Inhalte auf den eigenen Web-Plattformen und zum Teil auch darüber hinaus.

Portale sind in der Regel eine Komplexitätsstufe höher anzusiedeln als Content Management Systeme und bieten ein Reihe weiterer Funktionen:

- Personalisierung,
- Self Service (Profilpflege),
- Content Sharing,
- (Social) Collaboration,
- Rechtemanagement für Nutzer, Unterwebsites und Inhalte,
- Inhaltsklassifikationen über Schlagworte, Tags, Taxonomien oder Semantiken und damit leistungsfähige Suchen,
- vielfältige Schnittstellen zu anderen Datenquellen und Anwendungen,
- Dokumentenmanagement,
- Umfragetools mit statistischen Auswertungen,
- Community Features.

Die Bezeichnungen sind in der Praxis jedoch nicht klar abgegrenzt. Nicht selten werden Portale, Content Management Systeme und weitere Systeme unter dem allgemeineren Begriff des Enterprise Content Management (ECM) zusammengefasst.

Content Management und Portal Systeme müssen heute eine Reihe von Anforderungen erfüllen, wie z. B.:

- Mehrere, unterschiedliche Websites mit unterschiedlichen Layouts für unterschiedliche Endgeräte und Browser in unterschiedlichen Sprachen bedienen (Multi Mandanten, Multi Channel, Multi Lingual).
- Auch offline Inhalte ausgeben können, wie PDF-Artikel und Publikationen.
- Eine möglichst einfache Redaktionsumgebung bereitstellen, mit der die dafür vorgesehenen Mitarbeiter problemlos arbeiten können (hier hakt es oft, s. u.).
- Schnittstellen zu den für das Online Content Management wichtigsten Systemen bereitstellen. Etwa zum Dokumentenmanagement (auch für das Frontend, damit Dokumente einfach zum Download angeboten werden können), um Publikationen einfach einbinden zu können oder auch zum CRM-System, wenn auch im Internet eine Online-Anmeldung für Veranstaltungen angeboten werden soll.
  Hinweis: Des Weiteren können Newsletter-Module nicht nur in CRM-Systemen, sondern auch in Portalen/DMS integriert sein. Sind sie Bestandteil des CRMs, ist auch hier eine Schnittstelle zu (Ab-)Bestellung und thematischen Konfiguration des Newsletters vorzusehen.
- Alle gängigen Online Medienformate unterstützen.
- Die Integration von Social Media und anderen Webbausteinen (Widgets) unterstützen.
- Suchmaschinenoptimierung und aussagekräftige Nutzerstatistiken ermöglichen.
- Barrierefreien Zugang zu den Inhalten ermöglichen (Usability Standards, Normen).

Wenn mit demselben System auch ein Extra- und/oder Intranet bespielt werden soll, sind die mächtigeren, aber auch komplexeren und damit in der Umsetzung teureren Por-

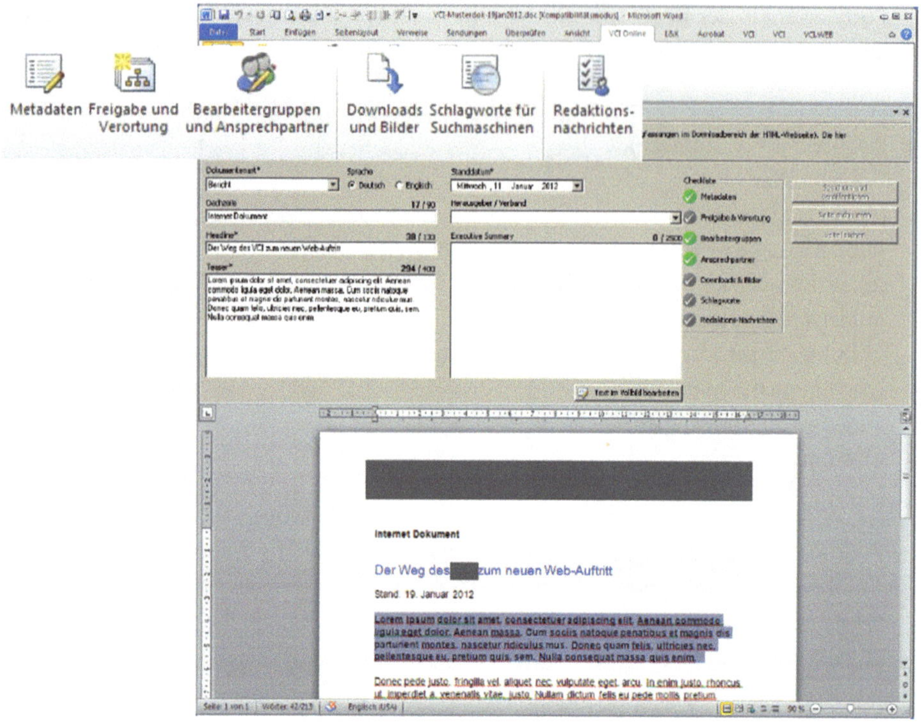

Abb. 3.14 In Word integrierte Bedienoberfläche des Redaktionstools eines durchgängigen Portalsystems

talsysteme in der Regel vorzuziehen. Gründe sind vor allem die oben angegebenen Zusatzfunktionen beim Dokumentenmanagement, der Rechteverwaltung, Inhaltsklassifizierung, den Schnittstellen, den Community Features, Workflows und der durchgängigen Personalisierung.

Hierzu ein Beispiel: Abb. 3.14 zeigt eine in Word integrierte Eingabemaske für einen durchgängigen Redaktionsprozess. Mit der dahinter stehenden Portallösung kann der Redakteur seinen in Word erstellten Beitrag zur Abnahme einspeisen und für mehrere Publikationskanäle – von intern bis extern – vorschlagen.

Für die Entscheidung, was für ein Portal oder Content Management System zu einem Verband passt, gibt es eine kaum überschaubare Reihe von Kriterien, deren Auswahl auf den jeweiligen Verband angepasst werden muss. Bei diesem für die digitalen Services des Verbandes so wichtigen Punkt empfiehlt sich auf jeden Fall eine eingehende Bedarfs-, Lösungs- und Anbieteranalyse – am besten im Rahmen einer (beschränkten) Ausschreibung.

Praxishilfe

Die folgende Liste soll bei der Vorbereitung einer solchen Analyse helfen. Sie ersetzt jedoch keineswegs die Entwicklung eines auf den jeweiligen Verband und Einsatzkontext abgestimmten Anforderungskatalogs. Vielmehr gibt sie Hinweise für wichtige Fragen, die bei der Auswahl eines Portal oder Content Management Systems beantwortet werden sollten.

Rahmenbedingungen

- Wer macht was mit dem System, wie sind seine/ihre Voraussetzungen?
- Was erwarten die Zielgruppen?
- Wie sind die personellen und finanziellen Rahmenbedingungen?
- Was ist die Roadmap, der Zeitplan?
- Wie sieht die Informationstechnische Gesamtstrategie aus, zumindest was die Kerntechnologien betrifft (welche Plattformen, Inhouse, Outsourcing, Cloud, Entwicklungsplanung etc.)?
- Was sind die parallel laufenden Projekte, die Einfluss auf die Auswahl und Einführung eines neuen Portals/CMS haben könnten (etwa neue Server, Clients, CRM, DMS, digitale Kommunikationsmaßnahmen, Umstrukturierungen …)
- Wie sind die in Frage kommenden Systeme am Markt platziert? Wie ist die wirtschaftliche Lage der Anbieter?
- Welche juristischen Rahmenbedingungen, etwa bzgl. Datenschutz, Kartellrecht (Anbieterabsprachen via Plattform), GDPdU (revisionssichere Archivierung), Satzung (Mitgliederservices und -daten), Telekommunikationsgesetz (Impressum) u. a.m. müssen bei der Systementwicklung berücksichtigt werden?

Einsatzbereiche des Systems

- Soll das System für die Internet, Extranet und/oder Intranet Portale/Website eingesetzt werden?
- Soll eine Web Community oder verbandseigene Social Media Plattform aufgebaut werden?
- Welche Anwendungen, Apps, Widgets sollen integriert werden?
- Welche Art User Generated Content (Blogs, Wikis, Community Beiträge, Dokumentenupload …) ist vorgesehen und werden dafür Abnahmeprozesse benötigt?
- Soll online Gremienarbeit vorgesehen werden?
- Sollen Newsletter in dem System erstellt werden? Hinweis: Newsletter können entweder im CMS, der Extranet-Lösung oder (die vorzuziehende Variante) im CRM gemanagt werden.
- Sollen Umfragen im System erstellt und ausgewertet werden?
- Welche Workflows zur Unterstützung von Redaktionsprozessen sollen unterstützt werden?
- Welcher Funktionsumfang wird für das Dokumentenmanagement benötigt und auf welcher Ebene (Intranet, Extranet/Mitgliederportal)?

Content Management

- Sollen externe Inhalte eingebunden werden (welche Quellen)?
- Welche Inhaltsformate sollen angeboten werden (Video, Streams, Feeds, Webinare ...)?
- Welche Optionen sollen für die Weiterleitung oder Empfehlung von Inhalten angeboten werden können (E-Mail, Twitter, Facebook, LinkedIn, Xing, Google+ ... ?)
- Sollen die Inhalte für den Ausdruck und den Export als PDF ein eigenes, dafür angepasstes Layout erhalten?
- Sollen weitere, unterschiedliche Layout-Vorlagen für andere Medienformate (vornehmlich Druckformate) erstellt werden können?
- Welche Workflows für Redaktionsprozesse sollen unterstützt werden?

Usability Anforderungen für Redakteure und Nutzer

- Welche Rolle spielt Barrierefreiheit, d. h. welcher Standard soll/muss erfüllt werden?
- Welche Navigationsmöglichkeiten sollen angeboten werden?
- Wie ausdifferenziert muss die Suchfunktion sein?
- Auf welche Browser, Endgeräte soll das Portal optimiert werden (für Redakteure und Nutzer)?
- Bietet das System Responsive Design Templates (s. Abschn. 3.4), die an neue Endgeräte fortlaufend angepasst werden?
- Bietet das System sprechende URLs und/oder Shortlinks?
- Was für Nutzerhilfen bietet das System für Redakteure und Endnutzer (z. B. kontextsensitive Hilfe, verständliche Fehlermeldungen)?
- Wie wird der Nutzer bei Formulareingaben unterstützt (Vorauswahl, Speichern, Eingabeprüfung ...),
- Welcher Grad an Personalisierung wird benötigt (von der kompletten Layout-Anpassung des Portals als persönliches Dashboard, s. iGoogle bis zur einfachen, rein inhaltlichen Differenzierung anhand des Nutzerprofils)?

Technische Aspekte

- Welche Anforderungen gibt es an Performance und Skalierbarkeit?
- Sollen die meisten Inhalte dynamisch generiert oder statisch vorgehalten werden (Aktualisierungszyklen)?
- Welche Suchmaschinenoptimierungsfunktionen sind im System enthalten oder durch Erweiterungen verfügbar?
- Welche Trackingfunktionen gibt es?
- Mit welchen Systemen sollen welche Daten in welchen zeitlichen Abständen ausgetauscht bzw. synchronisiert werden?
- In welche bestehende oder geplante IT-Infrastruktur soll sich das System eingliedern?

Sicherheit

- Bietet das System eine Versionsverwaltung von Inhalten, so dass bei fehlerhaften Änderungen einfach aus dem Redaktionsprozess heraus auf die vorhergehende Version zurückgegangen werden kann?
- Wie werden die Daten vom System gesichert (Routinen zur automatischen Sicherung der Datenbank)?
- Gibt es eine getrennte Staging (intern) und Publikationsumgebung (extern) mit einfach nutzbaren Publikationsprozessen?
- Über welchen Zeitraum werden Sicherheitsupdates und voller Support garantiert?

Hinweis Aktuelle Artikel und Nachrichten zu Content Management Systemen veröffentlicht die Themenseite des Heise-Verlages unter http://www.heise.de/thema/CMS.
Eine sehr brauchbare, automatische Online-Auswertung nach vorwiegend technischen und kaufmännischen Kriterien bietet das ebenfalls kostenlose CMS-Auswahltool unter http://www.cms-vergleich.de/cms/?s=cmsauswahl. Es liefert Empfehlungen aus einem Pool gängiger CMS-Systeme auf Basis der vom Benutzer nach dem Multiple Choice Prinzip ausgewählten Antworten zu Fragen bezüglich:

- Lizenzkosten, Gewährleistung/Haftung
- Support
- Systemdokumentation
- Layout Vorlagen (Templates)
- Content (Texte, Medien)
- Redaktionsunterstützung (Editoren, Workflows, Versionskontrolle, Mehrsprachigkeit, Link Management …)
- Suchfunktionalitäten
- Benutzerverwaltung, Rechtemanagement
- Erweiterbarkeit
- Performance und Kapazität
- Client-Server Systemarchitektur
- Datensicherung und Archivierung
- Migrations- und Portierfähigkeit

Folgerungen

Die Einführung eines Portals, ob als Intranet oder Extranet wie auch eines Contentmanagement Systems für die Internet-Auftritte erfordern professionelles Projekt- und Change Management (s. Abschn. 3.10): Rahmenbedingungen, Zeit- und Ressourcen müssen geplant, die Informationsstrategie definiert, Bedarfe und Bedürfnisse intern und extern analysiert, ein Auswahlprozess (Ausschreibung) organisiert, die Umsetzung gemanagt und kontrolliert, Redaktionsprozesse und Publikationsstrategien angepasst und Personal geschult werden.

Das braucht Zeit und Kompetenzen!

Mit Portalen und Multi Channel Content Management Systemen lassen sich die Erstellung, Abnahme und Publikation von Inhalten, die für mehrere Kanäle, wie Website-Artikel, Blogbeitrag, Newsletter, Magazinbeitrag, PDF, Presseartikel usw. aufbereitet werden sollen, erheblich vereinfachen.

Viele Portale bieten dem Nutzer zudem mehr Möglichkeiten, das Angebot an die eigenen Bedürfnisse anzupassen und eigene Inhalte beizusteuern, sei es über Beiträge in Social Media Modulen oder in Collaboration Workspaces (Social Collaboration).

Last but not least bieten Portale vielfältige Verknüpfungsmöglichkeiten nach außen wie innen, was sie zusammen mit CRM-Systemen zum Kern einer digitalen Kommunikations- und Wissensinfrastruktur macht.

3.4 Internet & Social Media

Je mehr die digitalen Medien in Richtung Öffentlichkeit zielen, umso stärker sind sie bei Verbänden vertreten: Ein Intranet haben nur wenige, große Verbände, ein Extranet/Mitgliederportal schon deutlich mehr (mit wachsender Tendenz) und einen Internet-Auftritt quasi jeder (vgl. Kap. 2).

Social Media steht auf der Agenda fast aller Unternehmen und vieler Organisationen (s. Zitat in Abb. 3.15). Auch die meisten Verbände beschäftigen sich damit. Seit ca. 2011 versuchen viele, die auf den bekanntesten Plattformen wie Twitter, YouTube, Facebook nach außen sichtbaren Lücken zu schließen und dort so schnell und mit so wenig Aufwand wie möglich Präsenz zeigen. Verbände betrachten den Einsatz sozialer Medien laut einer Umfrage von Prof. Dr. Olaf Hoffjann und Jeannette Gusko (Otto Brenner Stiftung) häufig als „Fortführung der Pressearbeit mit anderen Mitteln". So sind Information – oft aus Pressemitteilungen – das dominierende Nutzungsangebot auf Facebook und Twitter. Interaktions- bzw. Diskussionsangebote finden sich kaum: Bei vielen Verbänden sind die Dialogfunktionen sogar deaktiviert oder es wird gar nicht oder sehr spät auf Beiträge/Anfragen reagiert.

Mancher Verband, der diese Funktionen nicht abgeschaltet hat, ist dennoch froh darüber, wenn über ihre Facebook und Twitter Kanäle kaum Anfragen und Rückmeldungen kommen. Der Grund: Er wäre gar nicht darauf eingestellt, diese angemessen und zeitnah zu bearbeiten!

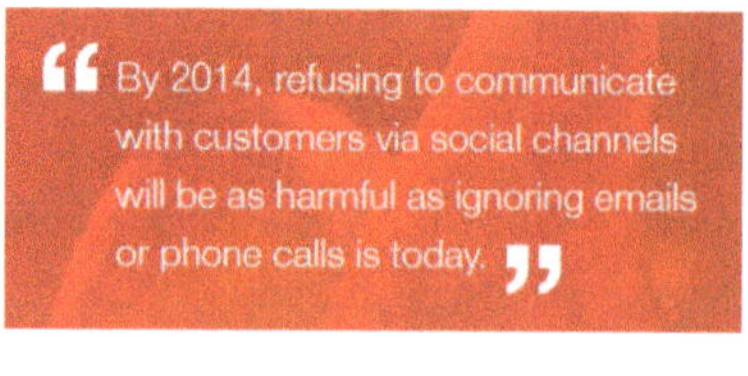

Abb. 3.15 Gartner Portals, Content & Collaboration Summit 2014

Als Beispiel mag ein nicht genannter Berufsverband gelten, der große Probleme hatte, die Vielzahl von Rückmeldungen – einige negativ –, die eine sehr gut besuchte YouTube-Kampagne ausgelöst hatte, zu bewältigen. Das Problem wurde „zu seinem Glück" dadurch gelöst, dass YouTube das Video wegen ungeklärter Musikrechte (GEMA) vom Netz genommen hatte.

▶ **Hinweis** Die Frage nach Urheberrechten ist immer relevant, wenn geschützte Film-, Bild-, Ton- oder Textmaterialien für eigene (digitale oder analoge) Veröffentlichungen verwendet werden sollen. Das betrifft auch Marken- (Logos) und Gebrauchsmusterschutzrechte.

Prof. Dr. Olaf Hoffjann und Jeannette Gusko schreiben zu den Dialogangeboten digitaler Verbandskommunikation: „Von einer verbreiteten Partizipationskultur sind Verbände weit entfernt. Die wenigen Partizipationsangebote haben zumeist allenfalls symbolischen Charakter".

Dass sie damit auch entgegen ihres eigentlichen Ziels, der breiten und prominenten Sichtbarkeit ihrer Themen und Positionen handeln, ist einigen gar nicht bewusst: Inhalte sind im Internet dann prominent und sichtbar platziert, wenn sie von möglichst vielen prominenten Kommunikatoren im Netz referenziert und geteilt werden! Nicht nur helfen prominente Plattformen wie Twitter, YouTube und Wikipedia beim Google Ranking, auch können sich Inhalte, die auf den entsprechenden Resonanzboden [BE10] treffen, viral verbreiten und innerhalb kürzester Zeit ein Thema setzen, welches dann auch von den klassischen Medien aufgegriffen wird (s. Abschn. 3.6.2). Laut Hans-Jürgen Beerfeltz, ehemaliger Bundesgeschäftsführer der FDP und PR-Chef Kampagnenplanung orientiert sich auch die politische Kommunikation zunehmend am Modell eines vernetzten, individualisierten Dialogs in mehreren, aufeinander abgestimmten – oft elektronischen – Medien. Dieser Dialog bedeutet eine neue Qualität und Quantität an Rückmeldungen, die bearbeitet werden wollen.

Verbände müssen sich strategisch und organisatorisch, mit Personal und Technologien darauf einstellen, um ihre Außendarstellung und Kommunikation professioneller und zielgerichteter zu gestalten. Das Ziel, welches andere Mitgliedsorganisationen, vor allem NGOs bereits verfolgen, ist eine differenziertere (nach Kanälen, Themen, Adressaten/Dialogpartnern), persönlichere Information und Kommunikation, ergänzt um echte Angebote für Dialog und Vernetzung.

Die DEHOGA bringt diese Thematik in Ihrem Web 2.0 Konzept auf den Punkt; sinngemäß heißt es dort: „*Es muss sicher gestellt sein, dass kompetente und schnelle Reaktionen in den dialogischen Medien erfolgen. Es kann gar nicht oft genug betont werden, wie wichtig eine zeitnahe, kompetente und möglichst authentische Reaktion ist. Eine Lösung wäre, die Verbandskommunikation als Moderator und Vertreter der einzelnen Fachbereiche als direkte, fachliche Kommunikatoren einzusetzen. Jeder Verantwortliche hat dabei stets die beiden Schritte im Auge zu behalten: Erst zuhören, dann kommunizieren.*"

3.4.1 Im Zentrum: Die Verbandswebsite

Die Verbandswebsite ist der Einstiegs- und Zielpunkt vieler digitaler Kommunikationsmaßnahmen. Ausnahmen sind fokussierte Themen Portale oder Kampagnensites als Bestandteile konzertierter Maßnahmen.

Um möglichst viele Besucher auf die Website zu führen, sollten alle anderen elektronische Informations- und Kommunikationsmaßnahmen in diese Richtung verknüpft werden.

Die Haupt-Website hat also nicht weniger als die Aufgabe, für alle Zielgruppen die für sie relevanten, aktuellen und archivierten Informationen, Kommunikationsangebote und Services schnell und einfach auffind- und aufrufbar zu halten. Dabei muss die Website auf allen relevanten Endgeräten wie PC, Laptop, Tablet, Phablet, Smartphone und in allen gängigen Browsern funktionieren. Zudem muss sie auf allen diesen Geräten eine attraktive, medianadäquate Darstellung und hohe Benutzerfreundlichkeit haben.

Gerade im Bereich der Mobilgeräte hat sich in den letzten Jahren mit neuen technologischen Standards einiges getan. HTML5 und Responsive Design sind da nur zwei Stichworte.

▸ **Begriff/Erläuterung** Responsive Webdesign ist ein noch recht junges Entwicklungs- und Designkonzept, bei dem Websites so angelegt werden, dass sie sich beim Laden automatisch an das jeweilige Gerät anpassen. Der Vorteil ist, dass so nur eine Webanwendung entwickelt werden muss, die auf allen gängigen Endgeräten optimal dargestellt wird. Technisch gesehen werden einzelne Text-, Grafik-, Navigations- oder Funktionselemente differenziert nach Darstellungsgerät angeordnet, in der Größe skaliert oder eingeblendet. Auf einem Laptop und Desktop werden dann zum Beispiel alle Elemente in einem horizontal ausgerichteten, mehrspaltigen Layout angezeigt, wohingegen auf schmalen Smartphones die wichtigsten Elemente untereinander in einer Spalte angezeigt werden.

Die folgenden beiden Grafiken in Abb. 3.16 zeigen schematisch und anhand eines Beispiels, wie das für die populärsten Gerätetypen aussieht; Phablets oder aktuell aufkommende, flexible Displays, Smartwatches, Google Glasses und Kontaktlinsen sind dort noch nicht aufgeführt.

Eine der größten Herausforderungen dabei ist, eine geeignete Benutzerführung für alle Endgeräte zu gestalten. Die verschiedenen Bildschirmgrößen, Browser und Systeme können zu recht komplexen Webprojekten führen. Mobil optimierte Websites haben dennoch gegenüber eigens für wenige Endgeräte entwickelten Apps in der Regel einen Kostenvorteil. Ein weiterer, großer Vorteil ist, dass der Verband es durch die immer aktuelle Auslieferung von Websites über Webserver selbst in der Hand hat, auf welche Version die Besucher/Benutzer zugreifen. Bei Apps steht zum einen der App Store als Marktplatz dazwischen, der nicht jede neue App sofort akzeptiert und anbietet und zum anderen der User, der nicht jede Aktualisierung installieren will oder kann (Kompatibilität zur Firmware).

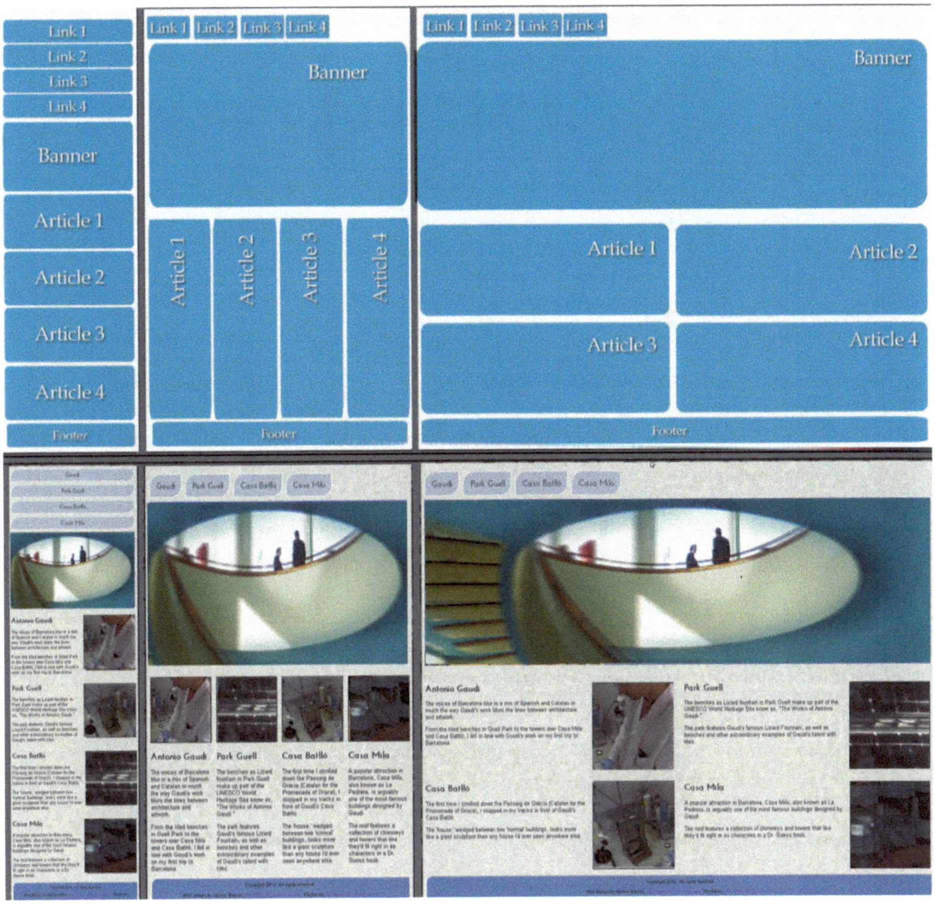

Abb. 3.16 Responsive Design reagiert adaptiv auf unterschiedliche Endgeräte

Es gibt auch hybride Anwendungen, welche die Vorteile nativer Apps (vor allem Performance und bestmögliche Anpassung an das jeweilige Gerät inklusive Ausnutzung alle Gerätefunktionen) mit denen von Websites (Flexibilität, Aktualität, Interoperabilität) zu verknüpfen versuchen.

▸ **Hinweis** Insgesamt ist es wichtig, strategisch regelmäßig zu beobachten, welche Geräte für welche Anwendungen/Dienste der eigenen Klientel von Bedeutung sind.

Das mobile Geräte bedient werden müssen, steht außer Frage, wie bereits die Zahlen des (N)ONLINER Atlas 2012 belegen: Die Anzahl derjenigen, die Internet über Mobilfunk nutzen, hat sich von 2011 auf 2012 um 76 Prozentpunkte gesteigert, während die Zahl der Onliner insgesamt bei 75 % fast konstant bleibt!

Tab. 3.9 Einfacher Aktualitätscheck der Verbandswebsite nach Klauß

Checkliste			
1. Wann wurde die Website in dieser Form erstellt, gelaunched? Anmerkung: Inhaltliche Aktualisierungen sowie kleinere, technische Anpassungen und Strukturänderungen sind dabei unerheblich.	[ ] Innerhalb der letzten drei Jahre	[ ] Vor mehr als drei Jahren	[ ] weiß nicht
2. Wie unterscheidet sich die Darstellung der Website auf aktuellen Smartphones und Tablets mit derjenigen auf dem Laptop?	[ ] Unterschiedliche Layouts und Navigation, sehr gut an die Geräte angepasst	[ ] Exakt die selbe mit Nachteilen bei der Lesbarkeit und Navigation auf kleineren Mobilgeräten (z.B. iPhone)	[ ] weiß nicht
3. Vergleichen Sie die Website optisch mit denen Ihrer wichtigsten Mitglieder und evtl. in Konkurrenz stehenden Organisationen: Was ist Ihr Eindruck?	[ ] Wir sind gar nicht so weit weg von den Mitgliedern und [ ] können uns im Vergleich zu den mit uns in Konkurrenz stehenden Organisationen sehen lassen	[ ] Die Mitglieder sind einen Quantensprung voraus und die Konkurrenzwebsite wirkt auch eher besser als unsere	[ ] weiß nicht
4. Wenn Sie den Namen Ihres Verbandes auf Google suchen, auf welcher Suchergebnisseite erscheint Ihre Website? Wie sieht das bei den wichtigsten drei Themen aus?	[ ] Verband auf der ersten [ ] mind. 2 der 3 Themen auf der ersten	[ ] Verband weiter hinten oder mind. 2 der 3 Themen NICHT auf der ersten	[ ] weiß nicht
5. Wir analysieren mindestens jedes Quartal die Besucherströme auf unsere Website	[ ] trifft zu	[ ] trifft nicht zu	[ ] weiß nicht

Praxishilfe

Einen ersten Hinweis darauf, ob eine Verbandswebsite aktuell ist, bietet die Checkliste in Tab. 3.9.

Wenn Sie alle Fragen in der ersten Spalte beantworten können, scheinen Sie auf einem guten Stand zu sein, bei mindestens 5 Kreuzen in der ersten Spalte besteht noch kein dringender Handlungsbedarf, bei weniger Kreuzen gehört das Thema oben auf die Agenda!

Praxishilfe

Für die Planung eines Relaunch sind einige Fragen zu beantworten, etwa:

- Was ist die hinter dem Relaunch liegende Strategie (inkl. Konzertierung mit anderen Maßnahmen) und welche konkreten Ziele (was, wann, wie) werden mit dem Relaunch verfolgt?
- Was ist der Zeitplan, bzw. die Roadmap oder der gewünschte Launch Termin? Welche Zwischenstufen soll es geben?
- Wie und wann können die zur Zielerreichung voraussichtlich benötigten Ressourcen (Geld, Zeit, Personal, Kompetenzen) bereitgestellt werden?
- Wer erstellt das Konzept und/oder Lastenheft für die neue Website? Dabei müssen Inhalt (Redaktionsprozess), Design (s. o.) und Technik, inklusive Einbindung in die bestehende Infrastruktur berücksichtigt werden. Eine weitere wichtige Frage in diesem Zusammenhang ist, ob ein Extranet (Mitgliederportal) und ggf. weitere Anwendungen (weitere Mitgliederservices, Online Shop, Veranstaltungsanwendung, Media Channel ...) mit integriert werden?
  Für alle Nutzungskontexte müssen Anwendungskonzepte etwa in Form von Szenarien, Use Cases oder als Ablaufdiagramme (Flow Charts) oder mit Hilfe von Personas (typisierte User) in eine Form gegossen werden.
- Was sind die technischen und organisatorischen Rahmenbedingungen oder Einschränkungen (Personal, Infrastruktur, Sicherheitsrichtlinien ...)?
- Nach welchen Kriterien und in welchem Prozess sollen die Technologien und Dienstleister ausgewählt und Angebote eingeholt werden?
- Wer leitet die Planung, Umsetzung und spätere Einführung des Projektes inklusive Controlling der Ressourcen und Dienstleister, Bericht an die Vorgesetzten u. v. a. m.? Soll und kann ein Projektteam aufgestellt werden? Wird externe Unterstützung benötigt für Projektmanagement, Dienstleister-Controlling, der Lastenheft-Erstellung, konzeptioneller Arbeit, Change Management etc.?
- Wie und von wem soll der Übergang von der alten auf die neue Website gemanagt werden (inkl. Abnahme und Fehlerbehebung/Anpassung)? Dazu gehört nicht nur die technische Freischaltung, sondern auch die Redaktions- und andere interne Prozesse (Change Management) sowie Kommunikation an die Mitglieder und andere Stakeholder.
- Wie soll die Website nach dem Launch gepflegt und ggf. weiter entwickelt werden?

Abbildung 3.17 zeigt die wesentlichen Projektschritte eines Relaunch von den strategischen Vorüberlegungen, Analysen, Planungen über die Konzeption, deren Umsetzung und Einführung bis zur Weiterentwicklung.

Solche Projekte bergen Risiken, weil sie die Corporate Identity, Sicht- und Wirksamkeit des Verbandes im Netz maßgeblich mitbestimmen. Gleichzeitig kann unnötig viel Zeit, Geld und Personal eingesetzt oder aufgebraucht werden. Verbände können bei erfolglosen Projekten schnell in Rechtfertigungszwang gegenüber den Mitgliedern gelangen.

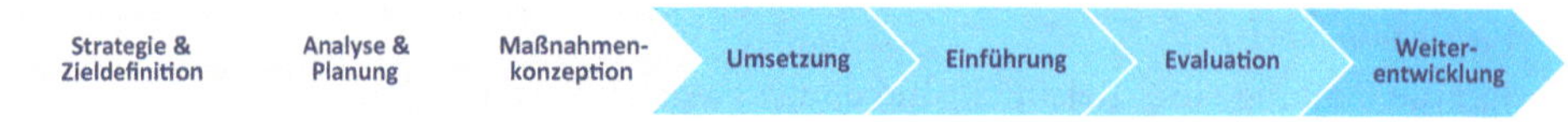

Abb. 3.17 Schritte zum Relaunch als Prozesskette (auch rekursiv)

Deshalb sollte für solche Projekte unbedingt ein professionelles Projektmanagement eingesetzt werden – intern oder extern! Weiteres zum Thema Projektmanagement inklusive Change Management und Haftungsrisiken in Verbänden siehe Abschn. 3.10.

Ob ein Projekt letztendlich erfolgreich verlaufen ist, hängt nicht nur von der Einhaltung des zeitlichen und finanziellen Budgets ab. Werden zu Beginn wie oben aufgeführt konkrete Ziele definiert, kann nach dem Launch ausgewertet werden, ob diese erreicht wurden.

Wenn die Website auf bestimmte Zielgruppen ausgerichtet ist – etwa bei der Integration eines Mitgliederbereichs –, kann auch eine Online-Umfrage bei der Bewertung eine Hilfe sein.

Online Umfragen sind neben Workshops, Pilottests mit repräsentativ ausgewählten Nutzern und Klickfeldanalysen auch eine hervorragende Möglichkeit, in der Konzeptionsphase Bedarfe und Bedürfnisse zu ermitteln oder frühe Versionen auf Funktionsfähigkeit und Verbesserungspotenziale hin zu testen (Usability Tests).

Zum Thema Bedarfsanalyse gibt es im Fallbeispiel der GwG (Abschn. 4.1) einige Hinweise. Auch bei anderen, in Kap. 4 beschriebenen Fallbeispielen können unterschiedliche Konzepte und Herangehensweisen bei dem Relaunch der Verbandswebsite verglichen werden (u. a. Abschn. 4.6).

- Fallbeispiel 4.1: Die einfache Website der GWG mit integrierter Beraterdatenbank und Mitgliederblog
- Fallbeispiel 4.2: Die Schul-Community-Website des WDA unter dem Titel Auslandsschulnetz.de (als Teil einer externen Community auf Basis von WebWeaver in Kooperation mit Digi-Online)
- Fallbeispiel 4.6: Die an den digitalen Medien der Mitglieder angelehnte, auch für mobile Endgeräte und vor allem Tablets optimierte Site des VDZ
- Fallbeispiel 4.7: Das eine Reihe von Zusatzangeboten wie Webinare, einen Shop, Blogs und Communities integrierende Portal des DJV (auf Basis von Typo3)

Wie diese Beispiele andeuten, gibt es eine große Bandbreite unterschiedlicher Arten von Verbandswebsites. Es würde den Rahmen dieses Buches sprengen, allgemeingültige Blaupausen dafür einzuführen. Tabelle 3.10 soll mit einer einfachen Typologie ohne Anspruch auf Vollständigkeit jedoch eine erste Orientierungshilfe geben.

Tab. 3.10 Arten von Verbandswebsites

Typ	Charakteristika	Fallbeispiele
Dachverband	▪ Dachmarkendesign, ▪ Rolle, Integration, grafische und technische Vereinheitlichung der Sites der Mitgliedsverbände als zentraler Punkt ▪ Spezielle Mitgliederservices, oft tarifverbandsbezogen ▪ Meist weniger marketingorientiert	→ 4.9. BDI, → 4.3. Gesamtmetall, → 4.7. DJV
Personenverband	▪ Besonders Community orientiert, persönliche Darstellung und Partizipationsmöglichkeiten der Mitglieder ▪ Mitgliederwerbung und persönliche Mitgliederservices wichtig	→ 4.1. GwG, → 4.7. DJV, → 4.2. WDA
Fachverband	▪ Fachinhalte im Vordergrund ▪ Marketing des Verbandes und seiner bzw. der Branchenthemen ▪ Anlaufstelle für die Branche Aggregation der Branchenmeinung (für Politik)	→ 4.5. ZVEI, → 4.4. BITKOM, → 4.10. BDL
Medien-, Kampagnen- oder Konsumgüterverband oder -orientierung	▪ Betonte Medienorientierung, viel Bild-/Medien, kurzweilig, modernes, mobiles Design ▪ Starke Einbindung von Social Media, insbesondere Facebook, YouTube, Twitter	→ 4.6. VDZ, → (4.7. DJV), → 4.8. ASU
Kleinstverband	▪ Klassische Selbstdarstellung von kleinen Verbänden ohne spezielle Online Services ▪ Einfache, kaum vernetzte oder verknüpfte Websites (Web 1.0)	Keine (weil GwG und WDA zwar kleine Verbände sind, mit ihren Websites aber aus diesem Schema fallen)

3.4.2 Satelliten: Themen-, Kampagnenportale, Microsites etc.

Es gibt eine Vielzahl sinnvoller Möglichkeiten, außerhalb der Haupt-Verbandssite im Internet präsent und aktiv zu sein, zum Beispiel:

- Spezielle **Portale, Microsites, Blogs oder Communities** zu zentralen Verbandsthemen oder Initiativen (bspw. Portale zu einzelnen Branchenthemen, wie www.responsible.care.de oder BITKOMs www.getstarted.de zur Gewinnung von IT-Startups)
- **Kampagnensites** wie die zur Energiewende des BDEW (s. Abschn. 3.6), die des ASU zum Euro (Abschn. 4.8) oder die des VDZ zur Printwerbung (Abschn. 4.6)
- **Separate Websites für Veranstaltungen**, s. Fallbeispiel 4.6
- **Eigenständige Websites von Tochtergesellschaften**, wie Akademien, Servicegesellschaften etc.
- Die **Websites der Mitglieder**, die außer mit einem Link auf die Verbandssite auch dessen Nachrichten Streams etwa aus RSS-Feeds oder Tweet anzeigen können
- Eigene, aktiv **inhaltlich bespielte Bereiche auf anderen Plattformen**, wie Kooperationsplattformen, Initiativen oder auf Social Media Plattformen wie Facebook, Xing, Twitter, LinkedIn, Google+ (s. u.)
- **Profile und Beiträge auf anderen Fachportalen** oder in Informationsdiensten

Abbildung 3.18 zeigt die topologische Anordnung solcher, sich um die Haupt-Website gruppierender Internet Präsenzen.

▸ **Begriff/Erläuterung** Kampagnensites sind meist nur für die Laufzeit der Kampagne freigeschaltet, wohingegen Themenportale Einrichtungen von längerer Dauer sind. Beispiele für Kampagnen und Themensites finden sich in den Fallbeispiele an den folgenden Stellen:

- Fallbeispiel 4.8 ASU
- Fallbeispiel 4.3 Gesamtmetall
- Fallbeispiel 4.6 VDZ

Zusätzlich enthält Abschn. 3.6 ein Beispiel für eine Kampagnensite im Rahmen einer Mehrkanal-Kampagne des BDEW, bei der auch soziale Medien eingesetzt werden.

Ergänzend oder als Alternative zu eigenen Themenportalen spielt gerade für Fachverbände die Präsenz auf anderen Fach-/Themenportalen eine wichtige Rolle.

Ein übergeordnetes Ziel von Satelliten-Sites ist letztendlich, die Sichtbarkeit im Netz zu bestimmten Suchbegriffen zu erhöhen oder „Landing Page" (Zielseite) konzertierter Kommunikationsmaßnahmen im Rahmen einer Kampagne zu sein. Weitere Ziele, die mit Satelliten verfolgt werden können sind z. B.

- Mitglieder zu werben (s. BITKOM www.getstarted.de),
- Mitarbeiter (auch für Mitgliedsunternehmen) zu finden (VDI auf LinkedIn)
- Themen-(Diskussionen) im Netz zu beeinflussen (s. Abschn. 3.6)

Abb. 3.18 Die zentrale Verbandswebsite und ihre Satelliten

Bevor Verbände Satelliten bespielen, sollten sie die im Netz relevanten Plattformen und die dort kursierende Kommunikation über den eigenen Verband und die Themen analysieren.

Die Kommunikationsaktivität zu einem bestimmten Thema ist ein wichtiges Kriterium dafür, ob sich eine dialogische Plattform zu diesem Thema zum Leben erwecken lässt, oder ob in dem Fall andere Varianten erfolgsversprechender sind.

Praxishilfe

Die hier aufgelisteten Fragen bieten zusammen mit der Tab. 3.11 eine erste Hilfe für die Entscheidung, welche externen Plattformen sinnvoll genutzt werden können und wo eigene Sites die bessere Lösung sind:

i. Welche Themen mit welchen Inhalten und Medien (Texte, Bilder, Videos …) sollen an wen kommuniziert werden?
ii. In welcher Frequenz werden diese Inhalte generiert und aktualisiert (täglich, wöchentlich, monatlich oder länger)?

Tab. 3.11 Online PR auf eigenen vs. externen Plattformen

Satellit	Pro (Treiber)	Contra (Barrieren)
Eigene Kampagnensite	Groß angelegte, Medien übergreifende Kampagne mit eigener Corporate Identity, die Leser auf die Kampagnensite führt; Kooperationspartner, die zur Kampagne beitragen können	Keine mindestens wöchentlich, besser täglich wechselnden Inhalte, die auch für die Medien relevant sind
Eigenes Themenportal (Inkl. Blog) oder Community	Kritische Masse an Usern, die im Netz zu dem Thema aktiv sind und die vom Verband direkt angesprochen werden können (am besten die eigenen Mitglieder)	Es existieren andere Portale, die zu dem Thema im Netz führend sind, dann besser Präsenz/Beiträge auf diesen Portalen forcieren
Facebook-Präsenz	Breitenwirksame Kampagnen, die sich medial attraktiv aufbereiten lassen und auf die Gewohnheiten der Facebook-User treffen; Ressourcen, um zeitnah auf Dialoge, Posts, Messages zu reagieren	Zielgruppe ist vornehmlich privat oder gar nicht auf Facebook aktiv; Themen nicht breitenwirksam genug, keine hohe Resonanzwahrscheinlichkeit; keine ausreichenden Betreuungsressourcen
Tweet(s)	DER Medienticker im Internet; Pressemitteilungen hat jeder Verband; Traffic auf Verbandswebsite oder andere eigenen Websites; Verbessert Google Ranking	Keine ausreichende Nachrichtenfrequenz (mehrmals wöchentlich, besser täglich)
YouTube Programm	Professionelle Videos werden regelmäßig erstellt; Traffic auf Verbandswebsite oder andere eigenen Websites; Verbessert Google Ranking	Zusatzaufwand der Erstellung professioneller Videos, die auf Resonanzboden stoßen
LinkedIn	Internationale, vor allem englischsprachige Zielgruppe; Internationales Mitarbeiter- oder Mitglieder-Marketing	Zielgruppen zum allergrößten Teil in DACH Region -> dann eher Xing

iii. Steht die Breiten- oder die fokussierte Wirkung auf eine bestimmte Zielgruppe im Vordergrund?
iv. Wo ist die Zielgruppe in Bezug auf die gewählten Themen im Netz aktiv was charakterisiert deren Aktivität (Art und Stärke)?

Für die Entwicklung und Umsetzung konkreter Maßnahmen bietet sich folgendes Vorgehensmodell an:

(1) „Strategisch planen": Konkrete Ziele für die Kommunikationsmaßnahmen definieren
(2) „Beobachten": Analysieren der relevanten Kommunikation – Wer sagt was auf welchen Plattformen in welcher Form mit welchen Reaktionen?
(3) „Konzipieren": Entwicklung von konkreten Maßnahmen auf Basis der Analysen zur Erreichung der Ziele und der vorhandenen Ressourcen
(4) „Agieren": Umsetzung der Maßnahmen auf externen Plattformen oder mit eigenen Sites in Kombination mit internen Prozessen (etwa für Dialoganfragen, Desaster-Management)
(5) „Bewerten": Bewertung der Maßnahmen anhand der Zielvorgaben und
(6) ggf. „Anpassung" oder Nachsteuerung

Abbildung 3.19 zeigt die Schritte in Form eines Regelkreises.

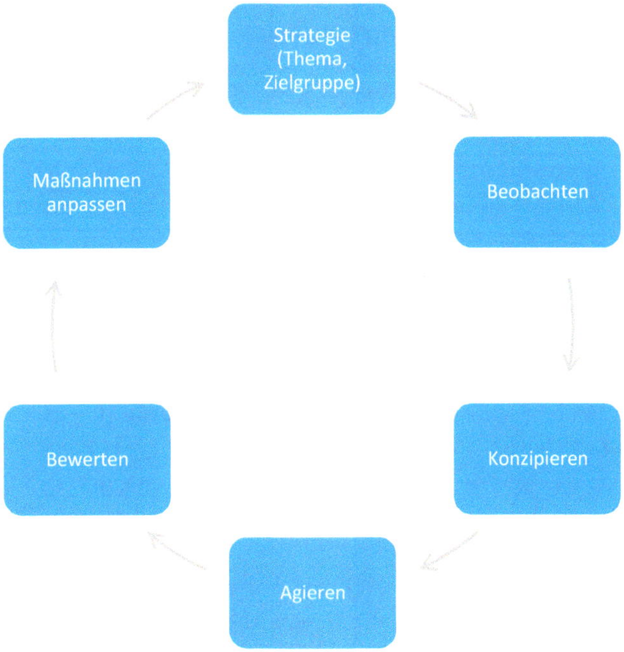

Abb. 3.19 Regelkreis Vorgehensmodell Maßnahmen im Internet

Bestandteil der strategischen Planung ist die Definition genereller Ziele. Ein Ziel könnte beispielsweise die verstärkte Präsenz im Netz zu einem bestimmten Thema sein. Diese generellen Themen sollten dann in (nach Möglichkeit) messbaren Zielen konkretisiert werden. Solch ein messbares Ziel könnte etwa darin bestehen, über einen thematischen Tweet mehr Besucher auf die Verbandswebsite zu leiten, um ihnen dort die Verbandsexpertisen und Positionen zu diesem Thema nahe zu bringen. Gemessen würde in diesem Fall die Zahl der Tweet-Follower und Website-Besucher vor und nach der Tweet-Einführung.

3.4.3 Social Media

Soziale Medien sind in der Verbandswelt längst ein Breitenthema. In der westlichen Hemisphäre sind Facebook, LinkedIn, Twitter und YouTube die verbreitetsten Plattformen, in Deutschland kommt Xing hinzu. Laut einer Studie der TU Darmstadt werden spätestens seit Anfang 2013 mehr Artikel „getwittert“ als auf Facebook „geliked“. Die Autoren der Studie sehen in ihren Zahlen eine klare Steigerung bei Twitter und Google+, während die „Likes“ auf Facebook stagnieren. Die meisten Empfehlungen haben übrigens Artikel auf Spiegel Online bekommen (7,9 Millionen), gefolgt von bild.de (6,6 Millionen).

Aktuelle Zahlen aus Deutschland liefern die ARD-ZDF Online Studie, der (N)Onliner Atlas der Initiative D21 und aus dem Trendsetter-Land USA der jährliche Nielsen Social Media Report.

▸ **Hinweis** Der Autor plant, in seinem Blog www.verbaende-digital.com zu diesem Thema einen Monitor einzurichten, der Zahlen zur aktuellen Nutzung von Social Media Plattformen durch Verbände veröffentlicht.

Die in Kap. 2 dargestellte Studie zeigt, dass die Angst vor Kontrollverlust in Bezug auf eigene Aktivitäten in den sozialen Medien mit den ersten Erfahrungen merklich zurückgegangen ist (von 37,5 % in 2010 auf 27 % in 2013).

Genau hinschauen muss man trotzdem: Nicht nur eigene, sondern auch Fehler anderer Nutzer oder professionelle Angreifer, die soziale Netzwerke für Betrügereien nutzen, können zur Bedrohung werden. Allein über die Privatsphäreneinstellungen sind die persönlichen Daten nicht ausreichend geschützt. Der wirksamste Schutz ist eigenes Monitoring, vor allem darüber, was andere Nutzer über den Verband posten und mit was er in Verbindung gebracht wird.

Soziale Medien werden primär für die Öffentlichkeitsarbeit eingesetzt. Die Verantwortlichen wissen, dass sie dort hingehen müssen, wo sich ihre Zielgruppen bewegen, wenn sie sie erreichen wollen.

In Abschn. 3.6 (Beispiel des BDEW) und vor allem in Kap. 4 gibt es einige konkrete Beispiele dafür, wie Verbände mit diesem Thema umgehen und welche Ergebnisse/Erfahrungen sie dabei gemacht haben:

- Fallbeispiel 4.1: Die GWG mit eigenem Blog und einfachen Präsenzen auf Facebook, Twitter, Google+ und Xing
- Fallbeispiel 4.3: Gesamtmetall mit Twitter als aggregiertem NewsChannel und Facebook, YouTube für Kampagnen
- Fallbeispiel 4.5: Der ZVEI auf YouTube, Twitter, Xing und Flickr
- Fallbeispiel 4.6: Der VDZ mit eigenem Web-TV und YouTube-Kanal sowie auf Twitter und Facebook
- Fallbeispiel 4.8: Die Familienunternehmer mit Social Media gestützten Kampagnen

Hervorzuheben sind dabei die Beispiele für strategisch geschickte und erfolgreiche Maßnahmen unter Abschn. 3.6, 4.3 und 4.8.

Allen Beispielen gemein ist, dass die Fäden entweder auf der Verbandswebsite oder einer speziellen Themen- oder Kampagnensite zusammenlaufen. D.h., die Social Media Kanäle können von diesen Seiten aus aufgerufen, einzelne Beiträge direkt auf Twitter oder Facebook gepostet (über den eigenen Twitter oder Facebook Account, sofern vorhanden) und damit weiter verbreitet werden. Die Kurzbeiträge auf Twitter, Facebook oder Videos auf YouTube wiederum verweisen zurück auf die Verbands- oder Themen-/Kampagnensite.

Durch die in den Titeln, Inhalten, Meta-Tags aufgeführten Begriffe kann in Verbindung mit den verbreiteten Posts, die zurück auf die Site verweisen auch das Google Ranking zu diesen Themen deutlich verbessert werden.

Um die Kommunikation von der Spitze in die Breite zu führen, sollten Mitarbeitern oder Mitgliedern, die mit dem Bespielen der Kanäle betreut sind, Richtlinien an die Hand gegeben werden.

Praxishilfe

Hier ein Beispiel für solche Social Media Guidelines als Synthese aus mehreren, für Verbände geeigneten Richtlinien:

i. Wenn Mitarbeiter oder auch Vertreter von Mitgliedsfirmen in der Rolle eines Verbandsmitarbeiters auftreten, kommunizieren sich auch in dieser Verantwortung. Ein privates Engagement etwa mit eigenen Twitter oder Facebook Account, Blog etc. sollte klar als solches erkennbar sein, um nicht mit der obigen Funktion vermischt zu werden!
ii. Netiquette: Mitarbeiter sollen andere Social Media Nutzer so behandeln, wie sie selbst behandelt werden wollen. Jegliche Diskriminierung aufgrund von Religion, Hautfarbe, politischer Gesinnung, Sexualität usw. ist zu unterbleiben.
iii. Die von den jeweiligen Plattformen aufgestellten Richtlinien sind ebenso zu beachten. Dazu zählt auch das Beachten gesetzlicher Regelungen insbesondere zum Urheberrecht (speziell die Verwendung von Fotos oder Videos!), Datenschutz und den damit verbundenen Gesetzen.
iv. Um Missbrauch der im Namen des Verbandes angelegten Accounts vorzubeugen sind die Standard-Sicherheitsrichtlinien des Verbandes insbesondere bezüglich

Kennwörter und das Einrichten von Applikationen zu den Social Media Plattformen zu beachten.

v. Jeder Mitarbeiter ist selbst für seinen auf diesen Plattformen publizierten oder weiter geleiteten Inhalt verantwortlich und tritt offen unter seinem echten Namen und seiner Funktion im Verband in Erscheinung.

vi. Mitarbeiter sollen nicht unüberlegt frische Nachrichten aus dem Verbandsinneren (Interna) preisgeben und besonnen auf Kritik zu ihren Beiträgen reagieren. Deshalb ist es vor dem Absenden ratsam, den Beitrag noch einmal selbstkritisch zu lesen, bevor er abgesandt wird.

Weitere gute Beispiele für Social Media Richtlinien, die für Verbände geeignet sind, finden sich im Blogartikel unter http://verbaende.tumblr.com/post/95374236426/social-media-guidelines-fur-verbaende.

Damit die Zielgruppe erreicht und zur Verbreitung der Inhalte motiviert werden kann, muss man sich eingehend mit ihr beschäftigen. Dabei hilft eine Adaption der alten aus der Kommunikationstheorie bekannte Frage: Wer sagt was zu wem in welcher Form, in welchem Kanal mit welchem Ziel?

Die Typologie des Online Benchmark Survey von Forrester Research aus Tab. 3.12 (Stand 2012) ist eine generische Klassifizierung nach dem Nutzerverhalten in Sozialen Medien.

Zu der Frage der „Kanäle" ist ein weiterer Aspekt von Bedeutung: Das Aufkommen neuer und Verschwinden vorhandener Social Media Plattformen läuft heute schon fast im Jahresrhythmus. Da bei vielen Verbänden von der ersten Idee bis zur Umsetzung von Maßnahmen auch in diesem Bereich oft mindestens(!) ein halbes Jahr vergeht, wäre es falsch, die Maßnahmen von vorneherein auf bestimmte Plattformen hin auszulegen, die gerade en vogue sind!

Die Beispiele Second World und MySpace haben gezeigt, wie schnell solche Plattformen von den Titelseiten des Spiegel in der Versenkung verschwinden können. Ähnliches gilt für die Bedeutung von Flickr und dem Medienformat Podcasts. Auf der anderen Seite sind sehr stark wachsende und wichtige Plattformen wie z. B. Tumblr und Pinterest (s. o.) bei vielen noch gar nicht auf dem Radar.

Aufgrund dieser Dynamik macht es in einem gedruckten Buch wenig Sinn, eine Typologie der aktuellen Social Media Plattformen, deren Nutzung und den sich darauf bewegenden Zielgruppen aufzustellen: Dafür gibt es stetig aktualisierte Quellen im Internet, wie z. B. Forrester oder den Social Media Kompass des BVDW e. V.

Tabelle 3.13 verweist auf einige der in den Fallbeispielen angesprochene Social Media Maßnahmen.

Es gibt auch Verbände, die sich ganz bewusst gegen eine so populäre Plattform wie Facebook entscheiden, obwohl sie die Ressourcen im Hause hätten, sie professionell zu bespielen.

Tab. 3.12 Social-Technographics-Ladder von Forrester Research

Typ	Tätigkeit	EU (7)	US
Creators	Eigene Website, eigener Blog, eigene Medien oder Beiträge	**23%**	24%
Conversationalists	Vielfältig aktiv in sozialen Netzwerken, eigener Tweet	**26%**	36%
Critics	Kommentare, Bewertungen abgeben	**33%**	36%
Collectors	News Feeds, Friend streams, Tagging, Voting	**22%**	23%
Joiners	Sozialen Netzwerken nutzen und eigenes Profil pflegen	**50%**	68%
Spectators	Lesen, beobachten, aufnehmen von dynamischen Inhalten auch aus sozialen Netzwerken	**69%**	73%
Inactives	Nichts dergleichen	**21%**	14%

Tab. 3.13 Social Media in den Fallbeispielen

Plattform	Einsatzszenario	Fallbeispiele
Twitter	Online Pressekanal	→ 4.5. ZVEI, 4.3. Gesamtmetall
	Kampagnenunterstützung	→ 4.3. Gesamtmetall, 4.8. ASU
	Virale Verbreitung eigener Nachrichten	→ 4.5. ASU
Facebook	Kampagnenunterstützung	→ 4.3. Gesamtmetall
	Mitgliederforum	→ 4.1. GwG
	Virale Verbreitung eigener Nachrichten	→ 4.5. ASU
Eigene Community	Mitgliederservice	→ 4.2. WDA
	Mitgliedernetworking	→ 4.7. DJV
YouTube	TV-Kanal	→ 4.6. VDZ
Blog	Mitgliederforum	→ 4.1. GwG
	Internes Wissensmanagement	→ 4.4. BITKOM
Xing	Mitgliederforum	→ 4.1. GwG

Fallbeispiel

Solch ein Fallbeispiel ist das des Verbandes der Chemischen Industrie (VCI).

Der VCI analysierte verschiedene Verbändeseiten auf Facebook. Ergebnis war, dass die Nachfrage nach Verbandscontent nur dann relativ hoch ist, wenn man Themen mit direkter Verbindung zum Endverbraucher kommunizieren kann. Im Vergleich zu den geringen kommunikativen Erfolgsaussichten wäre daher der zu betreibende Aufwand für eine VCI-Facebook-Seite zu hoch.

Der Schwerpunkt von Facebook liegt auf der B2C Kommunikation (deshalb für einzelne Kampagnen durchaus passend); Allerdings ist die Plattform aufgrund zu geringer substanzieller Aktivität bei gleichzeitig nicht vernachlässigbarem Risiko von Shitstorms für den VCI kein geeignetes Forum für politische Kommunikation. [Quelle: VCI, Oliver Claas].

▸ **Hinweis** Die Strategie muss also zunächst plattformunabhängig konzipiert, um dann in den Einzelmaßnahmen entsprechend schnell auf die relevanten Medien adaptiert werden zu können. Zu dem Monitoring von Themen und Kommunikatoren gehört demnach eine regelmäßige Beobachtung der Mediennutzung. Dazu noch ein Hinweis: Viele Facebook-Präsenzen sind heute schon nicht mehr zielführend, weil sie noch von einem nicht mehr aktuellen Verständnis der Plattform ausgehen. Ähnliches könnte in Kürze mit Twitter passieren.
Das Hinterherrennen hinter neuen Plattformen führt zu immer mehr verwaisten, nicht mehr gepflegten Auftritten, weil kaum ein Verband die parallele, fortlaufende Aktualisierung und Pflege dutzender Auftritte bewältigen kann.

Übertrieben? Zählen Sie einmal nach, wie viele digitale Medien Sie in den letzten drei Jahren bedient haben! Beispielsweise Verbandswebsite, Websites von Tochtergesellschaften, Mitgliederportal, Themenportale, Kampagnensites, Projektwebsites, Newsletter, Blogs, Tweets, Facebook Fanpages, Xing-Profil, Google+ Profil, YouTube Channel, Apps und mobile Websites, Fachzeitschriften, Zeitungen, Mitgliederbroschüren und so weiter.

Die kontinuierliche und aufeinander abgestimmte Erstellung und Veröffentlichung von Inhalten in mehreren Kanälen will gezielt geplant und effizient wie effektiv umgesetzt werden. Hinzu kommt das Monitoring all dieser Medien und die zeitnahe Reaktion auf (Dialog-)Anfragen oder auf kritische Kommunikationsprozesse (z. B. Shitstorms). Abbildung 3.20 skizziert diese Zusammenhänge.

Dieses Spektrum ist alleine mit Personal nicht zu bewältigen, zumal die meisten Verbände hier begrenzte Ressourcen haben. Andererseits müssen dafür nachhaltige Lösungen gefunden werden, so dass es auch nicht sinnvoll erscheint, sich mit Praktikanten über die Zeit zu retten. Bliebe Outsourcing: Wenn man die Leistungen (teuer) von externen Dienstleistern einkauft, gibt man damit auch ein zukünftig zentrales Know-how der Verbandskommunikation außer Haus. Das wäre in etwa vergleichbar damit, die Pressesprecher auszulagern und deren Aufgaben von einer PR Agentur einzukaufen.

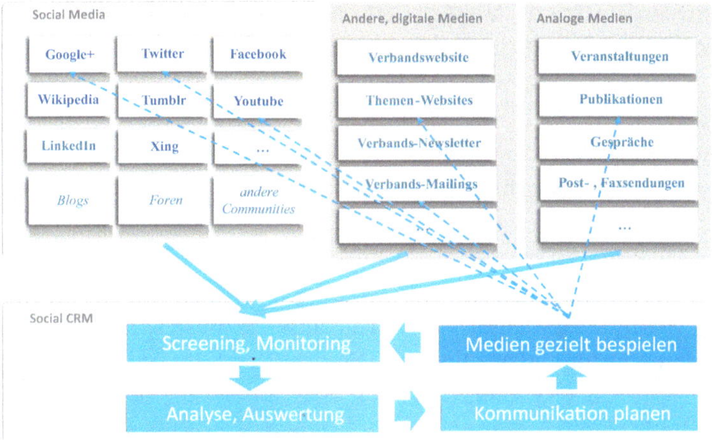

Abb. 3.20 Konzertierte Kommunikationsanalyse und -Maßnahmen für Social Media Kanäle

> **Hinweis** Die nachhaltigste und kostengünstigste Lösung ist, diese Aufgaben in die bestehenden Prozesse zu integrieren und durch den intelligenten Einsatz von Software und Online-Services zu unterstützen.
> Dies kann bis zu einem gewissen Grad mit Lizenzkosten freien Open Source Produkten oder Online Services (u. a. HootSuite oder diverse Google Werkzeuge wie Alerts, Analytics u. a.) geschehen.
> Eindeutig Vorzuziehen ist jedoch ein integrativer Ansatz, der einen Gesamtblick auf alle Kommunikationsmaßnahmen ermöglicht, inklusive Anrufen, Mailings, Veranstaltungen usw.

Solch ein professionelles, medienübergreifendes Kommunikationsmanagement ist die Domäne von CRM-Systemen, die zudem noch viel mehr von dem können, was für Verbände wichtig ist (s. folgendes Kapitel). Laut Greve [GR11] „ergänzt Social Media die klassische Datenbasis des CRM um eine reichhaltige Informationsbasis aus Kommunikationsströmen zwischen den Zielkontakten.“ Social CRM ist somit nichts gänzlich Neues, sondern vielmehr eine Weiterentwicklung dessen, was CRM schon war.

3.5 Kommunikations-, Veranstaltungs- und Mitglieder-/ Stakeholdermanagement mit CRM-Systemen

Für die Verbandsarbeit sind die sorgfältige Kontaktpflege, ein professionelles Management der Mitglieder und anderen Stakeholder, eine zielgruppengerechte und wirksame Medienarbeit und last but not least ein professionelles Veranstaltungsmanagement von zentraler Bedeutung.

Die dafür notwendigen Informationen und Daten sind aber noch häufig über mehrere Köpfe und Systeme verteilt, so dass ein umfassender Überblick nicht gegeben ist.

In vielen Verbänden finden sich unterschiedliche, nicht integrierte Adress-, Mailing- und Event-Management-Systeme und lokal gespeicherte Kontaktdaten in Outlook, Excel oder Word. Über all diese Systeme und Köpfe eine einheitliche, aktuelle, allen (mit unterschiedlichen Rechten) zugängliche Kommunikationsdatenbasis herzustellen, ist nicht oder nur mit sehr hohem (personellem) Aufwand möglich.

Dies wird aber benötigt, um den aktuellen Anforderungen an eine schnelle, effektive, personalisierte und mehrkanalige Kommunikation gerecht werden zu können.

Zudem liegt es im Interesse des Verbandes (wenn auch nicht unbedingt aller Mitarbeiter), dass möglichst viele Informationen und Aktivitäten, die mit den wichtigen Kontakten verbunden sind, zentral transparent gespeichert werden.

Warum? Der Grund ist einfach: Verbleiben diese Daten in der Hand (respektive den Köpfen oder Datenspeichern) einzelner Mitarbeiter, gehen sie bei Mitarbeiterwechsel leicht verloren, oder Mitarbeiter nutzen sie als Herrschaftswissen.

Wenn wichtige Daten nur über den Kontakt zu den jeweiligen Referenten verfügbar sind, führt das nicht nur zu großen Reibungsverlusten bei Übergaben und Personalwechseln, sondern auch zu mangelnder Transparenz und Effizienz im Alltagsgeschäft.

Im Jahr 1958 etablierte der deutsche Informatiker Hans Peter Luhn in einem IBM-Journal den Begriff „Business Intelligence". In der freien Wirtschaft versteht man darunter „Verfahren und Prozesse zur systematischen Analyse" (Sammlung, Auswertung und Darstellung) von Daten in elektronischer Form.

Übertragen auf die Verbandskommunikation bedeutet das die systematische, organisatorisch und technisch unterstützte Sammlung, Auswertung, Darstellung und Verwertung von Daten zur Kommunikation von und mit Meinungsführern, Experten, Medien, Politik, Öffentlichkeit sowie aktuellen und potenziellen Mitgliedern.

Genau das ist eine der wichtigsten Aufgaben von Customer Relationship Management, kurz CRM-Systemen in Verbänden. Solche Anwendungen werden von Unternehmen seit den 90er Jahren vorwiegend für Marketing und Vertrieb eingesetzt, was man vielen, nicht speziell auf Mitgliedsorganisationen ausgerichteten Systemen auch deutlich anmerkt.

Im Non-Profit Umfeld findet man Variationen auch unter Namen wie „Citizen Relationship Management (USA)", „Community Relationship Management" oder „Mitglieder/Member Relationship Management" (wobei die Abkürzung MDM i. d. R. für Multi Device Management steht).

Damit in diesen Systemen ein vollständiger, sogenannter 360° Blick auf alle wichtigen Kontakt- und Kommunikationsdaten zumindest annähernd erreicht werden kann, müssen CRM-Systeme entweder selbst alle dafür relevanten Bereiche abdecken oder Schnittstellen zu den anderen Systemen haben. Sie sind so gesehen DIE zentralen Anwendungen für Verbände, weshalb manche Softwarehersteller sie auch unter der Bezeichnung „Verbandssoftware" anbieten.

Diese Sicht ist bei Verbänden aber noch nicht in der Breite angekommen: Viele haben nicht im Blick, dass über solche Systeme nicht nur das Management des wichtigsten Verbandskapitals, nämlich aller seiner Kontakte und sämtlicher (inkl. Social Media, Telefonate, Briefe!) damit verbundener Kommunikation abgewickelt werden kann, sondern auch das der Mitglieder, Gremien und Veranstaltungen.

Immerhin hat ein Umdenken bereits begonnen: Immer mehr Verbände ersetzen ihre alten Adressdatenbanken durch moderne, umfassendere Systeme. Laut unserer Studie (s. Abschn. 2.2) ist beim Kontaktdaten- und Kommunikationsmanagement ein deutlicher Trend in Richtung Professionalisierung zu erkennen: Während die Nutzung von Adressdatenbanken stark abgenommen hat, konnten die integrierten Kampagnenmanagementsysteme (Extended CRM) einen deutlichen Zuwachs verzeichnen. CRM-Systeme unterschiedlicher Ausprägung gewannen insgesamt 14 Prozentpunkte hinzu.

Die Verschiebung des Kundenbeziehungsmanagements in die neuen Kommunikationskanäle hat sich gemäß des weltweit führenden IT-Trendforschungsunternehmens Gartner als einer der größten Trends der letzten Jahre bestätigt (s. http://www.gartner.com/it/page.jsp?id=1777938).

Ein CRM-System für einen Verband muss im Wesentlichen die nachfolgend beschriebenen Aufgabenbereiche unterstützen:

1. **Kontaktdaten- & Stakeholder-Management** (inkl. Datenqualität, Aktualisierung und Datenschutz),
2. **Mitglieder- & Gremienmanagement** (inkl. Beitragsverwaltung/Abrechnung, Mitgliedermarketing, Wahlen, Schnittstellen zu Mitgliederportal, Finanzbuchhaltung);
3. **Veranstaltungsmanagement** (inkl. Bewerbung und online Anmeldungen, Teilnehmer-Management, Abrechnung ...);
4. **Kommunikationsmanagement** (inkl. Serienbriefe und -mailings, Newsletter, Monitoring u. v. a. m.).

Hinzu kommen Recherche-, Auswertungs-, Berichtfunktionalitäten für alle Bereiche, ein Rechtemanagement und **Schnittstellen** zu weiteren Systemen.

3.5.1 Kontaktdaten-, Stakeholder-, Mitglieder- und Gremien-Management

Die Verwaltung sämtlicher für den Verband geeigneter Kontakte, Firmen, Institutionen, Organisationen etc. mit samt ihren elektronischen und analogen Kontaktdaten ist nichts Neues.

Schon in älteren Adressdatenbanken lassen sich Verteilerstrukturen und zum Teil auch Workflows zur Automatisierung wiederkehrender Abläufe (z. B. Massen-Adressimport oder Massenmailings) einrichten und werden Dubletten-, Plausibilitätsprüfungen bei der Adresserfassung angeboten. Auch die direkte Anbindung von Telefonen (CTI)[4] für die Anruferkennung und eigene Anrufe per Mausklick sind kein neues, wenn auch noch immer nicht einfach zu lösendes Thema.

Im Zentrum aller Daten eines CRM-Systems steht nach wie vor der einzelne Kontakt: Um ihn herum werden alle zur persönlichen Kommunikation benötigten Daten im Sinne eines 360° Blick gruppiert, wie Abb. 3.21 zeigt.

An die Stelle statischer Verteilerlisten treten dynamische Kommunikationsfilter, die eine flexible, personalisierte Ansprache etwa nach:

- Themen, selbst gewählten Interessensgebieten,
- Gremienzugehörigkeiten,
- dokumentierten Kommunikationsbeziehungen,
- räumlicher Nähe oder beliebigen, anderen Abfragekriterien

erlauben.

Die neu gewonnene Flexibilität führt zusammen mit den Schnittstellen zu einem Mitgliederportal und Social Media Kanälen zu völlig neuen Möglichkeiten: Mitglieder können ihren thematischen Interessen und Kommunikationsgewohnheiten entsprechend an-

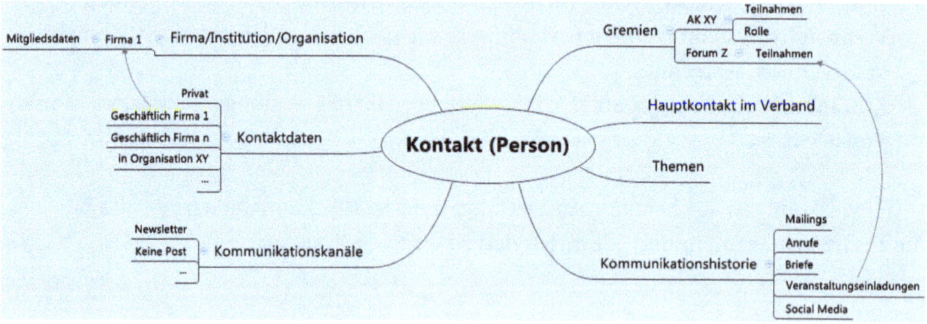

Abb. 3.21 360° Blick auf den Kontakt

[4] Computer Telephony Integration, die Verknüpfung von Telekommunikation mit EDV-Systemen/Anwendungen.

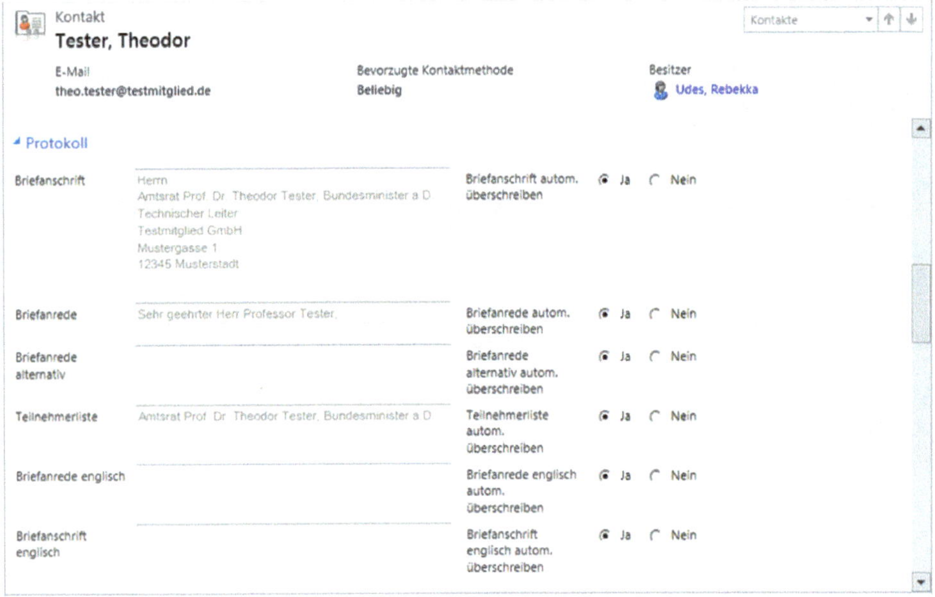

Abb. 3.22 Bildung einer korrekten Anrede

gesprochen werden. Auch länger laufende Dialoge sind über die sozialen Medien und Mitgliederportale eine interessante Option.

Aus Gründen des Qualitätsmanagements und Datenschutzes sollten im Verband klare, verständliche Vorgehensweisen festgelegt werden, nach welchen Regeln Daten erhoben, eingetragen, verarbeitet, weitergegeben und auch wieder gelöscht werden. Die regelmäßige Überprüfung zumindest der personenbezogenen Datensätze sichert die Aktualität der Kontaktdaten und ermöglicht das Löschen obsoleter Datensätze. Gerade Vorgaben zum Löschen von Daten werden oft vergessen, sind laut Datenschutz aber erforderlich (s. Abschn. 3.7)!

Eine spezielle Herausforderung für das Eintragen und verarbeiten von Kontaktdaten im Verbandsbereich ist die korrekte, protokollarische Ansprache. Die richtige Anrede von Kontakten in einer bestimmten Funktion in einem bestimmten Organ kann ein Türöffner oder ein Türschließer sein, wenn es um diplomatische, politische Kontakte geht (vgl. Abschn. 3.6).

Abbildung 3.22 zeigt eine Bildschirmmaske zu diesem Thema.

Weiteres zur Speicherung politischer Kontakte in CRM-Systemen s. Abschn. 3.6.

Mitgliedermanagement

Die Mitglieder bezogenen Funktionen eines Verbands-CRM-Systems unterstützen die Mitarbeiter bei

- der Mitgliederverwaltung (Eintritte, Austritte, Gremien …) und -betreuung (Services, Zugänge),

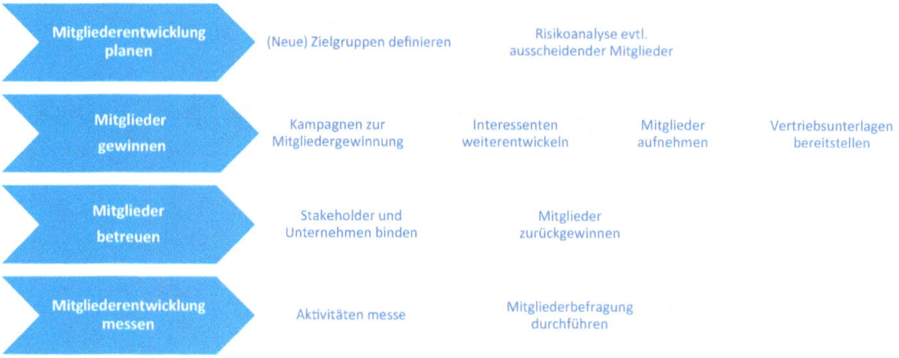

Abb. 3.23 Prozesse Mitgliedermanagement und Neumitgliedergewinnung eines mittelgroßen Branchenverbandes

- dem Beantworten von Mitgliederanfragen,
- der Organisation von Veranstaltungen,
- der Abrechnung von Mitgliedsbeiträgen,
- der Verwaltung von Ehrungen und Qualifikationen,
- der Analyse von Mitgliederaktivitäten und
- dem Management von Patenschaften oder Mentoren-Programmen.

Ein besonderer Bereich ist die Neumitgliedergewinnung. Hier reichen die Funktionen und Prozesse von der einfachen Kontaktnachverfolgung bis hin zu mehrstufigen Vertriebsabläufen in Form sog. Pipes. Abbildung 3.23 zeigt das Prozessmodell zu Mitgliedermanagement und Neumitgliedergewinnung eines Beispielverbandes.

Bei der systematischen Neumitgliedergewinnung sind Produkt-Dienstleistungsportfolios hilfreich, etwa um sie im Abgleich mit Verbandsthemen und passenden Gremien für das Angebot von Gastmitgliedschaften nutzen zu können. Vor der Neugewinnung steht jedoch die Mitgliederbindung.

Wichtige Daten der Mitglieder sind die Mitgliedsnummer, Sonderkonditionen, Beitragsklasse und Abrechnung sowie Ansprechpartner im Verband (s. Abb. 3.24). Berichte über die Aktivitäten der Mitgliedskontakte geben Aufschluss über deren aktive Einbindung in die Verbandsarbeit, beispielsweise:

- Veranstaltungsteilnahmen, Zu- und Absagen,
- Aktivitäten im Mitgliederportal,
- telefonische oder postalische Kontakte,
- Beziehungen zu anderen Kontakten u. m.

Sie können als eine Art Frühwarnsystem für potenzielle Austrittskandidaten verwendet werden.

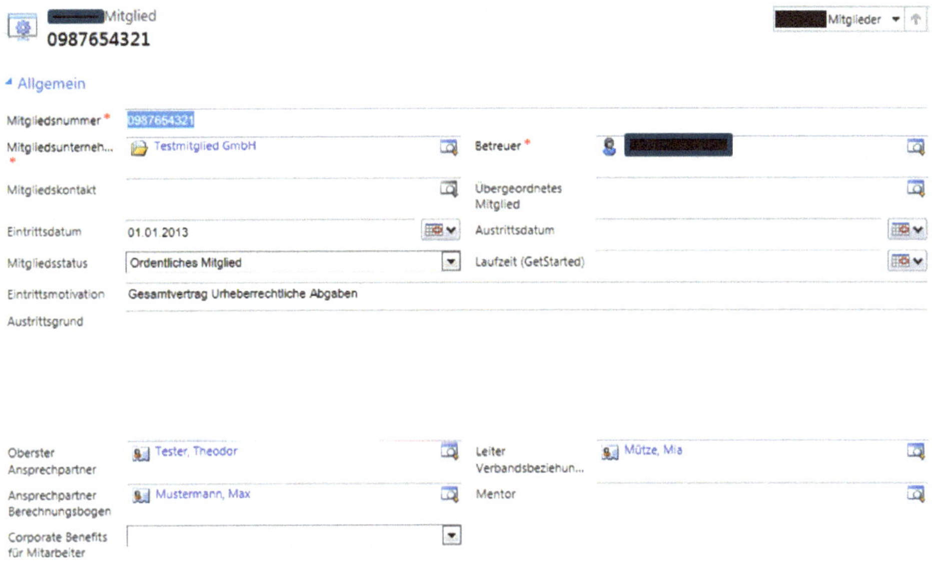

Abb. 3.24 Mitgliedsdatensatz

Die meisten Mitglieder sind in mindestens einem Verbandsgremium vertreten.

Die Gremienstruktur ist ein weiteres, verbandsspezifisches Element, das so nicht in Standard-CRM-Systemen zu finden ist. Für die Umsetzung gibt es mehrere Optionen: Früher wurden Gremien oft als statische Verteiler abgebildet, in modernen Systemen können sie als eigenständige Objekte modelliert werden, um ihre Eigenschaften und Funktionen optimal an die Bedürfnisse des Verbandes anzupassen. Damit lassen sich auf Knopfdruck für das Mitgliedermanagement hilfreiche Auswertungen ziehen, etwa zu den Gremienmitgliedschaften der Vertreter von Mitgliedsorganisationen (vgl. Abb. 3.25).

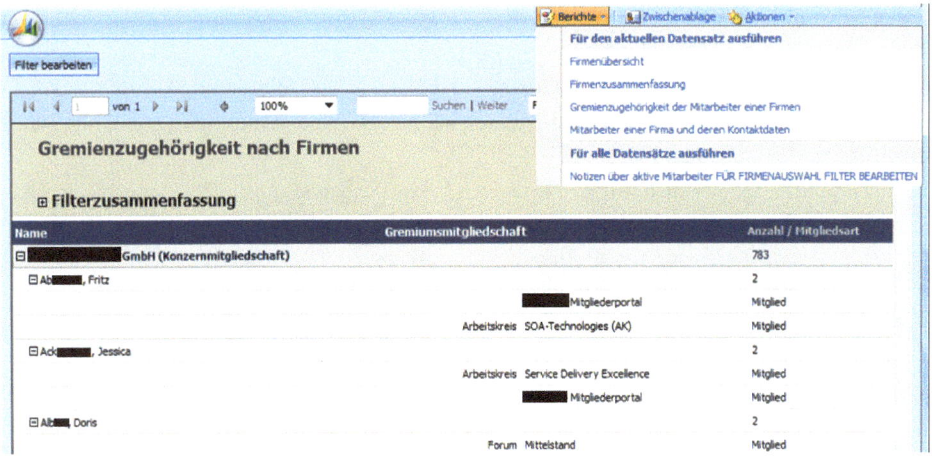

Abb. 3.25 Bsp. für Verbandsgremien im CRM

3.5.2 Veranstaltungsmanagement

Beim Veranstaltungsmanagement muss zunächst zwischen kostenlosen, nur Mitgliedern vorbehaltenen Veranstaltungen auf der einen, und kostenpflichtigen auf der anderen Seite unterschieden werden.

Letztere sind oft Weiterbildungs-Veranstaltungen der verbandseigenen Akademie, die diese zum Teil in einem eigenen System organisiert.

Bei kostenlosen Veranstaltungen kann nicht nur auf Bezahlvorgänge verzichtet werden. Sie sind auch aus Datenschutzgründen unproblematischer, weil die Einladung zu Verbandsveranstaltung i. d. R. durch den Verbandszweck abgedeckt ist (Satzung) und die Eingeladenen meist auch ein Interesse daran haben, solche Einladungen zu erhalten.

Mittlerweile ist es gang und gebe, eine elektronische Anmeldemöglichkeit anzubieten, zumal es einige Vorteile hat:

- Elektronische Anmeldedaten können vom Eingeladenen angepasst und direkt in das System zurückgespielt werden. Das gilt auch für neue Kontakte wie Ersatzteilnehmer oder Begleitungen.
- Durch die rein elektronische Abwicklung ist der Prozess schnell, effizient, umweltfreundlich und transparent.

Hauptnachteil sind Datenschutz- und Sicherheitsbedenken der Eingeladenen. Ersterem wird durch eine Datenerhebung per „Double-Opt-in"-Rechnung getragen werden. Beim „Double-Opt-in" müssen Kontaktdaten-Einträge in einem zweiten Schritt bestätigt werden. Meist wird hierzu eine E-Mail-Nachricht mit Bitte um Bestätigung an die eingetragene Kontaktadresse gesendet. Die Bestätigung kann elektronisch, aber auch per Post, Fax oder auf andere Weise schriftlich erfolgen.[5]

Sicherheitsbedenken kann begegnet werden, indem als Alternative eine Anmeldung per Telefon, Fax oder Post angeboten wird.

Aus Sicht des CRM sind Veranstaltungen nichts anderes als eine weitere Klasse von Objekten, die mit Kontakten, Einladungslisten (Verteilern) und untergruppierten Teilnahmen verknüpft sind, wie Abb. 3.26 zeigt.

Bei den persönlichen Einladungen ist es dabei nicht von Bedeutung, ob diese per E-Mail, Brief, Fax, Telefon oder Social Media (bei integrierten Accounts, s. Abschn. 3.5.3) erfolgen.

Kostenpflichtige Veranstaltungen sind auch im Modell etwas komplizierter, weil ein paar Punkte hinzukommen:

- Preisstaffelungen für unterschiedliche Gruppen inklusive Rabatt-/Aktionscodes,
- evtl. kostenpflichtige Referenten,
- Abrechnungsfunktion mit Mahnungswesen u. a. m.,
- ggf. personalisierte Bescheinigungen für Seminarteilnehmer.

[5] Dieses Verfahren hat sich als Datenschutz konforme Online-Kontaktdatenerhebung durchgesetzt und wird auch im Fall der Adressgenerierung fast ausschließlich verwendet.

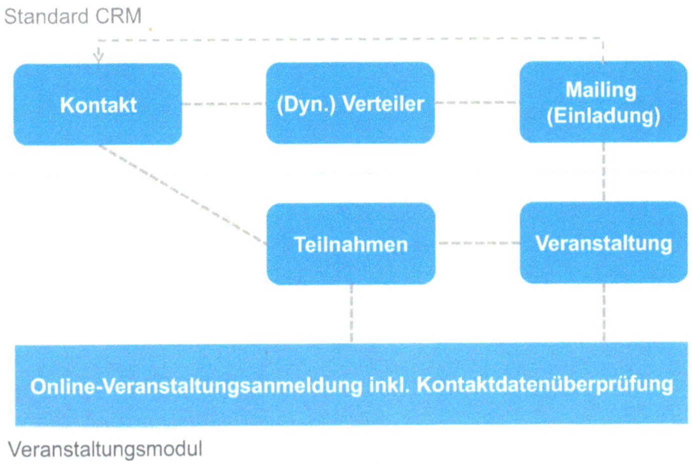

Abb. 3.26 Veranstaltungsmodul mit Online Anmeldung (nach Udes, BITKOM)

Praxishilfe

Sowohl für kostenlose, als auch für kostenpflichtige Veranstaltungen sollte das CRM-System folgende Funktionalitäten anbieten:

- Die Möglichkeit, Veranstaltungen in Module gliedern zu können, wie Vorabend-event, Sessions, Workshops, Tag 1, Tag 2, spezielle Sitzungsformate etwa für Wahlberechtigte …
- Workflow oder Checkliste mit standardisiertem Ablauf von Planung, Einladung über Erinnerung etc.
- Mailing-Vorlagen für die unterschiedlichen Zwecke (Teilnehmer-Einladung, Anmeldebestätigung, Erinnerung, Nachgang, Absage …)
- Automatisierte Berichte für Teilnahmestände
- Erstellung von Teilnehmerlisten, Tischkarten oder Namensschildern erfolgt im Veranstaltungsmanagement auf Knopfdruck
- Auswahl Einladungs- und Anmeldemodalitäten (Online-Anmeldung, Fax, Telefon, Briefeinladung …)

Für die Umsetzung von Online Registrierungen gibt es vielfältige Möglichkeiten. Eine einfache läuft über einen per Brief oder E-Mail versandten Registrierungscode, der sicherstellt, dass die angemeldete Person zur Einladung passt. Das ist wichtig, um später die Teilnahmen und ggf. Kontaktdatenänderungen entsprechend zuordnen zu können.

Nach der Anmeldung über ein Online-Formular auf einer öffentlich zugänglichen Verbandswebsite (Achtung: Auf sichere Datenübertragung achten!) oder im Mitgliederportal bekommen die Teilnehmer eine Bestätigung per Brief oder E-Mail.

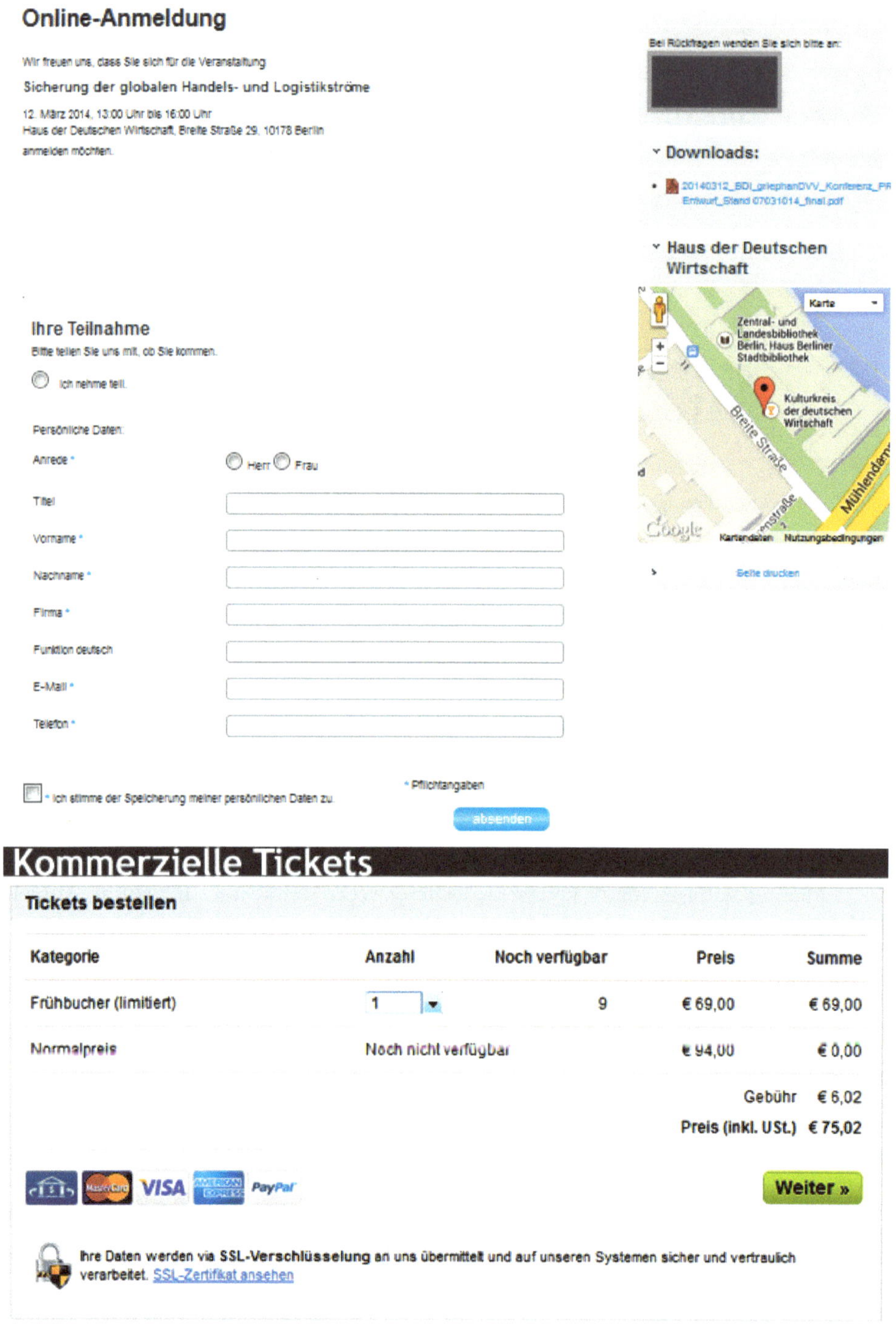

Abb. 3.27 Beispiel für Online-Eingabeformular (mit unkenntlich gemachten Details)

Ihr Ticket für Mitgliedsorganisationen 2020

Sehr geehrte(r) Teilnehmer(in),

anbei erhalten Sie Ihr Ticket für "Mitgliedsorganisationen 2020" am 29. Januar 2014, welches Sie am 17. Januar 2014 bestellt haben.
Sollten Sie Fragen zu Ihrer Bestellung haben, so wenden Sie sich bitte an
und geben Sie dabei die oben stehende Rechnungsnummer an.

Mit freundlichen Grüßen

TICKET powered by [redacted]

Thomas Klauß

Mitgliedsorganisationen 2020

29. Januar 2014 10:00 bis 29. Januar 2014 18:00

Melia Hotel Berlin Mitte
Friedrichstraße 103, 10117 Berlin, Deutschland

5411-0132-8430

Zusätzliche Teilnehmer der selben Organisation (Preis inkl. MwSt. Netto [redacted]

Abb. 3.28 Beispiel für ein elektronisches Ticket

Je ein Beispiel für ein online Anmeldeformular zu einer kostenlosen und kostenpflichtigen Veranstaltung findet sich in Abb. 3.27. Abbildung 3.28 zeigt ein elektronisches Ticket mit Barcode zur elektronischen Vor-Ort-Registrierung.

Die online eingegangenen Anmeldungen sollten zurück in das CRM-System fließen, wo sie für Auswertungen etwa zum Anmeldestand weiter verarbeitet werden können (s. Abb. 3.29).

Veranstaltungsteilnahmen **Veranstaltungsteilnahme Zugeordnete Ansicht** ▾ Nach Datensätzen suchen

Firma	Kontakt	Anmeldestatus	Teilgenommen	Kampagne	Veranstaltungsdetail	Ist Be
Bundesverba...		Eingeladen		CeBIT 2014 - Executive...	CeBIT 2014 - Executive Night-Fahrerabfrage	Nein
Bundesverba...		Eingeladen		CeBIT 2014 - Executive...	CeBIT 2014 - [illegible]	Nein
Bundesverba...		Eingeladen		Mailing Aktionsplan Intel...	Mailing Aktionsplan Intelligente Mobilität 201...	Nein
Bundesverba...		Eingeladen	Ja	AK Beispiel 2014-02-14	AK Beispiel 2014-02-14	Nein
Bundesverba...		Eingeladen		Trendkongress 2013	Trendkongress13 - Clubnacht	Nein
Bundesverba...		Eingeladen	Ja	Trendkongress 2013	Trendkongress13 - Kongress	Nein
Bundesverba...		Eingeladen		AK Telekommunikations...	AK Telekommunikationspolitik	Nein
Bundesverba...		Abgesagt	Ja	AK Beispiel 131231	AK Beispiel 131231 - Sitzung	Nein
Bundesverba...		Eingeladen		Mailing[illegible] art-u...	Mailing	Nein
Bundesverba...		Abgesagt		AK IP 131014	AK IP 131014 - Sitzung	Nein
Bundesverba...		Zugesagt		AK Beispiel 131022	AK Beispiel 131022 - Sitzung	Nein
Bundesverba...		Eingeladen		20130912 - Einladung K...	20130910 - Einladung Kartellrechtsschulung	Nein
Bundesverba...		Eingeladen		AK Beispiel 130930	AK Beispiel 131224	Nein
Bundesverba...		Abgesagt		AK Medienpolitik - 1310...	AK Medienpolitik - 131010 - Meeting	Nein
Bundesverba...		Offen		AK Marketing 131024	AK Marketing 131024 - Sitzung	Nein
Bundesverba...		Abgesagt		AK IP 130919	AK IP 130919 - Sitzung	Nein
Bundesverba...		Abgesagt		AK Beispiel 130331	AK Beispiel 130331 - Workshop Datenschutz	Nein
Bundesverba...		Zugesagt		AK Beispiel 130331	AK Beispiel 130331 - Workshop Cloud Compu...	Nein

Abb. 3.29 Veranstaltungsteilnahmen, Absagen u. m.

3.5.3 Kommunikationsmanagement

Voraussetzungen für ein erfolgreiches Kommunikationsmanagement sind eine gute Datenbasis, geeignete Anwendungen und eine Gesamtstrategie als Rückgrat für konkrete Maßnahmen.

In diesem Abschnitt beschäftigen wir uns mit den wichtigsten, elektronischen „Push" Medien, die über ein CRM gesteuert werden können: Die vom CRM aus versandten E-Mails, Newsletter und Dialogbeiträge für Social Media Plattformen (Social CRM).

Newsletter und Massenmailings

Elektronische Newsletter sind regelmäßig an eine größere Gruppe versandte HTML-Mailings, die auf Neuigkeiten aus dem (hier) Verbandsumfeld hinweisen.

Praxishilfe

Tipps zu deren Gestaltung:

- Jeder Newsletter muss einen Link zum Abbestellen haben!
- Sie sollten nicht zu lang sein, nicht zu viel Text beinhalten (eher Teaser als Volltexte), auch ausgedruckt und auf den wichtigsten Mobilgeräten funktionieren und lesbar sein.
- Achten Sie auf eine medienadäquate Gestaltung!
- Für umfangreichere Inhalte wie Artikel, sollten Sie auf Webseiten des Verbandes verweisen (Hauptwebsite, Themen-/Mitglieder-/Kampagnen-Portale etc.), auch, um die Leser dorthin zu führen.
- Der Empfang von Newslettern sollte nachverfolgt werden, um zu analysieren, ob sie überhaupt ihre Empfänger erreichen und wie sie angenommen werden (siehe auch Praxishilfe Spam, weiter unten).
  Werten Sie aus, wie viele Empfänger ihre Newsletter aufrufen, bitten Sie um Feedback oder integrieren Sie eine kleine Umfrage.
- Newsletter sollten heute nicht nur personalisiert in der Anrede, sondern auch in den Inhalten sein. Nutzen Sie die Daten über Themeninteressen, (Gremien)Mitgliedschaften etc. um den Empfänger die Inhalte zu senden, die sie auch wirklich interessieren (vgl. auch Abschn. 3.6)!

Für Massenmailings gilt ähnliches wie für Newsletter, nur dass die Anforderungen an Inhalt und Layout etwas niedriger angesetzt werden können, weil sie weniger Inhalte vermitteln. So enthalten Mailings i. d. R. nur einen, bis maximal drei kurze inhaltliche Blöcke und nur einen, höchstens zwei Verweise auf weitergehende Informationen.

Meistens werden Massenmailings bei Verbänden für Einladungen zu größeren Veranstaltungen eingesetzt oder für Ad-hoc-Nachrichten, die außerhalb des Zyklus regulärer Publikationen (z. B. Newsletter) schnell verbreitet werden sollen.

Erste Voraussetzung dafür, dass via E-Mail versandte Informationen nicht im Äther verschwinden, ist eine korrekte E-Mail-Adresse und das Umgehen des Spam-Filters beim Empfänger.

Praxishilfe

Was können Sie tun, damit Gruppen- oder Massen-Mails und Newsletter nicht als SPAM ausgefiltert werden und ihre Adressaten nicht erreichen? Generell gilt: Solange Sie seriös bleiben und Sie die nachfolgende Merkliste beachten, werden Ihre Mails auch dauerhaft die meisten Spamfilter umgehen.

1. Senden Sie niemals Massenmails vom eigenen Client oder Verbandsserver aus!

Keine Gruppe von Empfängeradressen gehört in das An: Feld, weil dieses alle mitlesen können (nicht nur Geheimdienste). Aber auch in das BCC Feld gehören keine 100 oder mehr E-Mail-Adressen, weil das als Massenmailing vom Empfängerserver ausgefiltert werden kann. Vorsicht ist bereits ab 20/30 Adressen geboten, das hängt von den Servereinstellungen ab. Versenden Sie Massenmailings etwa als Einladungen zu großen Veranstaltungen nur über spezielle Mailingserver (fragen Sie ihren Dienstleister)!

2. Seien Sie Empfängerfreundlich (wenigstens formell)!

Jede einzelne Mail sollte einen Link zum Abbestellen von E-Mails enthalten. Verschicken Sie die Mails immer von derselben E-Mail-Adresse. Weisen Sie den Empfänger darauf hin, Ihre Adresse in sein Outlook-Adressbuch aufzunehmen, dann werden sie praktisch nie als Spam markiert.

Senden Sie auch keine Gruppen- oder Massenmails mit Anhängen von 5 MB und mehr. Legen Sie stattdessen größere Dateien auf einen dafür geeigneten Server und versenden Sie einen Link. So stellen Sie auch sicher, dass alle Empfänger auf die jeweils aktuellste Version zugreifen können und Sie können den Zugriff nachvollziehen!

3. Lassen Sie sich auf die White Lists setzen!

Verbandsmitglieder sollten Sie darauf hinweisen, dass sie sicher sein können, alle Einladungen und Angebote des Verbandes per Mail zu bekommen, wenn sie die Absender auf ihre White Lists setzen. Stehen Sie auf einer Liste von Absendern, die als „Nicht-Spammer" identifiziert sind, dann gehen sie den meisten Problemen aus dem Weg (Alternative zur Aufnahme in das Adressbuch des Empfängers).

4. Seien Sie auch inhaltlich empfängerfreundlich und senden Sie kein „Content Spam"!

Die Mails, die Sie verschicken, sollten relevant für die Empfänger sein: Je mehr Nutzer bei großen Mailprovidern Ihre Mails ungelesen löschen, desto schlechter wird Ihr Rating.

5. Verwenden Sie nur saubere Formatierungen!

Formatierungstricks mit Sonderzeichen oder auffallender Typografie sollten Sie vermeiden. Nutzen Sie lieber HTML, um Dinge hervorzuheben.

6. Verwenden Sie möglichst keine oder nur wenige externe Links!
Bringen Sie in Ihren Mailings zu viele Links auf andere Angebote oder Anbieter unter, müssen Sie sehr vorsichtig sein. Das betrifft zum einen die Inhalte, aber auch den Ruf des Unternehmens: ist dessen Domain in früheren Spammails aufgetaucht, dann werden Ihre Mails mit Links zu dieser Domain ebenfalls als Spam bewertet.
Am besten ist es, wenn alle Links nur zu ihren eigenen Servern führen. Wenn also alle Bilder und alle weiterführenden Links mit „www.ihrVerband.de“ beginnen. Achten Sie dabei auch auf eine einheitliche Schreibweise.

7. Halten Sie die Zugangsrate hoch!
Je weniger Mails als unzustellbar zurückkommen, desto besser ist Ihr Rating bei den Mailservern. Achten Sie also auf aktualisierte Mailadressen!

Social Media im CRM

Social CRM Systeme integrieren gängige Social Media Plattformen inklusive der Beiträge (Streams) in die Datensätze der jeweiligen Kontakte oder Organisationen.

Im Unterschied zu Insellösungen, die eine Auswertung, Filterung und Reaktion auf einzelnen Social Media Plattformen ermöglichen, sind Social CRM Systeme im Prinzip nicht auf einzelne Kanäle und einen begrenzten Nutzungszeitraum oder Datenbestand beschränkt. Im Prinzip deshalb, weil kein System alle Kanäle integriert.

Nichtsdestotrotz können die Daten zu mehreren, gängigen Kanälen (meist mindestens Twitter, Facebook, LinkedIn und z. T. auch Xing), Blogs, Foren, den eigenen Websites, Veranstaltungen, Mailings, Telefonkontakten, Gesprächen etc. zusammengefasst ausgewertet und bearbeitet werden.

Das Ergebnis kann eine Art Cockpit sein, in dem alle für die Steuerung der dynamischen Kommunikation wichtigen Informationen zusammengeführt werden (s. Abb. 3.30).

Auch für einige klassische CRM-Systeme gibt es Erweiterungen (deshalb auch Extended CRM), welche die Integration von Social Media ermöglichen.

Sie bieten häufig die Möglichkeit, zusätzlich zu den standardmäßig an den Kontakten gespeicherten Profil- und Kommunikationsdaten auch deren Aktivitäten auf Facebook oder Twitter automatisch mit einzulesen. Vielfach kann sogar direkt aus dem System heraus auf die Beiträge reagiert werden, indem dort Twitter- oder Facebook-Nachrichten gezielt zurück gesendet werden.

Dabei ersetzen interne Guidelines die für diese Medien zu langsamen (Presse-)Abnahmeprozesse (s. Abschn. 3.4).

Praxishilfe

Für eine schnelle Reaktionsfähigkeit lassen sich automatische Benachrichtigungen einrichten, welche die jeweils verantwortlichen Referenten über neue Beiträge von bestimmten Personen zu bestimmten Themen/Schlagworten in den Social Media informieren – sogenannte „Listener“.

Abb. 3.30 Beispiel für ein Social Media Cockpit von Radian6 in einem CRM-System (Salesforce)

Wenn die internen Abstimmungsprozesse auch auf kurzem Wege funktionieren, kann eine zeitnahe und gezielte Kommunikation über mehrere Kanäle von einem Tool aus organisiert werden.

Mit diesen Systemen kann alternativ auch über andere Kommunikationskanäle wie Mail, Post, Telefon geantwortet werden – etwa wenn die Nachricht privat an den jeweiligen Kontakt gehen soll.

Das alles funktioniert jedoch nur in CRM-Systemen, in denen alle Kontakt- und Kommunikationsdaten zusammenlaufen.

Strategisch geht es bei Social Media in CRM-Systemen um:

- das Aufzeigen und Verfolgen von Trends und Themen,
- die Identifikation von Meinungsmachern,
- die Erfolgsmessung von Kampagnen,
- Social Media Scorecards und Metriken (Anzahl Follower, Friends, Retweets …) und vor allem
- eine personalisierte Mehrkanal-Kommunikation.

▸ **Hinweis** Vor der Integration und Nutzung dieser Social Media Daten sollten Sie sich unbedingt mit Ihrem Datenschutzbeauftragten abstimmen!

3.5.4 Schnittstellen und Folgerungen

Schnittstellen

Die wichtigsten Schnittstellen eines CRMs führen in der Regel zu den folgenden Systemen (s. auch Abb. 3.31):

I. Mail-Server (inhouse oder bei externem Dienstleister)
II. Office-Software (für Seriendrucke)
III. Andere Datenbanken/Systeme mit Kontakt- und Benutzerdaten, v. a. dem AD/LDAP für die Zugangs-, Rechteverwaltung sowie Single Sign On (nur ein Login für alle internen Systeme)
IV. Mitglieder-Portal für Online Gremienmanagement, Veranstaltungsanmeldung, Kontakt-/Profildaten-Aktualisierung, Networking, Social Media und Community Funktionen
V. Social Media Plattformen
VI. Mail-, Aufgaben- und Kalenderprogramme
VII. Telefon(anlag)e (CTI)
VIII. Abrechnungs-/Finanzbuchhaltungssoftware (z. B. DATEV)

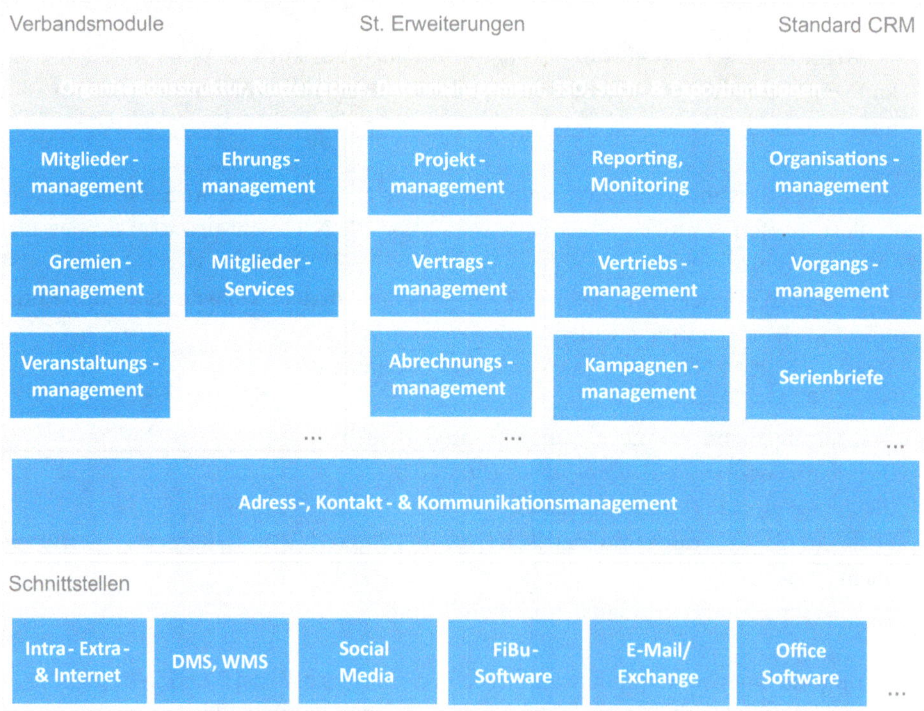

Abb. 3.31 Typische Module und Schnittstellen eines CRM-Systems

IX. Evtl. noch zu einem Dokumenten-, oder Vertragsmanagement oder auch zu einer Projektmanagement-Software

Die Schnittstelle zum Mitgliederportal wurde bereits unter Abschn. 3.3 ausführlicher beschrieben. An dieser Stelle soll kurz auf die Schnittstellen zur Abrechnungs-/Finanzbuchhaltungssoftware eingegangen werden.

Über diese Verbindung können Mitgliedsbeiträge nach einem festen Abrechnungsrhythmus und nahezu jeder denkbaren Beitragsordnung in Rechnung gestellt werden. Die Faktura umfasst die Abrechnung aller Leistungen eines Verbands, wie der Bestellung von Weiterbildungsveranstaltungen, Publikationen oder anderen Artikeln (etwa durch Integration eines Shops) oder die Abrechnung von Dienstleistungen. So können Debitoren, Adressen, Rechnungen und Rechnungsinhalte mit Zahl- oder Mahnstati vom CRM-System an die Finanzbuchhaltung übergeben werden.

Folgerungen

CRM wird zum technologisch unterstützten, führenden Prinzip für die Information, Kommunikation und das Beziehungsmanagement mit Mitgliedern und externen Kontakten sowie Basis zentraler Prozesse der Verbandsarbeit (Dr. Axel Garbers, ehem. Geschäftsleiter beim BITKOM).

Da in CRM-Systemen alle Daten zu Kontakten, Informations- und Kommunikationsmaßnahmen zusammenfließen, können über flexibel konfigurierbare Berichte auf Knopfdruck sämtliche für das Management wichtigen Kennziffern herausgezogen und miteinander verknüpft werden.

Dies schafft eine Transparenz in Kernbereichen der Verbandsarbeit, die hilft, weiter an Verbesserungen von Prozessen, der Qualität und insgesamt der Business Excellence zu arbeiten.

Ein Großteil der Verbandsarbeit fast aller Mitarbeiter basiert auf diesen Systemen, sie enthalten die wichtigsten und sensibelsten Daten (auch rechtlich, s. Abschn. 3.7) und etliche Schnittstellen.

▸ **Hinweis** Die Auswahl, Anpassung und Einführung eines CRM-Systems ist eine der wichtigsten Aufgaben digitaler Verbandsmodernisierung!

Deshalb gilt es, hier besonders gründlich und professionell vorzugehen, wobei es nicht mit der Systemauswahl getan ist: Die Migration vorhandener Datensilos, die Anpassung zumindest einiger Arbeitsabläufe/Prozesse, Schulungen, die Themen Datensicherheit und Datenschutz, mobile Nutzung, Schnittstellen zu anderen Systemen u. v. a. m. machen solche Projekte zu den komplexesten und leider auch am häufigsten scheiternden IT-Projekten in Verbänden!

Fallbeispiel

Ein sehr gutes Beispiel für ein erfolgreiches CRM-Projekt, das fast alle oben besprochenen Aspekte umfasst, ist das 2011 mit dem CRM best practice Award ausgezeichnete System beim BITKOM (s. Fallbeispiel 4.4).

CRM-Systeme finden sich auch in den ersten beiden Fallbeispielen, ansonsten sind gute Beispiele noch rar gesät.

3.6 E-Lobbying (Spezialthema)

Der Begriff Lobbying oder Lobbyismus hat im Deutschen oft einen negativen Beigeschmack. Das liegt jedoch weniger an der dahinter stehenden Sache der Interessensvertretung, als an dem Fehlverhalten einzelner Personen und Organisationen: In Deutschland reagieren Medien und Öffentlichkeit historisch verständlich besonders sensibel auf Machtmissbrauch und unlautere, politische Einflussnahme.

▸ **Begriff/Erläuterung** Die Definition von E-Lobbying in Wikipedia (http://de.wikipedia.org/wiki/E-Lobbying) ist eine nüchterne:

> **E-Lobbying** (*Schreibweise manchmal auch* eLobbying) *umfasst sowohl die politische Interessenvertretung direkt über elektronische Medien – primär via Internet – als auch die maßgebliche Unterstützung klassischer Lobby-Arbeit (s. Lobbyismus) mit Informationstechnologie. Als Synonym wird häufig auch der Begriff* Cyber-Lobbying *verwendet. Generell bezeichnet Lobbying die Beeinflussung von Regierungsstellen bei der Gesetzgebungs- oder Ausgabenpolitik gemäß den eigenen Themen oder Zielen.*

Es gibt also zunächst einmal zwei Sphären, in denen das „E" ins Lobbying spielt:

I. Die elektronische Kommunikation entweder direkt mit politischen Einflussträgern oder indirekt über eine Beeinflussung der Meinungsmacher zu bestimmten Themen oder auch der öffentlichen Meinung insgesamt.
II. Die Vorbereitung klassischer Maßnahmen wie persönlicher Gespräche, Treffen/Veranstaltungen etc. mit Hilfe elektronischer Datensammlungs- und Auswertungstools.

3.6.1 Elektronische Vorbereitung klassischer Lobbying Maßnahmen

Informationen einholen und intern verarbeiten

Den Rohstoff bilden valide Daten zu relevanten Personen und Institutionen, die auf Datenschutz konforme Art und Weise gesammelt und gespeichert werden. Neben persönlichen Kontakten und Verbands- oder Geschäftsbeziehungen sind öffentlich verfügbare Verzeichnisse (so gut wie alle politischen Ämter publizieren ihre Kontaktdaten öffentlich) adäquate Quellen.

Zusätzlich zu den Kontaktdaten werden Informationen benötigt, die eine gezielte Ansprache oder Kontaktanbahnung ermöglichen. Dazu zählen bei Politikern zum Beispiel:

- Ämter, Organe,
- Partei,
- Ausschuss-, Gremien- und sonstige Mitgliedschaften,
- Themen.

Die Abbildung politischer Institutionen mit ihren verflochtenen Strukturen[6] in CRM-Systemen, ist eine nicht zu unterschätzende Aufgabe.

Die politischen Strukturen müssen so im CRM angelegt sein, dass sie eine für Auswertungen und Zuordnungen sinnvolle Verknüpfung von Personen mit Ämtern Institutionen und Themen ermöglichen:

I. Personen
   - MdBs mit allen relevanten Ämtern und Rollen, wie v. a. Ausschussmitgliedschaften …
   - Büros
   - Protokollarisch korrekte Ansprache (auch ein Türöffner oder -schließer), Anreden in einer bestimmten Funktion in einem best. Organ, z. B. Amtsinhaber mit Amt benannt wie etwa Ministerialdirektoren (vgl. Abschn. 3.5)
   - Zuordnung zu Themen, die im Verband bearbeitet werden (für eine gezielte Kontaktherstellung)

II. Politische Institutionen, Organe, Parteien, Fraktionen, Gremien (Ausschüsse etc.) auf
   - EU-Ebene (Europäisches Parlament, europäischer rat, europäische Verbände, Gewerkschaften, Initiativen …)
   - Bundesebene (u. a. Bundestag, Bundesregierung, Bundesrat, Bundesbehörden, Bundesausschüsse, Botschaften, Kammern, Verbände, Innungen, Gewerkschaften …)
   - Landesebene (Landesparlamente, Landtage, Landesregierungen, Regionalausschüsse, Regionalverbände, Landeskammern …)
   - Kommunalebene (Kommunen, Gemeinden …)

Diese Daten helfen bei der Beantwortung der für die politische Interessensvertretung wichtigen Frage, welche Gesprächspartner zueinander und zu welchen Themen passen.

Zielgerichtete Auswertung

Ein „Mapping“ passender Ansprechpartner des Verbandes unter den politischen Entscheidungsträgern kann zum Beispiel nach geografischen (Geo Mapping) oder thematischen Kriterien (Topic Mapping) geschehen.

---

[6] z. B. Organe, Parteien, Fraktionen, Gremien (Ausschüsse etc.) von EU- bis Kommunalebene, Abgeordnetenbüros, Ämter und Rollen von MdBs (Ausschussmitgliedschaften usw.), protokollarisch korrekte Ansprache, Wahlkreise etc.

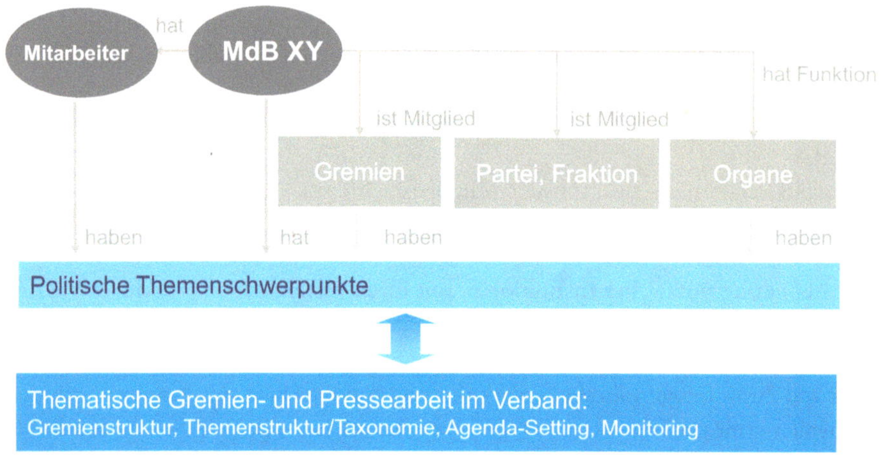

Abb. 3.32 Beziehungsgeflecht eines Bundestagsabgeordneten mit Themen-Mapping auf die Verbandsarbeit

Abb. 3.33 Farblich abgestuft dargestellt Umsatzgröße der im Raum München ansässigen Mitgliedsfirmen eines Verbandes nach Wahlkreisen

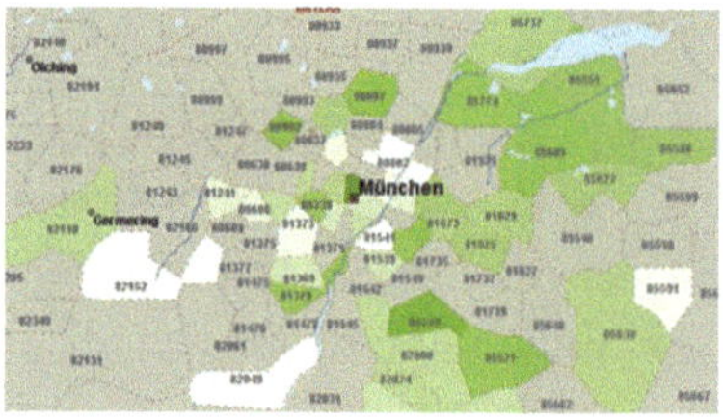

Methoden der Social Network Analysis (s. Abschn. 1.2), die in den USA eingesetzt werden, sollen hier aufgrund des in Deutschland nicht nur gesetzlich, sondern auch kulturell sensibleren Umgangs mit persönlichen(!) Beziehungsinformationen (s. Abschn. 3.7) ausgeklammert werden.

Hier ein Beispiel für „Topic Mapping": Die politischen Themenschwerpunkte, die sich in Ausschussmitgliedschaften widerspiegeln, können mit den entsprechenden Verbandsgremien in Verbindung gebracht werden (s. Abb. 3.32).

Die Auswertung nach Themen kann genutzt werden, um Themensprecher, Referenten oder ganze Gremien aus dem Verbandsnetzwerk mit den politischen Entscheidungsträgern zusammen zu bringen. Daraus können sich Positionspapiere, Gesetzesvorschläge, Initiativen, Arbeitsgruppen oder einfach nur informelle Treffen ergeben.

Interessant für Verbände ohne Regionalstruktur ist auch eine Auswertung nach geografischen Verbindungen (Geo Mapping) zwischen den Mitgliedern des Verbandes und den Politikern insbesondere vor Wahlen (s. Abb. 3.33).

Monitoring

Stehen oben die *Eigenschaften* von Kontakten im Vordergrund, geht es beim Monitoring primär um deren *Aktivitäten*.

▸ **Begriff/Erläuterung** Monitoring bezeichnet hier die systematische Beobachtung und Erfassung von (Kommunikations)Aktivitäten in Echtzeit oder regelmäßigen, kürzeren Zeitabständen. Die Beobachtung kann unterschiedliche Kommunikatoren, Kommunikationsinhalte und -Kanäle ins Visier nehmen:

A. Kommunikatoren
   - Juristische Personen wie Institutionen, Organisationen, Firmen, Medienhäuser
   - Natürliche Personen, wie Politiker, Experten/Fachleute, individuelle Meinungsführer, Firmenvertreter, Sprecher von Initiativen u. v. a. m.

B. Kommunikationsinhalte, z. B.
   - Erwähnung des eigenen Verbandsnamens
   - Nennung zentraler Verbandsthemen
   - Diskussion von Verbands- und Gegenpositionen

C. Kommunikationskanäle, z. B.
   - Digitale Produkte klassischer Medien
   - Fach-, Branchen- oder Themenportale
   - Peergroup-Informationen über Social Media Plattformen wie private und Business Communities (u. a. auch Facebook, LinkedIn, Xing), Blogs (u. a. über große Plattformen wie Blogger, Wordpress, Tumblr), Foren, Microblogs (u. a. Twitter), Media Sharing (YouTube, Slideshare, Flickr, Pinterest ...)
   - Primäre online Recherchequellen Google, Wikipedia

Online Themenhoheit geht nur über eine prominente Platzierung bei Google. Hierbei hilft die Besetzung der jeweiligen Themen in YouTube und Wikipedia. Die Erstellung und Bearbeitung relevanter Artikel bei der Online Enzyklopädie sollte natürlicher Bestandteil der Themenarbeit sein. Sie lässt sich auch als offizielles Ziel mit in die Arbeit der Fachgremien einbinden. Da die Publikation der eigenen Inhalte auf Wikipedia aufgrund des selbstorganisierten Redaktionsprozesses nicht gewährleistet werden kann, ist zumindest ein Monitoring der relevanten Artikel geboten: Laut einer brandaktuellen Studie der Otto Brenner Stiftung „Verdeckte PR in Wikipedia – das Weltwissen im Visier von Unternehmen“ [OB14] sind PR und Manipulation in Wikipedia durch Profit und Non Profit Organisationen allgegenwärtig!

Da etliche Verbände solch ein Monitoring mehr mit Manpower als mit dem intelligenten Einsatz von IT zu bewältigen versuchen, beschränken sich viele Monitorings auf eine Google-Suche nach dem Verbandsnamen, seiner Branche und vielleicht ein bis zwei gerade aktuelle Themen. Dann wird oft nicht mehr als wöchentlich eine Mail mit den Ergebnissen an den Kommunikations- oder Bereichsverantwortlichen gesendet, der dann ggf. Reaktionen abstimmt und einleitet. Eine diesen Medien entsprechende, zeitnahe Reaktion ist so nicht möglich. Auch aus der heutigen Sicht der klassischen Medien, die ein Thema solange servieren, wie es heiß ist, ist das zu langsam. So gewinnen Akteure, die professionell in den digitalen Medien agieren unaufhaltsam die Meinungshoheit.

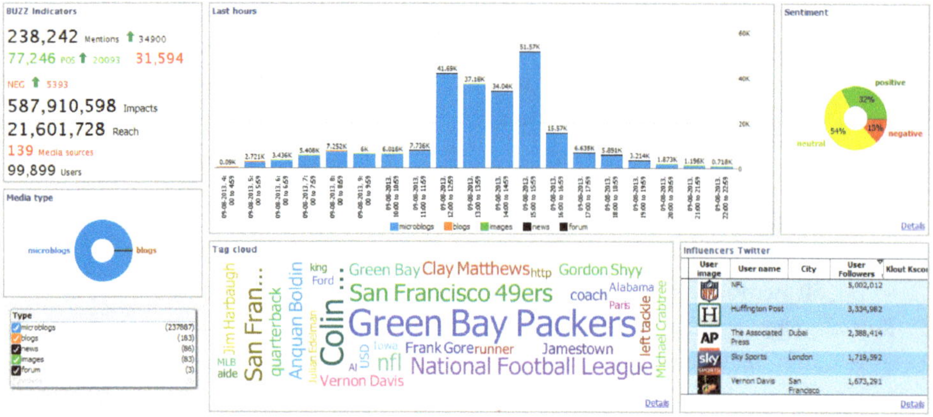

Abb. 3.34 Social Media Dashboard der Software Buzz Dashboard

Anhand einer Analyse der Beiträge und Reaktionen zu einem bestimmten Thema auf den dafür wichtigsten Plattformen lässt sich herausfinden, wer im Netz die tatsächliche Meinungsführerschaft besitzt.

Spezielle Tools[7] ermöglichen es sogar, den Diskussionsverlauf zeitlich und topologisch, d. h. über welche Knoten sich eine Meinung verbreitet, in seinem Verlauf aufzuzeigen. Damit lässt sich zum Beispiel ähnlich wie bei Aktienkursen oder Wahlumfragen auch die Wirksamkeit von Kampagnen nachverfolgen. Abbildung 3.34 zeigt als Beispiel verschiedene Charts zu einer Analyse der Erwähnung von US-Football-Teams in Microblogs (Twitter) und Blogs nach Datum, Haupt-Multiplikatoren auf Twitter (unten rechts), Quellen und Konnotation (Kreis rechts oben).

Eine andere Auswertung zeigt Verbreitungsmuster von Nachrichten über viele Kommunikatoren oder Akteure in den online Medien. Bei dem folgenden Beispiel in Abb. 3.35 repräsentiert jeder Punkt einen Twitter-User und die Linien Retweets, also weitergeleitete Nachrichten [WE13].

(a) Das Muster aus **#Japan** zeigt, wie sich die Nachrichten des Erdbebens vom März 2011 verbreitet haben

(b) Das Muster **#GOP** zeigt die bipolare Meinungsaggregation zur US Republican Party

Die oben anonym dargestellten Punkte lassen sich anhand der hinter den Nutzerkonten stehenden Konten und IP Adressen auch einzelnen Kommunikatoren zuordnen. In Abb. 3.36 werden anhand Meinungsführer anhand ihrer Verbindungen zu mehreren Nutzergruppen evaluiert (hier mit Testdaten).

Es gibt unzählige weitere Analysetools, die hier nicht alle aufgeführt werden können; Einige finden sich im Abschn. 3.4.

[7] Bei Bedarf können beim Autor passende Anbieter auch aus Deutschland erfragt werden: Dazu einfach eine Anfrage über http://www.moderner-verband.de/anfrage.htm lancieren!

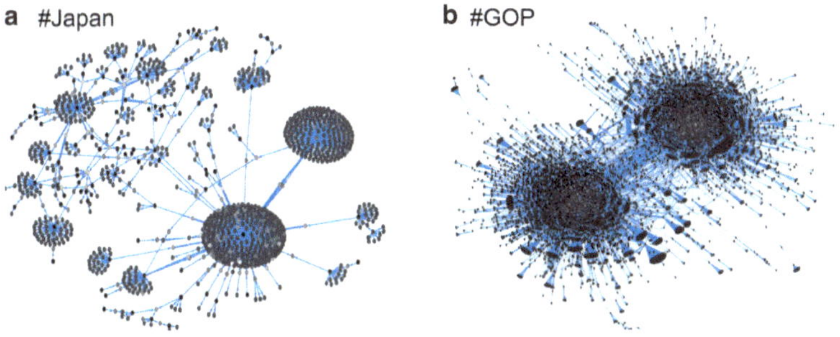

Abb. 3.35 Visualisierung von Themen-Verbreitungsmustern

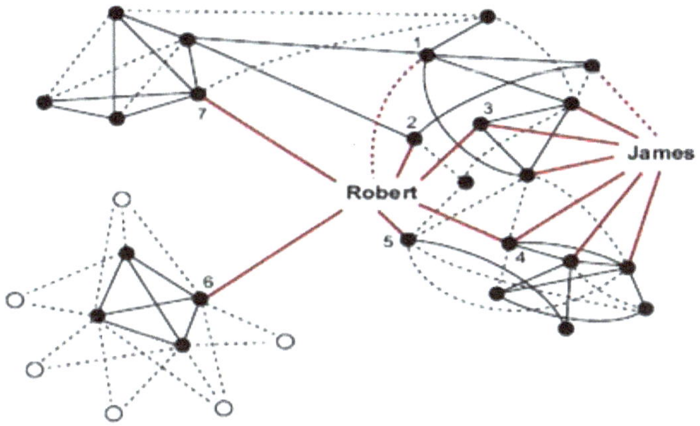

Abb. 3.36 Analyse der Verbindungen einzelner Kommunikatoren anhand von Retweets, Listings und Followers

Praxishilfe

Um die geeigneten Monitoring Maßnahmen auswählen und umsetzen zu können, muss zunächst definiert werden, was mit den Maßnahmen bezweckt wird, z. B.:

- Sollen bereits gelaufene Aktivitäten (z. B. eine Themenkampagne on- oder offline) einer Wirkungsanalyse unterzogen werden?
- Soll analysiert werden, welche Meinungsführer in welchen Kanälen zu einem bestimmten Thema den Ton angeben?
- Sollen Meinungsbilder zu einem bestimmten Thema erstellt werden, um daraufhin zielgerichtet eine Kampagne zu planen?
- Soll gezielt direkt in die Netzdiskussion eingegriffen und dafür ein geeigneter Einstiegspunkt gefunden werden?

Monitoring kann sowohl als Grundlage für die Vorbereitung von Gesprächen mit Meinungsführern dienen, als auch direkt in digitale Aktionen umgesetzt werden (digitales Agenda Setting).

3.6.2 Elektronisches Agenda Setting, Online-Lobbying

Beim E-Lobbying ist das Ziel die Analyse und Steuerung von Meinungsbildungsprozessen mit IT-Unterstützung. Mit digitalem Agenda Setting, einem gewichtigen Unterbereich des E-Lobbying, sollen Botschaften und Themen online so propagiert und viral verbreitet werden, dass sie das Meinungsbild der Zielgruppen beeinflussen oder zumindest auf die Verbandspositionen aufmerksam machen.

Während sich klassisches Lobbying neben der Pressearbeit insbesondere auf die direkte, nicht öffentliche Ansprache politischer Entscheidungsträger konzentriert, liegt bei digitalem Agenda Setting die aktive Miteinbeziehung der digitalen Öffentlichkeit im Fokus.

Entsprechend unterscheiden sich auch die Maßnahmen: Bei klassischem Lobbying stehen Positionspapiere, persönliche Treffen (Hintergrundgespräche), kleinere Events wie politische Frühstücke oder Abende hoch im Kurz; elektronische Interessensvertretung läuft dagegen über Maßnahmen wie:

- die eigenen Internet-Präsenzen als Anlaufstellen für Politiker, die sich über aggregierte Branchenmeinungen bei Branchenverbänden informieren wollen,
- konzertierte Aktivitäten/Aktionen in den digitalen Medien, etwa mittels Twitter, Facebook, YouTube, Blogs, Mailings und eigenem Themenportal,
- E-Campainging oder kombinierte Kampagnen aus digitalen und analogen Maßnahmen (s. Beispiel im nächsten Unterabschnitt).

Wichtig bei den die digitale Öffentlichkeit mit einbeziehenden Maßnahmen ist das Vorhandensein eines geeigneten Resonanzbodens: Nach Kruse bedeutet das, „die Personen zu erreichen, die einerseits im digitalen Raum aktiv und gleichzeitig themenrelevant, d. h. Meinungsbildend sind" [BE10]. Weiter heißt es dort, dass sie nur mit den für sie relevanten Themen erreicht und mobilisiert werden können.

An dieser Stelle sei noch einmal darauf hingewiesen, dass es keinesfalls darum geht, das wichtigste, klassische Lobbying Instrument, das persönliche Gespräch, zu ersetzen!

Vielmehr geht es unter anderem darum, den Boden dafür zu bereiten, damit es überhaupt zu zielführenden Gesprächen kommen kann. Mit herkömmlichen Positionspapieren und Pressemitteilungen findet man bei Politik und Medien zunehmend weniger Gehör – Hier sind neue Maßnahmen erforderlich.

Die Skizze in Abb. 3.37 symbolisiert den hybriden Ansatz, bei dem die digitalen Kanäle im Konzert mit den klassischen auf die politischen Entscheidungsträger einwirken.

Die reale Wirkung der Maßnahmen wird dabei auch von der erwarteten Wirkung beeinflusst, wie ein Ergebnis der „Forschergruppe Politische Kommunikation in der Online-Welt" belegt: Demnach können sich alleine aus der Einschätzung über die Wirkung von Online Medien auf andere Akteure politisch relevante Konsequenzen ergeben.

So sind zum Beispiel die mit den Umstürzen im arabischen Frühling attribuierten Social Media Plattformen Facebook und Twitter auch dadurch so mächtig, dass Medien und Politiker ihnen diese Wirksamkeit zuschreiben. Ein gutes Beispiel sind die Kontrollen bis

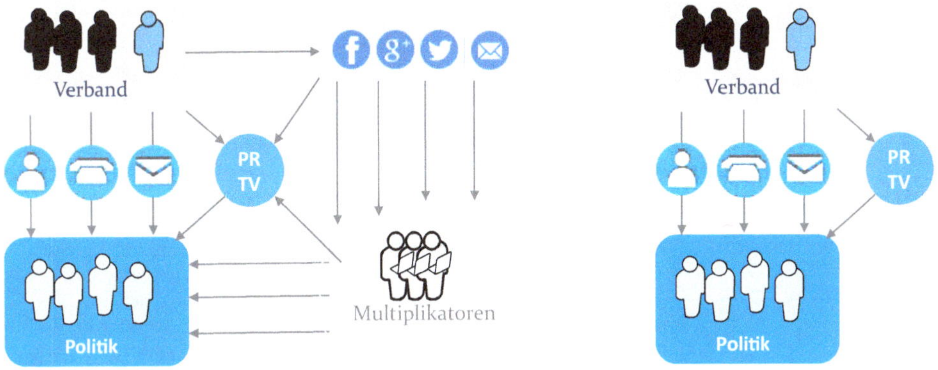

Abb. 3.37 Multi Channel Agenda Setting mit digitaler Multiplikation vs. rein analogem Lobbying

hin zu Sperrungen dieser Plattformen in China, Russland oder der Türkei. Daraus ergibt sich eine Art „self fulfilling prophecy".

Praxishilfe

Tabelle 3.14 enthält eine kurze Einschätzung der für digitales Agenda Setting wichtigsten Kanäle. Um zu entscheiden, welche Plattformen sich eignen, muss sich der Verband Fragen stellen, wie „Welche Inhalte möchten wir in welcher Frequenz an welche Zielgruppe transportieren und welchen Aufwand können wir betreiben (finanzielle und personelle Ressourcen)?"

Die Vorteile, die elektronisches Lobbying gegenüber ausschließlich analogem hat, sind:

- kostengünstigere, schnellere und breitere Distribution inkl. Nachbearbeitung
- direkte Verwertbarkeit und Weiterverarbeitungsmöglichkeiten des Materials (Bilder, Grafiken, Videos) für Journalisten, was Weiterverbreitung unterstützt
- virale Verbreitung innerhalb kürzester Zeit – der Hinweis eines Freundes ist mehr Wert bewirkt mehr als jede andere Art von Kampagne!
- Rückwirkung auffälliger, digitaler Maßnahmen in die klassischen Medien (und vice versa)
- Mehrfachverwertung und Vernetzung von Inhalten
- Dialogoptionen statt reinem Broadcasting zeigen Offenheit, Transparenz, Selbstbewusstsein, schaffen Vertrauen und Rückkopplungen!
  Die Verbreitung politischer Positionen auf öffentlich zugänglichen Plattformen ist zudem ein Angebot an die Allgemeinheit zur Partizipation an politischen Meinungsprozessen (E-Partizipation oder E-Democracy).

Tab. 3.14 Einschätzung digitaler Kanäle für das Agenda Setting

Digitale Kanäle	Einschätzung
E-Mail	(Immer noch?) Führend bei der digitalen Direktkommunikation. Gezielt, personalisiert einsetzen – das gilt auch für Newsletter.
Twitter	Der Online Pressekanal #1, aber Vernetzen nicht vergessen, da sonst die viralen Effekte ausbleiben. Hier ist das Timing wichtig, die relevanten Inhalte zur richtigen Zeit (dabei zählen zum Teil Minuten) zu senden.
RSS feeds	Feeds ermöglichen eine sehr einfache Integration von Meldungen und Beiträgen in andere Websites (daher das Kürzel RSS für „Really Simple Syndication"). Abonnenten erleichtert es die aggregierte Beobachtung großer Informationsmengen, etwa Themen-interessierten oder Mitgliedern.
Facebook	Die Gestaltung und Betreuung einer effektiven Fanpage ist mit nicht zu vernachlässigbaren Aufwänden und Kosten verbunden. Nur wirklich gut gemachte und moderierte Seiten können virale Effekte oder eine Unterstützergemeinde mobilisieren.
YouTube	Der führende TV-Kanal im Netz. Bietet große Chancen, wenn man attraktive Clips produzieren kann, die für TV- oder Online-Journalisten geeignet sind oder durch Multiplikatoren weitergeleitet werden. Bei den Clips steht der Unterhaltungswert ganz oben auf der Anforderungsliste!
Blogs	Macht nur Sinn bei aktivem Dialog mit ausreichend großer Community. Meist lohnt der Aufwand nicht.
Podcasts und Bilddienste	Bilderdienste sind für Journalisten interessant, Podcasts meist verzichtbar
Google Ranking	Unverzichtbar, entweder direkt via AdWords oder indirekt mittels SEO und Themenbesetzung auf prominenten Sites wie YouTube, Twitter, Wikipedia
Wikipedia	Unverzichtbar, mindestens Monitoring
Externe Fachportale	Sofern bedeutende vorhanden sind, sollten sie mit einbezogen werden (mindestens Monitoring)
Eigene Themenportale oder Microsites	Ressourcenaufwändig, lohnt nur bei ausreichend aktiven Usern
Datenmaterial und Diagramme	Nicht nur für viele Journalisten ein gefundenes Fressen, vor allem wenn sie anpassbar sind (dynamische Formate wie Powerpoint, iCharts oder andere Diagrammformate)

Im Unterschied zum klassischen Lobbying spielt das Monitoring aufgrund der Komplexität der medialen Vernetzung und Verbreitungsprozesse eine noch bedeutendere Rolle:

I. Analysieren (Monitoring)
II. Informieren (aufmerksam machen)
III. Involvieren (zum Weiterverbreiten anregen)
IV. Mobilisieren (sich selbst äußern)

Laut einer Umfrage des BITKOM vom Juli 2013, informieren sich 94 % aller Bundestagsreferenten online über politische Sachverhalte und 90 % der MdB verfügen über mindestens ein Profil bei einem Sozialen Netzwerk wie Facebook, Twitter, Xing oder Google+. Nach derselben Umfrage haben die sozialen Medien für 78 % der Journalisten eine hohe oder sehr hohe Relevanz für die Themenrecherche (s. o. „self fulfilling prophecy").

Auch die Mitarbeiter von Verbänden informieren sich im Netz, ein gezieltes Agenda Setting betreiben trotzdem nur die wenigsten: Laut Studie (s. Abschn. 2.5) steht die reine

Informationsverbreitung immer noch im Vordergrund, auch wenn dialogische Maßnahmen wie Agenda Setting auf dem Vormarsch sind.

Zum Abschluss noch ein Beispiel für Multi Channel Campaigning

Der Bundesverband der Deutschen Energiewirtschaft, BDEW, hat 2010/2011 eine multimediale Kampagne zum Thema Energiewende lanciert. Kern der Kampagne war ein Themenportal, das bewusst offen und kontrovers gestaltet war. Der Kernslogan, der sich über alle Einzelmaßnahmen der Kampagne zog, war „Energie ist nicht Schwarz Weiß" (s. Abb. 3.38 und 3.39).

Auf dem Portal konnte jeder Nutzer unredigiert seine Meinung kundtun, egal, ob sie der Verbandsposition entsprach oder nicht. Dieses für die politische Debatte und Verbandswelt ungewöhnlich offene Konzept interessierte die Medien. Das führte zu einer Top Position des Verbandes zu diesem Thema in den Medien und zu einem positiven Image als besonders offen und transparent.

Abb. 3.38 Schwarz Weiß Printkampagne

Abb. 3.39 Schwarz Weiß Themenportal

Abb. 3.40 Artikel aus Streitfragen App

Abb. 3.41 Bewerbung auf Twitter

In den digitalen Kanälen ergänzten Twitter, Facebook, YouTube Videos und eine Wallpaper Anzeige bei spiegel.de das Agenda Setting. Als zusätzlichen Service für Journalisten wurden iCharts zu Energiedaten angeboten, die individuell angepasst publiziert werden konnten: Diese wurden so gut angenommen, dass in der Zeit 85 % aller Charts in Energie Clippings die Quellenangabe BDEW hatten!

Flankiert wurden die digitalen Maßnahmen durch Anzeigen, Veranstaltungen und das Magazin „Streitfragen", welches auch digital als App verfügbar ist und auf Twitter beworben wird (s. Abb. 3.40 und 3.41).

Als Ergebnis hatte diese Medienübergreifende Kampagne eine 30 %ige Konversionsrate (Beteiligung) im Netz!

Fallbeispiel

Weitere Beispiele für erfolgreiches Multi Channel Campaigning finden sich unter Abschn. 4.3 und 4.8.

3.7 Datenschutz & Datensicherheit

Datenschutz ist spätestens seit der NSA-Affäre auch in das Blickfeld von Verbänden gerückt, zumal die Haftungsrisiken finanziell beträchtlich und mögliche Vertrauensverluste gravierend sein können.

Das Bundesdatenschutzgesetzt (BDSG) wurde bis dato zuletzt am 14.08.2009 angepasst. Die in Arbeit befindliche EU-Datenschutzverordnung wird jedoch zu weiteren Änderungen führen.

Datenschutz und Datensicherheit werden oft in einem Atemzug genannt und haben eine deutliche Schnittmenge, auch wenn beide weit darüber hinaus reichen. In diesem Abschnitt konzentrieren wir uns auf den gemeinsamen Bereich und zwar primär aus Sicht des Datenschutzes.

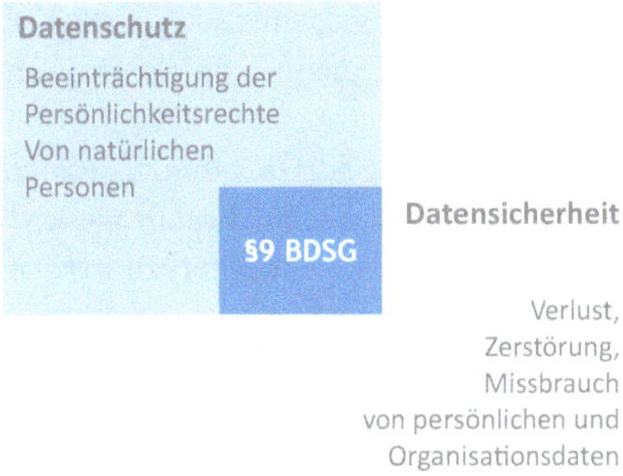

Abb. 3.42 Datenschutz & Datensicherheit im BDSG

Rechtlich geht es um die Schutzrechte, die natürliche Personen an ihren durch die Organisation digital verarbeiteten Daten haben und die damit verbundenen, von der Organisation zu treffenden Maßnahmen nach § 9 BDSG (s. Abb. 3.42).

Diese Maßnahmen müssen, um Datenschutz- und Datensicherheit zu gewährleisten, die folgenden Punkte erfüllen:

i. kontrollierter, vertraulicher Zugriff
ii. Integrität (Unverfälschtheit) der Daten
iii. Verfügbarkeit der Daten und Anwendungen

Verbände erheben, verarbeiten, nutzen und verbreiten Daten von Mitarbeitern, Mitgliedern, Politikern, Medienleuten, Multiplikatoren und anderen Stakeholdern. Diese „Key Assets" müssen sicher und rechtskonform verwaltet werden, um Imageschäden und Haftungsrisiken zu vermeiden.

Ein Großteil der Daten zu Mitgliedern wird bei deren Aufnahme zumeist entsprechend der Satzung formell korrekt erhoben. Mit länger laufender Mitgliedschaft kommen jedoch eine Reihe informeller Prozesse hinzu:

- In Gremien werden Kontaktdatenlisten angefertigt und verteilt – meist auf ausdrücklichen Wunsch der Mitglieder
- Auf Veranstaltungen werden Visitenkarten in gedruckter oder elektronischer Form (gesendet vom Smartphone) verteilt und in der Geschäftsstelle sogleich - nicht selten von Aushilfskräften - in ein Kontaktdatenmanagement System eingetragen
- Vor Veranstaltungen werden Kontaktdaten - oft E-Mails - von diesem System in ein Massenmail taugliches System transferiert, das manchmal auch extern betrieben wird
- Viele synchronisieren Kontakten von den zentralen Systemen auf die meist nicht besonders gut gesicherten Smartphones und Tablets

Alle diese Punkte – und die Liste ließe sich lange fortsetzen – beinhalten datenschutzrechtlich zumindest klärungswürdige und datensicherheitstechnisch kritische Vorgänge.

Die Missachtung datenschutzrechtlicher Vorschriften ist nicht nur für den Verband als verantwortlicher Organisation riskant, sondern auch für persönlich haftende Geschäftsführer!

Es drohen Bußgelder bis in den sechsstelligen Bereich, wie insbesondere Juristen, die sich als externe Datenschutzbeauftrage verdingen, zu betonen belieben. Dabei ist die Wahrscheinlichkeit, selbst kontrolliert zu werden für kleinere Verbände sehr gering, es sei denn, sie werden „angeschwärzt"!

Die tatsächliche Höhe eines Bußgeldes liegt im Ermessen der Aufsichtsbehörde, die dafür oft die Größe der Organisation und ihrer Kapitaldecke heranzieht. Bußgelder können gegen jede unbefugte Erhebung und Weiterverarbeitung verhängt werden, wenn grobe Fahrlässigkeit vorliegt.

Kaum eine Organisation kann jedoch 100 %ig mit der strengsten Auslegung der Datenschutzgesetzgebung konform gehen: Sie könnten entweder den Personal- und Kostenaufwand nicht stemmen oder müssten auf etablierte, elementare Vorgänge verzichten.

Ein pragmatisches Vorgehen, mit dem die wesentlichen gesetzlichen Vorgaben mit tragbarem Aufwand zu erfüllen sind, ist für die meisten Organisationen der realistischere Weg.

3.7.1 Rechtliche Grundlagen

Das wichtigste Gesetz für in Deutschland ansässige Verbände ist das Bundesdatenschutzgesetz (BDSG), in dem auch europäische Regelungen (verzögert) umgesetzt werden.

Daneben gibt es für den Datenschutz relevante Regelungen vor allem in den folgenden Gesetzen:

- Regionale Datenschutzgesetze der Bundesländer
- Telekommunikationsgesetz (TKG) – betrifft den Umgang mit Kommunikationsdaten, etwa, wer, wann mit wem was für eine Telefon- oder Netzwerkverbindung aufgebaut hat
- Telemediengesetz (TMG) – regelt den Umgang mit Daten bei der Nutzung von Tele- und Mediendiensten, wozu auch der Aufruf von Websites oder anderen Online Diensten gehört
- Die Sozialgesetzbücher, insbesondere SGB X, enthalten Vorschriften zum Schutz des Sozialgeheimnisses
- Im Betriebsverfassungsgesetz (BetrVG) werden Arbeitnehmerrechte bezüglich der Überwachung Ihrer Arbeitstätigkeit geregelt (Mitbestimmung, Arbeitnehmerüberwachung und Arbeitszeitregelungen, v. a. beim Einsatz mobiler Geräte auch für den privaten Gebrauch) und Auskunftspflichten gegenüber dem Betriebsrat (§ 80)
- In den „Grundsätzen zum Datenzugriff und zur Prüfbarkeit digitaler Unterlagen" GDPdU finden sich Vorschriften zur Archivierung, die teilweise in Konflikt mit den Vorschriften aus anderen Datenschutzgesetzen (BDSG) stehen

- Im BGB finden sich Arbeitnehmerrechte, welche die Haftung interner Datenschutzbeauftragte betreffen (s. letzter Abschnitt zum internen vs. externen Datenschutzbeauftragten)
- Tarifverträge enthalten häufig auch Datenschutzvereinbarungen u. a. m.

Am 25. Januar 2012 hat die EU-Kommission im Rahmen ihres Initiativrechts den Vorschlag für eine „Verordnung des Europäischen Parlaments und des Rates zum Schutz natürlicher Personen bei der Verarbeitung personenbezogener Daten und zum freien Datenverkehr“ (Datenschutz-Grundverordnung, KOM(2012) 11 endg.) vorgelegt, der die geltende EG-Datenschutzrichtlinie 95/46/EG ablösen soll.

Der Vorschlag wurde auch zweieinhalb Jahre später zum Zeitpunkt der Fertigstellung dieses Buches noch immer im Europäischen Parlament und im Rat der Europäischen Union beraten.

Aktuelle Informationen zum Stand finden sich hier http://verbaende.tumblr.com/post/95361882001/datenschutz-aktuelle-entwicklungen

An einigen Stellen wird auf einzelne dieser gesetzlichen Regelungen noch verwiesen. Im Sinne einer pragmatischen Behandlung dieses Themas wird der Schwerpunkt auf die im BDSG genannten Regelungen gelegt.

In § 3 BDSG finden sich die beiden wichtigsten Begriffsdefinitionen

(1) *Personenbezogene Daten* sind Einzelangaben über persönliche oder sachliche Verhältnisse einer bestimmten oder bestimmbaren natürlichen Person (Betroffener).

▸ **Begriff/Erläuterung** Darunter fallen *alle Angaben*, die sich auf eine bestimmte oder aber auch nur *bestimmbare* Person beziehen. Bestimmbar ist eine Person dann, wenn sich ihre Identität direkt aus dem entsprechenden Datum ergibt, wie beispielsweise bei der Ausweisnummer, dem Namen mit Geburtsdatum oder Adresse.

(2) *Automatisierte Verarbeitung* ist die Erhebung, Verarbeitung oder Nutzung personenbezogener Daten unter Einsatz von Datenverarbeitungsanlagen. Eine nicht automatisierte Datei ist jede nicht automatisierte Sammlung personenbezogener Daten, die gleichartig aufgebaut ist und nach bestimmten Merkmalen zugänglich ist und ausgewertet werden kann.

▸ **Begriff/Erläuterung** Heutzutage betrifft das primär die Verarbeitung personenbezogener Daten mit IT

Die grundlegenden Regelungen für den automatisierten Umgang mit personenbezogenen Daten stehen in § 4 f BDSG:

1. Demnach hat **jede nicht-öffentliche Stelle, die mehr als 9 Mitarbeiter beschäftigt**, die Verpflichtung, einen **Datenschutzbeauftragten** zu bestellen
2. Diese Stellen haben, sofern sie personenbezogene Daten automatisiert (also mit Hilfe von IT) erheben, verarbeiten oder nutzen die Verpflichtung, ein **öffentliches Verfahrensverzeichnis**, welches für jedermann sichtbar (deshalb auch „Jedermannverzeichnis“) zumeist auf der Website verlinkt wird und
3. eine interne Beschreibung aller diesbezüglichen Verfahren zu erstellen (**internes Verfahrensverzeichnis**).

Die folgenden drei Abschnitte beschreiben, wie diese drei im Gesetz definierten Anforderungen erfüllt werden können.

3.7.2 Öffentliches Verfahrensverzeichnis

Praxishilfe

Das öffentliche oder Jedermann-Verfahrensverzeichnis ist schnell erstellt und umfasst meist nicht mehr als ein–zwei DIN A4 Seiten. Es enthält die folgenden Angaben nach § 4 e BDSG:

1. Name oder Firma der verantwortlichen Stelle,
2. Inhaber, Vorstände, Geschäftsführer oder sonstige gesetzliche oder nach der Verfassung des Unternehmens berufene Leiter und die mit der Leitung der Datenverarbeitung beauftragten Personen,
3. Anschrift der verantwortlichen Stelle,
4. Zweckbestimmungen der Datenerhebung, -verarbeitung oder -nutzung,
5. eine Beschreibung der betroffenen Personengruppen und der diesbezüglichen Daten oder Datenkategorien,
6. Empfänger oder Kategorien von Empfängern, denen die Daten mitgeteilt werden können,
7. Regelfristen für die Löschung der Daten,
8. eine geplante Datenübermittlung in Drittstaaten,
9. eine allgemeine Beschreibung, die es ermöglicht, vorläufig zu beurteilen, ob die Maßnahmen nach § 9 zur Gewährleistung der Sicherheit der Verarbeitung angemessen sind.

Beispiele finden sich zur Genüge im Internet, meist im Impressum größerer Firmen oder Organisationen.

3.7.3 Internes Verfahrensverzeichnis

Komplizierter wird es bei dem internen Verfahrensverzeichnis: Hier müssen neben einer detaillierteren Aufschlüsselung der einzelnen Bereiche, in denen personenbezogene Daten automatisiert (i. d. R. mittel Software) verarbeitet werden, die technischen und organisatorischen Maßnahmen (kurz TOM) aufgelistet werden, die eine Datenschutzkonforme Handhabung sicherstellen. Die hier aufgeführten TOM sind auch das Rückgrat zur Gewährleistung von Datensicherheit und wichtiger Bestandteil eines generellen Informations- und IT-Sicherheitsmanagements (siehe nachfolgende Praxishilfe).

Beispiele für technische Maßnahmen sind z. B. eine Firewall und systematisch nach bestimmten Kriterien erstellte und zu aktualisierende Passwörter oder ein Mobile Device Management (MDM) mit Fernlöschung (Zugangs- und Zugriffskontrolle).

Organisatorische Maßnahmen wären u. a. regelmäßige Kontrollen durch den Datenschutzbeauftragten, Sicherheitsbeauftragten oder andere verantwortliche Personen. Ferner zählen dazu Verfahrensregelungen (Prozesse) oder vertragliche Regelungen mit Mitarbeitern (Datenschutzbelehrungen) und externen Dienstleistern (Geheimhaltungsvereinbarung oder Vertrag zur externen Auftragsdatenverarbeitung).

Praxishilfe

Hier besteht die größte Schnittmenge zum Thema Datensicherheit: Die organisatorischen und technischen Maßnahmen können gleichzeitig als Kernbestandteile eines IT-Sicherheitskonzeptes eingesetzt werden. Das BSI bietet mit dem Grundschutzhandbuch einen Leitfaden für ein ganzheitliches IT-Sicherheitsmanagement, das neben Hard- und Software auch räumliche, personelle und organisatorische Maßnahmen umfasst. Es fußt auf der internationalen Norm für IT-Sicherheit ISO 27001, die alle relevanten Themen der Informationssicherheit abdeckt.

Praktisch wird jedoch kaum ein Verband diese zum Teil sehr aufwendigen Maßnahmen vollständig umsetzen können. Deshalb ist für die meisten ein Fokus auf die datenschutzrechtlich relevanten Aspekte (s. interne Verfahrensbeschreibung) und die datenschutzrechtlich sensibelsten Systeme und Verfahren eine pragmatische Alternative.

Für die Einschätzung, welche automatischen Datenverarbeitungsverfahren relevant sind, kommen auch die oben genannten, anderen gesetzliche Regelungen wie GDPdU, BetrVG, Tarifverträge, TKG, TMG sowie die in der Vereinssatzung definierten Zwecke der Verbandsarbeit zum Tragen.

Beispiel: Wenn die Mobiltelefone/Smartphones auch privat genutzt werden, ist die Abrechnung von Telefonkosten mit Einzelverbindungsnachweisen solch ein kritischer Punkt, der mehrere der oben genannten Gesetzte berührt.

Vorlage für eine interne Verfahrensbeschreibung

In der Regel wird pro Verfahren eine tabellarische Beschreibung angelegt, die mindestens die Punkte der nachfolgenden Vorlage enthält.

Die Verfahren können sich einerseits auf DV-Systeme, mit denen mehrere Datenverarbeitungsprozesse durchgeführt werden, wie CRM-, Veranstaltungsmanagement-, Personalinformations- oder Buchhaltungssystem beziehen. Zum anderen können auch Prozesse zur Verarbeitung personenbezogener Daten, bei denen mehrere Systeme zum Einsatz kommen, den Ausgangspunkt bilden.

Praxishilfe

Das Beispiel in Tab. 3.15 beschreibt schematisch den Prozess der Kontaktdatenverarbeitung mit CRM, Outlook, Exchange und Active Directory (AD).

Auch für die interne Verfahrensbeschreibungen gibt es eine Reihe kostenloser Hilfen im Internet, wie z. B. Formulare und Software unter http://www.bfdi.bund.de/bfdi_wiki/index.php/Verfahrensverzeichnisse_und_Meldepflichten.

Wesentlicher Punkt sind dabei wie erwähnt die technischen und organisatorischen Maßnahmen, die zur Einhaltung der Datenschutzbestimmungen getroffen werden. Diese Maßnahmen sind, wenn sie sich entsprechend der in Tab. 3.15 gegebenen Hinweise auf alle geschäftskritischen Daten und Anwendungen beziehen, gleichzeitig die zentralen Datensicherheitsmaßnahmen!

Tab. 3.15 Beispielvorlage für ein internes Verfahrensverzeichnis

Verfahren, z.B. „Kontaktdatenverwaltung mit CRM-System, Outlook/Exchange"	
Verantwortliche Stelle	
Firma / Standort:	*Beispielverband e.V.*
Unternehmensleitung	
Unternehmensleitung:	*Vertretungsberechtigter Vorstand:* ... *(Haupt)Geschäftsführer: Maximus Mustermann*
IT-Leitung:	*Max Mustermann*
Anschrift Verantwortliche Stelle	
Anschrift:	*Verbandsstraße 117* *10117 Berlin*
Grundsätzliche Angaben	
Beschreibung des Verfahrens:	*Zentrale Verwaltung aller für die Verbandsarbeit benötigten Kontaktdaten*
Art der Verarbeitung / Software:	*CRM-System, Outlook Clients auf allen Rechnern aller Mitarbeiter(innen), synchronisierte Kontaktdaten auf den Smartphones und Tablets*
Fachlich Verantwortlich:	*Alle Mitarbeiter(innen)*
IT-Verantwortliche Person / Abteilung:	*Max Mustermann und externer Dienstleister*

Zweckbestimmung der Datenverarbeitung

a.	Zweckbestimmung:	*Häufig Satzungsbezogene Zwecke, etwa „Kontaktdaten werden im Sinne der satzungsgemäßen Ausführung der Verbandsarbeit erhoben.* *Die Daten von Mitgliedern werden verwendet, um sie zu informieren, zu Verbandsveranstaltungen einzuladen und formelle, im Zuge ihrer Mitgliedschaft erforderliche Aktivitäten durchführen zu können (Beitragsrechnungen, Wahlen etc.).* *Daten von Nichtmitgliedern werden vorwiegend für die Interessensvertretung, Kommunikation (Medien), Mitgliedergewinnung verarbeitet."*

Betroffene Personengruppen, Daten oder Datenkategorien

a.	Kreis der betroffenen Personengruppen	*Zumeist „Mitarbeiter(innen), Beschäftigte von Mitgliedsfirmen, Vertreter potenzieller Mitgliedsfirmen, Medienvertreter, Vertreter politischer Organisationen oder NGOs wie u.a. auch Verbänden, Gewerkschaften…"*
b.	Art der gespeicherten Daten/ Datenkategorien:	*Oft „Name, Position, Anschrift Arbeitgeber, Telefon, Fax, E-Mail, Veranstaltungseinladungen, Anmeldungen und Teilnahmen"*

Empfänger oder Kategorien von Empfängern, denen die Daten mitgeteilt werden können

a.	Interne Empfänger innerhalb der selben juristischen Person (Organisation)	*Im einfachsten, aber datenschutzrechtlich ungünstigsten Fall sind alle Kontaktdaten allen Mitarbeiter(innen) inklusive Praktikanten/innen und Aushilfen vollständig zugänglich (d.h. Lesen, bearbeiten Löschen, Exportieren).* *Empfehlenswert ist – soweit möglich – eine benutzerrechtliche Differenzierung, so dass nur die Personen diejenigen Rechte auf den Daten haben, die sie für ihre Tätigkeit benötigen. Es empfiehlt sind, alle Mitarbeiter/innen, gesonderte Geheimhaltungsversprechen und Merkblätter zum Bundesdatenschutzgesetz unterschreiben zu lassen.*

b.	Externe Empfänger und Dritte:	*Etwa IT-Dienstleister, Druckereien oder andere Dienstleister für Veranstaltungsorganisation. Hier sollte auf einen Vertrag zur externen Auftragsdatenverarbeitung bestanden werden. Auch auf das Löschen temporär übermittelter Daten muss gedrängt werden!*

Regelfristen für die Löschung der Daten

a.	Welche fristabhängige Löschung vorgesehen?	*Eine solche Fristregelung könnten etwa lauten: „Überprüfung drei Jahre nach Erhebung, dann ggf. Deaktivierung. Nach weiteren drei Jahren Löschung."*

Geplante Datenübermittlung

a.	Geplante Datenübermittlung in Drittstaaten: (außerhalb der EU)	*Bei vielen Verbänden in Deutschland kein Thema*
b.	Drittstatten:	*s.o.*
c.	Rechtsgrundlage bei Datentransfer in unsichere Drittländer	*s.o.*
d.	Name und Anschrift des Empfängers	*s.o.*

Beurteilung der Angemessenheit techn. und org. Maßnahmen

Zutrittskontrolle	*Maßnahmen, die einen physischen Zutritt zu den Datenverarbeitungssystemen nur für Befugte sicherstellen. Z.B. spezielle Schließsysteme für Serverräume*
Zugangskontrolle	*Maßnahmen, die gewährleisten, dass Unbefugte die Datenverarbeitungssysteme nicht benutzen oder beschädigen können. Dazu zählen ein authentifizierter Zugang und die Verwendung*

	abschließbarer Schränke für Akten mit personenbezogenen Daten (z.B. Personalakten).
Zugriffskontrolle	*Maßnahmen, die gewährleisten, dass die Nutzer ausschließlich entsprechend ihrer Zugriffsberechtigungen auf die personenbezogenen Daten zugreifen und diese entsprechend bearbeiten können. Zudem Absicherung gegen unbefugten Zugriff von anderen. Dies wird z.B. über eine Absicherung des Systems nach Außen (Firewall u.a.) und ein Berechtigungskonzept nach innen gewährleistet.* Hinweis. *Unter dem Gesichtspunkt der Datensicherheit sollte dies auf alle geschäftskritischen Daten und Anwendungen ausgeweitet werden.*
Weitergabekontrolle	*Maßnahmen zur Absicherung personenbezogener Daten gegen unbefugten Zugriff bei der Weitergabe/Übermittlung. Z.B. durch verschlüsselte Datenübermittlung.* Hinweis. *Im Sinne der Datensicherheit sollten die Maßnahmen auf alle geschäftskritischen Daten ausgeweitet werden.*
Eingabekontrolle	*Maßnahmen, die eine spätere Überprüfung ermöglichen, wer, wann, welche personenbezogenen Daten eingetragen, verarbeitet oder gelöscht hat. Dies kann i.d.R. über Logdaten-Auswertungen der betreffenden Systeme (meist CRM-Systeme) passieren. Generell sollte aber schon bei der Eingabe der Autor, das Datum und ein Herkunftsvermerk aufgenommen werden.* *Hier sind Konflikte mit den Regelungen zur Arbeitnehmerüberwachung gem. Betriebsverfassungsgesetzt zu beachten (Betriebsrat)!* Hinweis. *Unter dem Gesichtspunkt der Datensicherheit sollte die Eingabekontrolle für alle geschäftskritischen Daten und Anwendungen eingeführt werden.*
Auftragskontrolle	*Maßnahmen, die gewährleisten, dass personenbezogene Daten nur entsprechend den Weisungen des Auftraggebers (Verbandes) verarbeitet werden. Z.B. Vertrag zur externen Auftragsdatenverarbeitung, Kontrolle der Datenlöschung nach Auftragserledigung.*

Verfügbarkeitskontrolle	*Maßnahmen, die gewährleisten, dass personenbezogene Daten gegen zufällige Zerstörung oder Verlust geschützt sind. Z.B. Eingeschränkte Löschrechte, Backups.* Hinweis. *Unter dem Gesichtspunkt der Datensicherheit sollten Maßnahmen zur Sicherstellung der Verfügbarkeit für alle geschäftskritischen Daten und Anwendungen vorhanden sein.*
Trennungsgebot	*Maßnahmen, die gewährleisten, dass zu unterschiedlichen Zwecken erhobene Daten physisch (Systemtrennung) oder logisch (Datenmodell) getrennt verarbeitet werden. Z.B. getrennte Systeme oder Mandanten für die Verarbeitung von Kontaktdaten, die von Mitgliedern für die vereinsgemäße Arbeit erhoben wurden und die von angegliederten , Gesellschaften des Verbandes (z.B. Akademie, Servicegesellschaft) für kommerzielle Zwecke verarbeitet werden. Hier kommen auch steuerrechtliche Fragen ins Spiel!*

Stellungnahme des Datenschutzbeauftragten

	Maßnahmen zum Datenschutz
Einschätzung und Handlungs-Empfehlungen mit Prioritätsstufe:	(1) Z.B.: *„Formelle Absicherung der Datenerhebung in Datenerhebungsbogen für Mitglieder bei der Aufnahme von Kontaktdaten und Verweis auf die Satzung (Zweckbindung)“*

Praxishilfe

Werden die Daten von externen Stellen verarbeitet (Outsourcing oder Cloud), so kann ein Großteil der Verantwortung für den Datenschutz und die Datensicherheit ausgelagert werden: Mit Hilfe eines Vertragsanhanges zur externen Auftragsdatenverarbeitung hat der Auftraggeber seine Pflicht größtenteils erfüllt (er sollte allerdings nachkontrollieren oder nachfragen und sich die Erfüllung vom Auftragnehmer bestätigen lassen), s. http://verbaende.tumblr.com/post/95362086146/datenschutzbeauftragter-intern-vs-extern-mit

Das heißt, aus Datenschutzsicht ist ein Outsourcing durch solche Verträge sogar sicherer und für den Auftraggeber mit weniger Aufwand und Haftungsrisiken verbunden als eine interne Lösung!

Auch ein Datenschutzbeauftragter kann entweder intern bestimmt oder als Dienstleistung eingekauft werden: Unter „externer Datenschutzbeauftragter" bieten eine Vielzahl Juristen und einige IT-Fachkundige ihre Dienste an (so im Übrigen auch der Autor dieses Buches).

▸ **Hinweis** Ein Punkt bleibt jedoch auf jeden Fall in der internen Pflicht der Organisation: Nach § 5 BDSG „Datengeheimnis" ist den mit Datenverarbeitung beschäftigten Personen untersagt, personenbezogene Daten unbefugt zu erheben, zu verarbeiten oder zu nutzen. Diese Personen sind bei der Aufnahme ihrer Tätigkeit auf das Datengeheimnis zu verpflichten. Das Datengeheimnis besteht auch nach Beendigung ihrer Tätigkeit fort.
Dem kann allerdings durch die Aufnahme einer entsprechenden Belehrung in den Arbeitsvertrag, den die Arbeitnehmer unterzeichnen müssen, genüge getan werden.

3.7.4 Interner vs. externer Datenschutzbeauftragter

Ein Datenschutzbeauftragter ist spätestens innerhalb eines Monats nach Aufnahme von Datenschutz relevanten Tätigkeiten (meist mit Beginn der Verbandstätigkeit) schriftlich zu bestellen. Unterbleibt die Bestellung, kann dies mit einer Geldbuße von bis zu 50.000 € geahndet werden!

▸ **Begriff/Erläuterung** Zum Datenschutzbeauftragten darf nur bestellt werden, wer die zur Erfüllung seiner Aufgaben erforderliche Fachkunde und Zuverlässigkeit besitzt (vgl. http://verbaende.tumblr.com/post/95362086146/datenschutzbeauftragter-intern-vs-extern-mit). Der Datenschutzbeauftragte darf jedoch nicht der Geschäftsführung der Organisation angehören, da er dieser nach BDSG unterstellt sein muss.

Außerdem ist jeder Datenschutzbeauftragte, ob intern oder extern genauso wie Ärzte oder Rechtsanwälte gem. § 206 IIa StGB zur Verschwiegenheit verpflichtet.

Bei Fragen der Haftung bestehen wesentliche Unterschiede zwischen einem internen und einem externen Datenschutzbeauftragten.

A. Für einen **internen Datenschutzbeauftragten** gelten die Grundsätze der beschränkten Arbeitnehmerhaftung, da dieser in einem Angestellten- bzw. Dienstverhältnis zum Unternehmen steht. Nachdem das Betriebsrisiko durch den Dienstherrn, den Arbeitgeber, zu tragen ist und nicht auf die Beschäftigten abgewälzt werden soll, haftet der angestellte Datenschutzbeauftragte grundsätzlich nur für Schäden, die er grob fahrlässig oder gar vorsätzlich verursacht hat. Ein direkte Haftung des Datenschutzbeauftragten oder ein Rückgriff des Verbandes auf ihn kommen daher nicht in Frage.
B. Der **externe Datenschutzbeauftragte** kann deutlich weitergehend haftbar gemacht werden, da er im Rahmen einer vertraglichen Vereinbarung für den Verband tätig

wird. Hier wird schuldhaftes Handeln in der Regel dazu führen, dass sich der Verband entstandene Schäden vom Beauftragten erstatten lassen kann.

Verstößt der Datenschutzbeauftragte gegen die Forderungen des Bundesdatenschutzgesetztes, kann ein Haftungsfall entstehen. Gemäß *§ 4g Abs. 1 S. 1 BDSG* hat der Datenschutzbeauftragte aber lediglich auf die Einhaltung des BDSG und anderer Vorschriften über den Datenschutz *hinzuwirken*. Ihn trifft keine Umsetzungspflicht:

> [...] Er hat insbesondere

1. die ordnungsgemäße Anwendung der Datenverarbeitungsprogramme, mit deren Hilfe personenbezogene Daten verarbeitet werden sollen, zu überwachen; zu diesem Zweck ist er über Vorhaben der automatisierten Verarbeitung personenbezogener Daten rechtzeitig zu unterrichten,
2. die bei der Verarbeitung personenbezogener Daten tätigen Personen durch geeignete Maßnahmen mit den Vorschriften dieses Gesetzes sowie anderen Vorschriften über den Datenschutz und mit den jeweiligen besonderen Erfordernissen des Datenschutzes vertraut zu machen.

Bei einem **internen Datenschutzbeauftragen** gelten arbeitsrechtlichen Besonderheiten. Ein Beispiel: Während im Falle einer vertraglichen Pflichtverletzung normalerweise das Verschulden unterstellt wird (*§ 280 BGB*), der Verantwortliche sich also entlasten muss, liegt im Arbeitsverhältnis die Beweislast beim Arbeitgeber (*§ 619a BGB*).

Zudem haftet der Arbeitnehmer nur beschränkt auf: „Vorsatz oder grobe Fahrlässigkeit" (in diesem Fall alleine) oder „Normale Fahrlässigkeit" (in diesem Fall verteilte Haftung).

Der **externe Datenschutzbeauftragte** haftet dagegen nach den üblichen zivilrechtlichen Vorschriften gem. *§§ 280, 611* und BGB *§ 823*.

> **Hinweis** Wie bereits dargelegt, liegt der Vorteil für die Organisation bei Bestellung eines externen Datenschutzbeauftragten in der vertraglichen Haftung gem. *§§280*, BGB *611*, nach dem das Verschulden im Falle einer Pflichtverletzung gesetzlich vermutet wird.
> D.h., der vertraglich beauftragte Datenschutzbeauftragte muss im Streitfall beweisen, dass er die Pflichtverletzung nicht zu vertreten hat. Bei der Bestellung eines externen Datenschutzbeauftragten ist es deshalb dringend angeraten, sich das Bestehen einer Vermögensschadenhaftpflichtversicherung belegen zu lassen.

3.8 Verbands-IT – Inhouse, Outsorced, Cloud

Leistungsfähige, professionelle IT-Infrastrukturen und Lösungen waren bis vor wenigen Jahren fast ausschließlich größeren Organisationen vorbehalten, weil sie entweder nur mit großem Personal-, Zeit- oder finanziellem Aufwand realisierbar waren.

Mit dem breiteren Angebot von Mietsoftware oder ASP und IT-Outsourcing Dienstleistungen wurden immer mehr Anwendungen auch für kleinere Organisationen interessant.

Die sich seit ca. 2012 verstärkt auch in der Breite auf den Markt etablierenden Cloud Angebote sind ein Quantensprung in dieser Entwicklung: Nun können selbst kleinste Organisationen ohne eigene IT-Ressourcen und mit sehr wenig finanziellen Mitteln aus einer umfassenden Palette professioneller IT-Software und Services wählen.

In diesem Abschnitt werden die wichtigsten Bausteine einer Verbands-IT aufgeführt und die Lösungsmodelle Inhouse, Outsourced und Cloud verglichen. Sie sollen dem Verbandsmanagement Anhaltspunkte für eine geeignete Herangehensweise geben. Für eine weitergehende Beschäftigung mit dieser komplexen und vielschichtigen Materie ist in den meisten Fällen eine professionelle und unabhängige(!) IT-Beratung empfehlenswert.

3.8.1 Bausteine der Verbands-IT

Klassische Bausteine der ITK-Infrastruktur, ohne die kaum ein Verband auskommt, sind:

I. **Netzwerk**
Lokales Netzwerk in der/den Geschäftsstelle(n) LAN inkl. Router, Switches
WLAN für mobilen Login und Gäste
VPN für gesicherten Zugriff von außen (Teleworking, Homeoffice)
Internetverbindung und Domains

II. **Server**
Fileserver, Mail- und Kalenderdienst wie Exchange, Nutzerdatenverwaltung (Active Directory oder LDAP), Backupserver, Datenbankserver inhouse, bei einem Provider outsourced oder in der Cloud

▸ **Hinweis** In größeren Organisationen können auch Inhouse-Lösungen für das zentrale Applikationsmanagement (z.B. Baramundi oder Microsoft SCCM), Virtualisierungen oder in Ausnahmefällen auch Netbooks zentraler Bestandteil der Infrastruktur sein.

III. **Telefonanlage**
klassisch oder als IP-Lösung, gekauft oder gemietet

IV. **Peripherie**
Drucker, Fax-Geräte gemietet mit internem oder externem Management

V. **Mobile Endgeräte**
Smartphones und Tablets, zentral ausgegeben oder als Bring Your Own Device (BYOD)

VI. **PCs**
zunehmend als mobil einsetzbare Laptops (Sicherheitskonfiguration!), zum Teil aber auch noch als Desktop-PCS für den rein stationären Einsatz mit Arbeits-PC Ausstattung wie vor allem Office Paket (Lizensiert oder aus der Cloud), PDF-Programm,

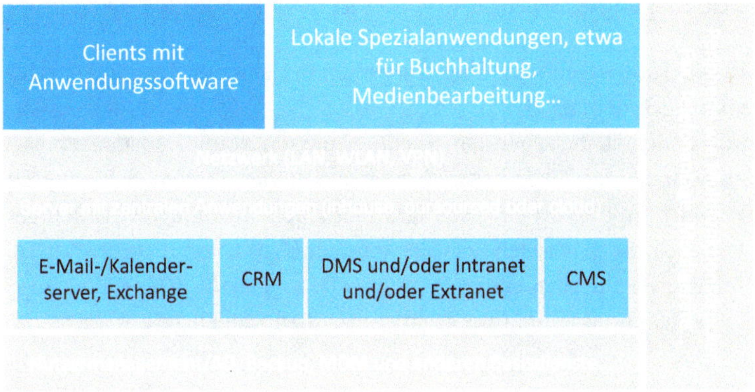

Abb. 3.43 Stark vereinfachtes Modell einer Verbands-IT-Infrastruktur mit den wichtigsten Bausteinen

Virenscanner, VPN-Client, LAN-/WLAN-Anbindung, Web-/Videokonferenz-Client, Grafik und/oder Publishing-Software, Browser und ggf. Clients für zentrale Anwendungen, Projektmanagementsoftware und Spezialsoftware für Mindmaps etc.

VII. Zentrale Anwendungen

CRM-System oder vergleichbares für Adress-, Mitglieder-, Kommunikations- und Veranstaltungsmanagement, Portal oder Content Management System für Web-Inhalte, Dokumentenmanagement, Buchhaltungssoftware (inhouse oder DATEV, Elster)

Das Schema einer einfachen Verbands-IT Infrastruktur mit den oben angegebenen Bausteinen ist in Abb. 3.43 skizziert.

Die Betreuung der Infrastruktur und Systeme kann entweder inhouse über geeignete IT-Mitarbeiter, outsourced über einen externen Dienstleister oder mittels Komplettoutsourcing erfolgen.

Zu der Betreuung gehören u. a.:

- System-Administration (Netzwerk, TK, Server, Endgeräte auf Systemebene, Peripherie)
- Anwendungsmanagement
- Maintenance/-Pflege (Hard- und Software)
- IT-Service und Anwendungsunterstützung/-Schulungen
- IT-Projektunterstützung
- Budgetmanagement, -Planung, -Kalkulation
- Informationsmanagement/IT-Strategie
- IT-Sicherheit & Datenschutzmaßnahmen

Bei der Beauftragung externer Dienstleister sind einige Punkte besonders zu beachten:

(a) Die Auswahl sollte sehr sorgfältig, am besten mit einer professionell begleiteten Ausschreibung geschehen.
(b) Kenntnisse der zu betreuenden Systeme müssen vom Dienstleister nachgewiesen werden können (z. B. über Zertifizierungen, Partnerschaften, Schulungsnachweise).
(c) Der Vor-Ort Support ist ein wichtiges Element und sollte vertraglich geregelt werden, wie auch die generellen Servicegarantien (QoS), vor allem was die Abwicklung von Vorfällen (Fehlerbehebung, Supportanfrage) betrifft. Hier sollten Supportzeiten, maximale Reaktionszeiten und Eskalationsstufen festgelegt werden.

3.8.2 Hardware, Software, Services Inhouse oder Outsorced?

Für viele Verbände mit einer internen IT-Abteilung stellt sich mit den wachsenden Aufgaben und Anforderungen die Frage, ob sie diese ausbauen oder zumindest Teile ausgliedern sollen.

Ausgegliedert werden können neben Dienstleistungen auch Software-Dienste und Hardware. Dies betrifft u. a. Webhosting, Server, Telefonanlagen, Drucker sowie fast alle(!) Arten von für Verbände relevanter Software als Miet- (ASP oder SaaS) oder Cloud-Lösungen.

Praxishilfe

Kaufen vs. Mieten

Zusammen mit der Auswahl einer geeigneten Software stellt sich die Frage nach einem Kauf- oder Mietmodell (Tab. 3.16).[8]

Fallbeispiel Ein konkretes Beispiel

Tabelle 3.17 exemplifiziert die Kalkulation der IT-Infrastruktur für einen kleinen, neu gegründeten Verband. Die Kalkulationen basieren auf Kostenschätzungen oder Angeboten verschiedener Anbieter und gehen von einer Geschäftsstelle mit zehn Mitarbeitern/Mitarbeiterinnen aus.

Dabei wurden alternative Lösungsmodelle mit entweder höherem Miet- oder Kaufanteil durchkalkuliert.

Software für Buchhaltung und Personalwesen sind nicht Bestandteil dieser Aufstellung, ebenso explizite Kosten für Internet-Webspace.

Für einen Multifunktionsdrucker mit Fax und Kopierfunktion wurde lediglich die Kaufoption berücksichtigt, weil eine Mietlösung für ein Gerät dieser Preisklasse nicht attraktiv erschien.

[8] Siehe auch Leitfäden des BITKOM Arbeitskreises Cloud Computing & Outsourcing http://verbaende.tumblr.com/post/95377031686/apps-fuer-verbaende.

Tab. 3.16 Kaufen vs. Mieten

Kriterium	Pro kaufen	Pro mieten
Verfügbare finanzielle Ressourcen sind zu Projektbeginn relativ hoch und nehmen erst später deutlich ab, etwa wegen Förderung oder Sponsoring	+	-
Über mehrere Jahre verteilte Finanzressourcen	-	+
Eigene, geeignete IT-Kapazitäten (Mitarbeiter und Infrastruktur, z.B. Server)	+	-
Keine (ausreichenden) eigenen IT-Kapazitäten	-	+
Hohe Flexibilität in den Folgejahren gefordert (bzgl. Funktionen, Skalierbarkeit, Anwendungs- und/oder Technologiewechsel)	-	+
Hohe Personalisierungsbedürfnisse (Customizing) v.a. hinsichtlich des Designs	+	-
Datenhaltung Inhouse, um Datensicherheit und Datenschutz in eigenen Händen zu haben	+	-
Strategisch soll kurz oder mittelfristig outgesourced und die IT in der Organisation verkleinert werden	-	+

Als Ergebnis wurden bei den meisten Positionen Mietvarianten gewählt, weil dies bei kleineren, neu aufgestellten Organisationen ohne eigene IT die günstigere, stabilere und flexiblere (auch bzgl. Skalierbarkeit) Alternative ist.

So wird auch für die Office-Anwendungen inklusive Dokumentenmanagement auf ein Cloud-Paket zurückgegriffen, welches zusätzlich Desktop-Versionen auf allen Laptops und Updates beinhaltet. Als Alternative zu dieser Cloud Lösung wurde eine Hosted Exchange Variante mit aufgenommen.

Für das Adress-, Kontakt- und Kommunikationsmanagement wurden drei unterschiedliche CRM-Systeme in der Kalkulation berücksichtigt, die ebenfalls extern gehosted werden. Ansonsten werden keine weiteren Serverleistungen benötigt, da diese in den Mietpaketen enthalten sind.

Insgesamt entsteht grob zusammengefasst ein einmaliger Investitionsbedarf von etwa 12–40 T € plus monatlichen Kosten i. H. v. 1.2–6 T € je nach Lösungsoption (Preissegment und Kauf vs. Mietmodell).

Tabelle 3.17 zeigt in einer Übersicht die gerundeten Gesamtwerte. Die markierte Spalte enthält die geschätzten einmaligen und monatlichen Kosten für das in diesem Beispiel gewählte Lösungsmodell.

Tab. 3.17 Kalkulationsbeispiel Kaufen vs. Mieten

Gesamt mit Kauf-TK-Anlage	unteres Preissegment	Schätzwert	oberes Preissegment
Anfangsinvestitionen	15.000,00 €	18.000,00 €	40.000,00 €
Monatliche Kosten	1200,00 €	2.000,00 €	5.000,00 €

Gesamt mit Miet-TK-Anlage	unteres Preissegment	Schätzwert	oberes Preissegment
Anfangsinvestitionen	12.000,00 €	20.000,00 €	30.000,00 €
Monatliche Kosten	1500,00 €	2.500,00 €	6.000,00 €

3.8.3 Cloud

Beim Cloud-Computing werden zumindest Teile der IT-Infrastruktur, wie Server, Programme, Datenspeicher, Dienste etc. aus der Organisation in einen fest oder lose umrissenen Teil des Internets ausgelagert. Das heißt, Anwendungen werden nicht mehr auf dem lokalen Rechner oder auf eigenen Servern betrieben und die Daten zumeist ebenfalls extern gespeichert.

Sehr viele IT-Anwendungen können als Services aus der Cloud angeboten werden, was die Skizze in Abb. 3.44 andeutet.

Der Bereich des Internets, der für Cloud-Anwendungen eingesetzt wird, kann sich von wenigen, klar lokalisierten (z. B. „Berliner Cloud") bis zu weltweit verteilten Servern („Goo-

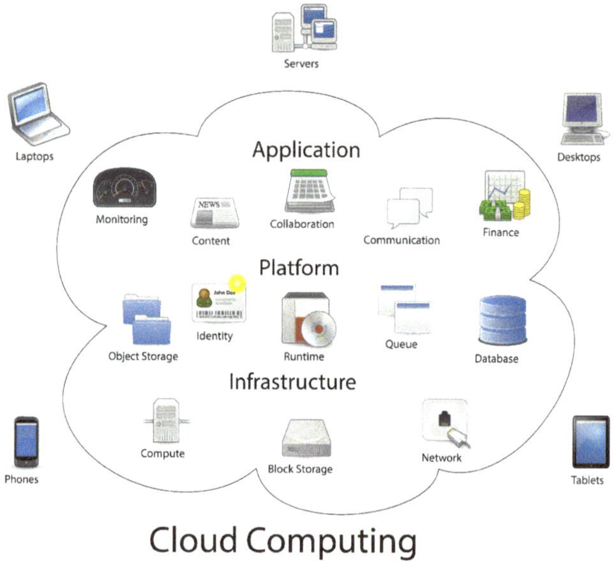

Abb. 3.44 Cloud Computing Modell [Wikipedia CC] Created by Sam Johnston using OmniGroup's OmniGraffle and Inkscape (includes Computer.svg by Sasa Stefanovic)

gle") ausdehnen. Manche Organisationen betreiben nach außen abgeschottete, eigene „private Clouds".

Cloud-Dienste können sehr günstig angeboten werden, weil sie sich breit verfügbare Ressourcen teilen. Deshalb lassen sie sich einfacher skalieren (vergrößern), wenn die bestehende Infrastruktur nicht mehr mächtig genug ist; z. B. indem weitere Server aus der Cloud für den jeweiligen Kunden hinzugeschaltet werden.

Die unter Umständen weltweit verteilte Datenhaltung bringt in Europa, vor allem in Deutschland Konflikte mit den im Vergleich zu den USA, wo die meisten großen Cloud-Anbieter sitzen, strikten Datenschutzregelungen mit sich.

Einige internationale Anbieter versuchen sich darauf einzustellen, in dem sie Zusatzvereinbarungen anbieten, durch die zumindest die Einhaltung von EU-Richtlinien gewährleistet werden soll.

Bundesdatenschutzgesetzt konform sind jedoch nur Anbieter, die eine ausschließliche Datenhaltung in der Bundesrepublik vertraglich zusichern und den Abschluss eines Vertrages zur externen Auftragsdatenverarbeitung ermöglichen (BDSG § 11, s. Abschn. 3.7).

Auf der anderen Seite stehen die großen Vorteile von Cloud-Lösungen, die auch zu ihrer rasanten Verbreitung führen:

- *Flexibilität* (Skalierbar, kündbar, mobil) – Cloud-Lösungen können auf vielen unterschiedlichen Geräten mobil eingesetzt und synchronisiert werden
- Preis-Leistungsverhältnis – unschlagbar im Vergleich zu inhouse oder herkömmlichen Mietlösungen, immer aktuell, zumeist sehr nutzerfreundlich
- Cloud-Lösungen können schnell und kostengünstig ausgetestet und kurzfristig gekündigt werden
- Sie minimieren interne IT-Aufwände (nicht nur Kosten, auch Zeit und Know-how) – die meisten Administrationsaufgaben auf Anwenderseite entfallen, weil Betrieb, Updates etc. vom Anbieter mit übernommen werden

Die globale, mobile Verfügbarkeit, Ressourcen Effizienz und flexible Skalierung sind einerseits die großen Vorteile von Cloud-Lösungen, aber gleichzeitig auch deren Achillesferse in Bezug auf Datenschutz.

Letztendlich werden die meisten kleineren und mittleren Verbände sich zumindest mit Cloud-Lösungen beschäftigen müssen, wollen sie den aktuellen und noch mehr den zukünftigen Anforderungen gerecht werden.

Anwendungsbereiche und Lösungen

Für fast alle wichtigen Anwendungen gibt es mittlerweile Cloud-Lösungen, z. B.:

- Zentrale Firmenlaufwerke zum Dokumentenmanagement
- Komplette Office Software inklusive Update-Management
- Virenschutz und Firewalls
- Mailserver und Kalenderdienste
- Adressverwaltungs-, Newsletter-, Serienmailsysteme (CRM)

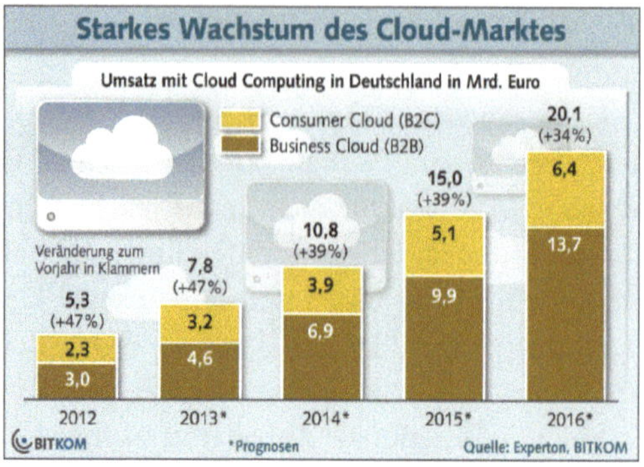

Abb. 3.45 Entwicklung Cloud Computing Prognose BITKOM

- Systeme zum Veranstaltungsmanagement inklusive Online-Anmeldung, Einlasssteuerung, Teilnehmerlisten, Abrechnung usw.
- Telefon-, Web- und Videokonferenzen

Fazit
Es lohnt sich auf jeden Fall genau zu analysieren, ob und welche Teile der IT in die Cloud verlagert oder dort eingeführt werden können, dabei müssen Datenschutz und Sicherheit von vorneherein berücksichtigt werden. Die allgemeine Tendenz zeigt trotz NSA-Affäre weiter in Richtung Cloud (Abb. 3.45), zumal sich die Hauptangriffspunkte von den Servern auf die Endgeräte und dort vor allem die Browser verlagert haben (s. iX 4|2014).

Das Bundesamt für Sicherheit in der Informationstechnik (BSI) empfiehlt sogar, Browser nicht lokal auf dem PC des Anwenders auszuführen, sondern in einer getrennten, abgesicherten Umgebung (Remote Controlled Browser System).

3.8.4 Mobile Endgeräte

Die Einführung von Smartphones, Phablets und Tablets erfordert gesonderte technische und organisatorische Maßnahmen, da es sich aus Sicht von Datenschutz und Datensicherheit um besonders sensible Geräte handelt.

Vor deren Einführung steht deshalb eine Analyse der spezifischen Rahmenbedingungen und Risiken. Bei Verbänden betrifft das in der Regel mindestens die folgenden Punkte:

(a) Verlust oder unerlaubter externer Zugriff auf personenbezogene Daten (CRM, s. Abschn. 3.7)
(b) Unerlaubter Zugriff auf Verbandsdaten, die mobil gespeichert sind
(c) Viren, Hacks, Intrusions etc. über das Mobilgerät auf das Verbandsnetzwerk (über Synchronisationen, VPN-Verbindungen, Apps von Verbandssoftware v. a. CRM, DMS ...)
(d) Arbeitsrechtliche und Datenschutzrechtliche Probleme der parallelen, privaten Nutzung

Soll den Mitarbeitern erlaubt werden, auf eigenen Mobilgeräten ihrer Verbandsarbeit nachzugehen, potenzieren sich die Gefahren und damit verbundenen Fragestellungen.

Auf jeden Fall wird ein Mobile **Device** Management System (MDM) benötigt, um einen sicherheitstechnischen Mindeststandard gewährleisten zu können. Dazu gehört das Auffinden und ggf. Sperren der Geräte aus der Ferne.

Steht BYOD auf der Agenda und/oder sollen Verbandsanwendungen als Apps auf den Geräten angeboten werden, ist zusätzlich ein mobiles **App**likationsmanagement (MAM) empfehlenswert: Das Management mobiler Anwendungen bringt zusätzliche Anforderungen mit sich, die von einem MDM-System nicht erfüllt werden.

Dazu zählt die sichere Trennung von privaten und geschäftlichen Daten durch sogenannte „Containerlösungen", eine verschlüsselte Übertragung der Anwendungsdaten, sichere Nutzerauthentifizierung und Autorisierung oder Fernwartung der Apps.

Auch die Einführung solcher Systeme ist keine rein technische Angelegenheit, vielmehr müssen dafür Fragen beantwortet werden, wie:

- Welche Standards hinsichtlich Sicherheit und Compliance sollen vorgegeben werden?
- Welche Mitarbeiter sollen welche Arten von Geräten bekommen?
- Wie sollen diese Geräte ausgegeben und betreut werden?
- Dürfen die Geräte privat genutzt werden und wenn ja, in welchem Umfang?
- Darf der Mitarbeiter Apps auf dem Gerät installieren und Einstellungen ändern?
- Wie werden die Mitarbeiter geschult?

Es empfiehlt sich, den Mitarbeitern neben einer Schulung auch einen Leitfaden, mit an die Hand zu geben und sich dies quittieren zu lassen. Dieser sollte mindestens die erlaubte (private Nutzung?) und nicht erlaubte Benutzung der Geräte beschreiben (z. B. erlaubte und nicht erlaubte Apps), die wesentlichen gesetzlichen Anforderungen benennen und Verhaltenshinweise bei Verlust oder Systemauffälligkeiten sowie allgemeine Sicherheitstipps geben.

Um die Verwendung nicht sicherer Applikationen für die Verbandsarbeit zu verhindern, sollten für die zentralen Aufgaben wie mobiler Zugriff auf Kontaktdaten und Dokumente oder Messaging-/Konferenzanwendungen dezidierte Lösungen vom Verband vorgegeben werden, siehe nächsten Abschn. 3.9.

Damit kann auch die Gefahr gemindert werden, dass die Mitarbeiter mit eigenen Mobilgeräten verbandsrelevante Daten auf unsicheren Applikationen verwalten.

Im folgenden Kapitel werden für Verbände zentrale Anwendungen mobil oder aus der Cloud vorgestellt.

3.9 Cloud & Mobile – Anwendungen für Verbände (Spezialthema)

Der mobile Zugang ins Internet wird der primäre. Laut einer Cisco-Studie aus dem Jahr 2014 wird sich das mobil übertragene Datenvolumen bis 2018 um das Elffache steigern.

Abb. 3.46 Ergebnisse aus Studien von BITKOM und IDC 2013

Derzeit steht der überwiegende Teil der Menschheit auf der Schwelle zum mobilen Gigabyte-Zeitalter (s. Abb. 3.47).

Smartphones und Tablets haben von der Straße aus die Firmen respektive Organisationen erobert; Sie drängen darauf auch im beruflichen Umfeld produktiv genutzt zu werden (vgl. Studienergebnisse in Abb. 3.46). Das bedeutet weit mehr als nur den mobilen Abruf von E-Mails oder Web-Angeboten. In diesem Kapitel sollen Hinweise und Beispiele gegeben werden, wie Verbände sich darauf einstellen und selber aktiv werden können.

Es ist sinnvoll, Cloud-Lösungen und (deren) mobile Anwendung(en) zusammen zu planen, zumal die meisten Cloud Anwendungen von Hause aus auf den wichtigsten mobilen Endgeräten laufen (s. Abschn. 3.8 und Abb. 3.48). Die Erfahrungen von Verbänden, die Smartphones und Tablets einsetzen zeigen, dass diese Anforderung recht schnell von den Mitarbeitern kommt, die unterwegs auf die wichtigen Kontaktdaten, Termine und Dokumente zugreifen wollen.

Mit der mobilen Anwendung treten weitere, rechtliche (Datenschutz, Arbeitsrecht u. a.) und sicherheitstechnische (u. a. unter dem Stichwort „Multi Device Management“ MDM, s. vorhergehenden Abschnitt) Aspekte hinzu, die unbedingt beachtet werden müssen. Dies gilt insbesondere dann, wenn die Smartphones und Tablets auch privat von den Mitarbei-

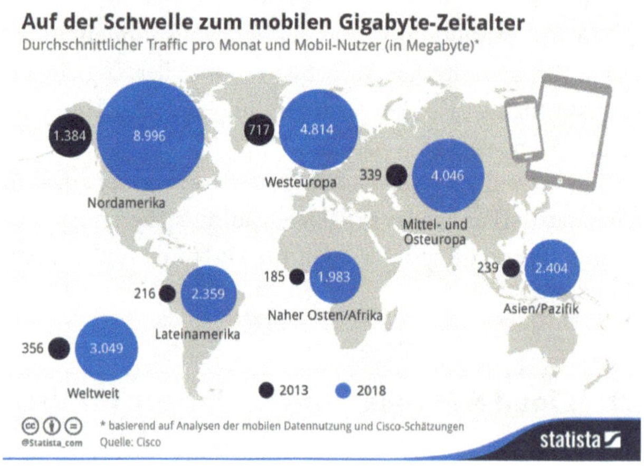

Abb. 3.47 Mobile first (Grafik von Cisco mit Daten von Statista)!

Abb. 3.48 Cloud-Services auf unterschiedlichen, mobilen Geräten

tern genutzt werden dürfen oder diese ihre eigenen Geräte in die Organisations-IT mit einbringen (BYOD).

Dieser Abschnitt konzentriert sich auf die folgenden Anwendungsbereiche von Cloud-Lösungen für Verbände, die auch für mobile Endgeräte interessant sind:

- Dokumentenmanagement, E-Mail und Kalender
- CRM
- Video- und Webkonferenz
- Mobile Sites und Apps für Mitglieder

3.9.1 Dokumentenmanagement, E-Mail, Kalender

Das mit Abstand am weitesten verbreitete und bekannteste Mail-Programm ist Outlook, hinter dem in der Regel ein organisationsinterner Exchange-Server steht, mit dem die unterschiedlichen Kalender und Mailkonten verwaltet und synchronisiert werden.

Die Lizenzen für einen Exchange-Server plus dessen Betrieb, Wartung und Administration, verursachen nicht unerhebliche Kosten. Ähnliches gilt für einen bei vielen Organisationen für die zentrale Dokumentenverwaltung installierten Datei- oder Fileserver.

Seit ein paar Jahren gibt es Office Cloud Lösungen von Google und anderen Open Source Herstellern und seit 2012 ist die Microsofts Cloud-Version der am weitesten verbreiteten Office-Lösung in Deutschland eine Alternative. Diese Angebote richten sich insbesondere an mittlere, kleine und Kleinstorganisationen, wobei es gerade für Non-Profit-Organisationen häufig Sonderkonditionen gibt. Mit diesen Lösungen können komplette Office-Dienste inklusive Mail, Kalender, zentralem Dokumentenmanagement mit dem Cloud-Dokumentenspeicher, vollständigen Office-Paketen zum Teil auch zur Offline-Nutzung sowie Messanger- und Webkonferenzdienst für mehrere Endgeräte auf monatlicher oder jährlicher Basis gemietet werden.

Alle diese Dienste haben gemein, dass sie sich entweder über einen Browser oder als App auf aktuellen Mobilgeräten verwenden lassen – seien es Android Smartphones, Tablets, iPhone, iPads, Windows Phones und Tablets, oder auch (noch) Blackberries.

Die in Cloud-Laufwerken gespeicherten Dokumente lassen sich so überall vom Desktop PC, Laptop, Tablet oder Smartphone abrufen, hoch- oder herunterladen und über unterschiedliche Office-Applikationen bearbeiten.

Allerdings sind bei nicht in Deutschland beheimateten Anbietern keine Datenschutzverträge (externe Auftragsdatenverarbeitung) nach Bundesdatenschutzgesetz (s. Abschn. 3.7) möglich. Einige bieten Verträge an, die mit EU-Datenschutzrichtlinien konform gehen sollen, was jedoch bei US-amerikanischen Firmen aufgrund von NSA und Patriot Act keinen keine wirkliche Absicherung bedeutet.

Es gibt Dienste großer deutscher Anbieter, die eine Datenhaltung in Deutschland nach den hiesigen Datenschutzgesetzen garantieren, etwa von der Telekom oder SAP, um nur die zwei größten zu nennen.

Ein generelles Problem dieser Dienste ist jedoch die spätestens seit „Heartbleed"[9] und weiteren, immer wieder auftretenden Sicherheitslecks (oft in Webbrowsern) bekannte Schwachstelle der potenziell unsicheren Datenübermittlung an den Client auch unter HTTPS-Verbindungen.

Am sichersten fährt eine Organisation deshalb mit eigenen Cloud-Services, die mittlerweile recht einfach auf bestehenden Servern installiert werden können, wie etwa Teamdrive oder Foliocloud, um auch hier zwei zu nennen.

Für große Verbände könnte alternativ die Bereitstellung zentraler Applikationen über eigene App Stores eine – wenn auch kostspielige – Option sein.

Fragen bezüglich mobiler Nutzung und Datenschutz stellen sich insbesondere bei CRM-Anwendungen. Das liegt an den für die mobile Nutzung so attraktiven, gleichzeitig aber rechtlich und sicherheitstechnisch sensiblen Personendaten.

3.9.2 Kontaktdaten und CRM

Die neben dem Telefonieren noch immer häufigste berufliche Anwendung von Mobilgeräten ist E-Mail. Auf fast allen betrieblich eingesetzten Mobiltelefonen ist eine Synchronisation mit dem inhouse oder extern betriebenem Mailserver eingerichtet. Dabei werden oft auch Kalendereinträge und zumindest die lokal in den Mail-Programmen auf den PCs und Laptops der Nutzer (i. d. R. Outlook) gespeicherten Kontakte mit synchronisiert.

Praxishilfe

Es sollte darauf geachtet werden, höchstens ausgewählte Kontaktdaten in Richtung Mobilgerät zu synchronisieren (nicht in die andere Richtung!). Das dient dem Datenschutz

[9] Heartbleed bezeichnet einen Fehler in der Open Source Verschlüsselungssoftware OpenSSL, der zu einer der größten Sicherheitslücken in der Geschichte des Internet [s. iX 5|2014 S. 80 f] geführt hat. Die Lücke bestand seit 2012 und betrifft mit den Open Source Produkten Apache und nginx etwa Zweidrittel aller Webserver weltweit sowie auf den Endgeräten einige Mail und Messaging-Programme. Sie wurde zwar mittlerweile geschlossen, aber niemand weiß, wie viele Daten in wie viele falsche Hände gelangt sind. Darunter können Millionen Passwörter und Crypto-Schlüssel fallen, weshalb E-Mail-Dienstanbieter, welche die oben genannten Server betreiben ihre Kunden im April zur Passwortänderung aufgerufen haben. Generell zeigt der Fehler, der durch mangelhaft getesteten Code, von einem Studenten „nebenbei" geschrieben, entstanden ist, ein Qualitätssicherungsproblem insbesondere bei solchen OpenSource Programmen.

Tab. 3.18 Interessenskonflikte Nutzerwünsche und IT-Sicht in Bezug auf mobile Datennutzung

Nutzer wollen	**Organisation will**
alle Daten und Services, die benötigt werden, an jedem Ort zu jeder Zeit auf die gewünschte Art und Weise und so einfach wie möglich	möglichst viele Daten, Informationen, Ressourcen intern halten, nicht mit Gesetzen in Konflikt geraten, Stakeholder möglichst gut kennen und gezielt ansprechen
Technik bietet (potenziell)	**Compliance fordert**
die meisten Daten und Services der Organisation an fast jedem Ort zu jeder Zeit auf unterschiedliche Art und Weise aber leider nicht immer so einfach wie möglich	den Schutz personenbezogener Daten zu gewährleisten, diese Daten nur in dem Umfang zu verarbeiten, wie es zur Erfüllung der Aufgaben erforderlich ist, für Datensicherheit zu sorgen, Daten nicht unbefugt an Dritte weiter zu geben u.v.a.m.

und ist insbesondere im Falle vieler Mobilgeräte wichtig, damit nicht in unkontrollierbarem Umfang Kontaktdaten von den Mobilgeräten auf eine zentrale Adressdatenbank gespielt und dort geprüfte Daten überschreiben können.

Gute, mobile CRM-Clients als Apps oder in Form mobiler Websites bieten in Abhängigkeit vom Produkt zwar mehr Einstellungsmöglichkeiten bezüglich Synchronisation, Datenzugriffs- und -Änderungsprozessen, stehen als Tor zur den Key Assets des Verbandes aber auch unter besonderem Sicherheitsvorbehalt. Dies wird dadurch verschärft, dass diese Systeme aus Sicht der Datenschutzgesetzgebung besonders sensibel sind, weil dort in großem Stil personenbezogenen Daten verarbeitet werden (s. Abschn. 3.7).

Ohne verstärkte Sicherheitsvorkehrungen für die Mobilen Endgeräte, entsprechende interne Regelungen zum Umgang mit diesen Geräten, die am besten auch vertraglich mit den Mitarbeitern abgesichert werden und ein Mobile Device Management (MDM) sollte man von einer kompletten Synchronisation der intern gespeicherten, personenbezogenen Daten auf die Mobilgeräte absehen.

Die Synchronisation solcher Daten auf die von den Mitarbeitern mitgebrachte Geräte (BYOD) potenziert die genannten Gefahren.

Hier zeigt sich das allgemeine Dilemma des Mobile Computing: Auf der einen Seite stehen die Nutzer mit ihren Wünschen und die Technologien mit ihren Möglichkeiten; auf der anderen die Organisationen mit ihren Erfordernissen und die Rechtsprechung mit ihren Verpflichtungen (Compliance). Tabelle 3.18 zeigt die Interessenskonflikte bezüglich Datenmanagement.

Anhand dieser kurzen Gegenüberstellung zeigt sich der Grundkonflikt, dass die linke Seite möglichst ungehindert Zugriff auf möglichst viele Daten (außer vielleicht die eigenen) verlangt und die rechte genau dieses zu verhindern sucht.

Da dieses Problem nicht rein technisch gelöst werden wird, muss sich jede Organisation entscheiden, wie viel mobile Datennutzung sie im gesetzlichen Rahmen zulassen kann und will.

3.9.3 Web- und Videokonferenzen

Telefonkonferenzen sind die häufigste Form synchroner Telekommunikation in Verbänden.

Sie haben jedoch erhebliche Defizite, wenn es um die Abstimmung oder gar Bearbeitung von Dokumenten oder anderen Materialien geht, wie das Beispiel der Diskussion eines Leitfadenentwurfs verdeutlicht:

- Bei der Zusendung des Entwurfs per Mail kann man nie sicher sein, dass alle dieselbe Version des Dokumentes finden und öffnen (z. B. wird evtl. von der Assistenz ein älterer Ausdruck vorgelegt, weil er/sie den aktuellen nicht bekommen hat);
- In der fortlaufenden Konferenz verlieren immer wieder einzelne Teilnehmer den Faden und wissen nicht mehr, an welcher Stelle eines Dokumentes sich die Diskussion gerade befindet;
- Aktuell besprochene Änderungen landen beim Leiter der Diskussion in der Blackbox und sind erst nach Zusendung einer neuen Version sichtbar[10];
- Aktuelle Modifikationen ändern den Kontext, können wegen der späteren Sichtbarkeit aber nicht in den Diskussionsfortlauf einbezogen werden, was die Diskussion verfälscht;
- Der Prozess von Zusendung, Besprechung, Änderung, erneuter Zusendung, Sammlung von Feedback u.s.w. ist viel zu langsam für moderne Entscheidungsprozesse und eine mediale Verwertung.

Mit Hilfe einer Webkonferenz können alle Teilnehmer auf denselben, aktuellen Dokumentenstatus schauen und so Abstimmungen direkt, transparent und ohne Zeitverlust treffen. So können die Zahl zeitaufwendiger, physischer Arbeitsmeetings reduziert, Zeit und Kosten (auch für die Umwelt) gespart werden.

Moderne Smartphones bieten i. d. R. Bildtelefonie. Verbände können ihren Mitarbeitern und Mitgliedern zusätzlich Webkonferenzdienste anbieten, die sich mit Telefonkonferenzen koppeln lassen. Anbieter solcher Systeme offerieren unterschiedliche Modelle, die für fast jede Organisation ein passendes Angebot bereithalten. Die Services können zusammen mit günstigen Telefonkonferenzpaketen gemietet oder „on demand“ bezahlt werden.

Auch ein verbandseigenes Branding ist oft möglich, wodurch ein solcher Dienst zu einem attraktiven Mitgliederservice werden kann.

---

[10] Intransparenz in der Abstimmung wird zwar von erfahrenen Bereichsleitern durchaus bewusst eingesetzt, um Papiere in schwierigen Konfliktlagen durchzusetzen, sollte aber Ausnahme sein.

Webkonferenzsysteme können auch für kostengünstige Webinar-Angebote und in begrenztem Maße auch für Live-Streamings von Veranstaltungen eingesetzt werden.

Mehrere Verbände tun dies bereits erfolgreich, s. etwa Fallbeispiel 4.7.

3.9.4 Mobile Services & Apps

Drei der wichtigsten Dienstleistungen von Verbänden für ihre Mitglieder sind Informationsbereitstellung, Kommunikation und Networking.

Die meisten Verbände verbreiten sich bereits über die wichtigsten, auch mobil verfügbaren Social Media Plattformen Twitter, YouTube, Facebook und in Deutschland auch Xing.

Abgesehen von geschlossenen Xing-, LinkedIn- oder Google+-Gruppen sind diese Informationen und Medien meist öffentlich verfügbar und stellen selten einen exklusiven Mitgliederservice dar.

Anders ist dies bei nur Mitgliedern zugänglichen Extranets oder Portalen, über die exklusive, personalisierte Informationen und Services auch für mobile Endgeräte angeboten werden können. Damit sich die Informationen und Services, die auf den Arbeitsplatzrechnern laufen auch mobil nutzen lassen, genügt in der Regel eine Website im Responsive Design (s. Abschn. 3.4), die automatisch an die gängigsten Geräte und Browser angepasste Darstellungen liefert. Aufgrund der Vielzahl der Geräte-Browser-Kombinationen muss aber damit gerechnet werden, dass dies nicht immer zu den gewünschten Ergebnissen bezüglich Usability und Performance führt.

Apps für die relevantesten Mobilplattformen von Apple und Google (Android) umgehen diese Probleme, erfordern jedoch einen je nach Funktionsumfang zum Teil erheblichen, zusätzlichen Entwicklungsaufwand. Apps werden auch nur in begrenzter Menge von Benutzern installiert (fragen Sie sich am besten selbst, wie viele Sie auf Ihrem Smartphone installiert und tatsächlich im Einsatz haben) und sollten deshalb einen echten, attraktiven Mehrwert bieten.

Praxishilfe

Die Checkliste in Tab. 3.19 soll Ihnen einen ersten Hinweis geben, ob für den vorgesehenen Anwendungsfall/Einsatzbereich die Entwicklung einer App in Frage kommt oder eher nicht.

Für diejenigen, die sich ernsthaft mit der Entwicklung eigener Mobilapplikationen für ihren Verband auseinandersetzen möchten, bietet der BITKOM einen sehr brauchbaren, kostenlosen Leitfaden unter http://www.bitkom.org/de/publikationen/38337_78441.aspx.

Darin heißt es unter anderem: „Aktuelle Entwicklungen zeigen, dass plattformübergreifende Webtechnologien gegenüber proprietären Apps auch auf Mobilgeräten zunehmend an Bedeutung gewinnen", was im Übrigen auch durch eine Untersuchung von Comscore im August 2014 bestätigt wird.

Tab. 3.19 Checkliste App Entwicklung

Kriterium	Pro App	Contra App
Sollen in der Anwendung personenbezogene Daten anderer Mitglieder/Kontakte verwendet werden?	Ja	Nein
Sollen die Inhalte der App auch offline genutzt werden können, wie z.B. bei einem digitalen Magazin?	Ja	Nein
Soll die Anwendung auf Hardware des Mobilgerätes zugreifen, wie z.B. die Kamera?	Ja	Nein
Soll die Anwendung rechenintensive Funktionen (z.B. Spiele) anbieten, die im Webbrowser Performance Probleme erwarten lassen?	Ja	Nein
Soll die Anwendung auf möglichst vielen Endgeräten und Plattformen laufen?	Nein	Ja
Soll die vom Entwicklungs- und Aktualisierungsaufwand für mehrere Plattformen kostengünstigere Lösung gewählt werden?	Nein	Ja
Ist mit einer Aktualisierung der Anwendung hinsichtlich Layout, Navigation, Funktion (nicht der Inhalte!) innerhalb des nächsten Jahres zu rechnen?	Nein	Ja

Der Trend lässt sich auch an den sich Apps nähernden Möglichkeiten moderner Webtechnologien mit HTML 5 und Responsive Design ablesen. Zudem können auf den größer werdenden Displays von Smartphones und erst recht von Phablets normale Websites brauchbar dargestellt werden.

3.10 Projekt- & Change Management, Compliance

Sag mir, wie ein Projekt beginnt und ich sage Dir, wie es endet (geflügeltes Wort im Projektmanagement).

▸ Begriff/Erläuterung

Ein Projekt ist ein zielgerichtetes, einmaliges Vorhaben, das aus einem Satz von abgestimmten, gelenkten Tätigkeiten mit Anfangs- und Endtermin besteht und durchgeführt wird, um unter Berücksichtigung von Zwängen bezüglich Zeit, Ressourcen[, Interessen] und Qualität ein Ziel zu erreichen (Deutsche Gesellschaft für Projektmanagement, GPM).

Zum Projektmanagement gibt es mehrere Standards, etwa von der GPM und deren Partner International Project Management Assoziation(IPMA) oder in Form der DIN 69901. In diesem Abschnitt wird jedoch keine formelle, sondern eine pragmatische Sicht auf das Projektmanagement eingenommen.

Im Projektmanagement bei Verbänden sind die Schwerpunkte etwas anders gelagert als bei Unternehmen. Das liegt unter anderen an den Besonderheiten eines eingetragenen Vereins, dem Einfluss der Stakeholder, verbandseigenen Prioritäten, Werteorientierungen sowie der Aufbau- und Ablauforganisationen im Verbandssektor.

Viele Verbände sind noch linien- oder stabsmäßig hierarchisch strukturiert und haben selten klassische Projektmanagement-Kompetenz. Betrachtet man die hierarchischen Strukturen, wären herkömmliche am Wasserfall oder dem für die Verwaltung entwickelten V-Modell (oder V-Modell XT, s. Abschn. 3.10.3) orientierte Projektmanagementverfahren angebracht. Andererseits sind mit Blick auf die in vielen kleineren und mittleren Verbänden wenig strukturierten, informellen Prozesse agile Verfahren die bessere Wahl.

Für Verbände bietet sich demnach eine auf den Einzelfall angepasste Kombination von agilen und klassischen Projektmanagement-Verfahren an.

Da agile Verfahren aus dem Umfeld der IT-Projekte stammen und dort die meisten Erkenntnisse und Erfahrungen mit ihnen vorliegen, orientiert sich die folgende Beschreibung dem Thema des Buches entsprechend an dem Management digitaler Projekte/Maßnahmen in Verbänden.

3.10.1 Rahmenbedingungen

Twraser [TWE98] stellt fest, dass bei der Implementierung von Projektmanagement-Instrumenten in Verbänden eine Reihe von Sachverhalten bedacht werden müssen:

- Viele Führungskräfte sind nicht im betriebswirtschaftlichen Sinn ausgebildet und Stakeholder üben ihre Tätigkeit nicht hauptberuflich und oft von (politischen) Interessen geleitet aus.
- Eine Projektorganisation fehlt in den meisten Verbänden.
- Ein Hauptproblem ist und bleibt die Ressourcenknappheit hinsichtlich des für die Projektarbeit qualifizierten Personals. Des Weiteren fehlen oft Mittel für entsprechende Aus- und Weiterbildungen sowie leistungsfähige IT-Tools für moderne Projektarbeit.

Das bedeutet für die Projektorganisation:

- Das Management muss viel für das Projekt werben und die Mitarbeiter intensiv mit einbeziehen und
- die Mitarbeiter müssen Basisbefähigungen mitbringen, um effizient und effektiv zum Projekterfolg beitragen zu können.

Solche Rahmenbedingungen sprechen für den Einsatz agiler Projektmanagementverfahren. Diese Verfahren ermöglichen Teams mit loser Organisationsstruktur, geringen Qualifikationsunterschieden und hohem Engagement eine erfolgreiche Projektarbeit.

Agile Projektmanagement-Verfahren sind ferner darauf ausgelegt, kurzfristig vorzeigbare Ergebnisse bei sich schnell ändernden Bedarfen und Bedürfnissen liefern zu können. Sie helfen, Projekte schneller, Ressourcen sparender und bedarfsorientierter zu gestalten.

Klassische Projektentwicklungsverfahren mit detaillierter Konzept- oder Pflichtenheftentwicklung sind im Management kleinerer, weniger strukturierter Projekte schwerfälliger.

3.10.2 Agile Verfahren: Scrum

Agile Verfahren zeichnen sich dadurch aus, dass die erzielten (Zwischen-)Ergebnisse oder Produkte höher gewichtet werden als die Dokumentation oder der standardisierte Prozess. D.h., das „Was" ist wichtiger als das „Wie".

Das namensgebende agile Manifest[11] definiert die folgenden Prinzipien agilen Projektmanagements:

(a) Im Vordergrund steht die Zufriedenstellung des Kunden (auch innerhalb der Organisation!) durch frühe und kontinuierliche Auslieferung wertvoller Software. Deshalb ist die Lieferung von funktionierender Software in regelmäßigen, bevorzugt kurzen Zeitspannen (wenige Wochen oder Monate) von zentraler Bedeutung. Als wichtigstes Fortschrittsmaß gilt dabei die Funktionsfähigkeit der Software(-Module).
(b) Agile Prozesse nutzen Veränderungen (selbst spät in der Entwicklung) zum Wettbewerbsvorteil des Kunden.
(c) Technische Exzellenz und gutes Design sind genauso wie Einfachheit essenziell.
(d) Selbstorganisation der Teams bei Planung und Umsetzung sind Prinzip.
Wichtig ist bei Verbänden die Unterstützung durch die Geschäftsführung und Bereichsverantwortlichen und motivierte Projektmitarbeiter. Dies funktioniert nur, wenn die Teams über das eigene Verhalten zur Anpassung im Hinblick auf Effizienzsteigerung selbst reflektieren. Intensive, persönliche Kommunikation der Projektbeteiligten ist ein wichtiger Aspekt, um das informelle Vorgehen zu ermöglichen. Dazu gesellt sich die nahezu tägliche Zusammenarbeit von Fachexperten und Entwicklern während des Projektes.
(e) Ein gleichmäßiges Arbeitstempo von Auftraggebern, Entwicklern und Benutzern soll für eine nachhaltige Entwicklung eingehalten werden.

▸ **Begriff/Erläuterung** Das mit Abstand bekannteste agile Verfahren ist Scrum. Der Name bedeutet im Englischen „Gedränge" und steht beim Rugby für die Spielsituation aus Abb. 3.49.

[11] http://agilemanifesto.org/iso/de/manifesto.html.

Abb. 3.49 Gedränge im Rugby. wikipedia „Artikel SCRUM (Foto Sebastian Wallroth.) und Gedränge (Rugby, Fotograf Godin)

Ein Grundprinzip von Scrum ist, dass *alle* Teammitglieder *alle* Aufgaben eines Projektabschnitts bearbeiten können, was auf die oben angesprochene Homogenität innerhalb des Projektteams abzielt.

Zudem liegt die Teamstruktur quer zur Organisationsstruktur, was zu den Charakteristika vieler Verbände passt.

In dem sehr einfachen Scrum-Projektmodell werden lediglich drei Rollen definiert, die nachfolgend kurz beschrieben werden.

Product Owner Seine Hauptaufgabe ist, die Anforderungen des Kunden aufzunehmen und deren Umsetzung im Blick zu halten – Er ist Manager und fachliche Quelle der Kundenanforderungen und plant zusammen mit dem Team, wann welcher Produktstand entwickelt und freigegeben wird (Release Management). Dazu ist eine stetige und enge Kommunikation mit dem Team erforderlich.

Team-Mitglieder Sie setzen eigenverantwortlich die Anforderungen zum Projektergebnis um. Scrum-Projektteams sind in sich nicht weiter strukturiert, da im Prinzip jedes Teammitglied alle Aufgaben übernehmen können soll – *vielleicht der kritischste Punkt bei Scrum!* Sie sind klein (weniger als zehn) und arbeiten selbstorganisiert also ohne klassischen Projektleiter.

Scrum Master Er ist Prozessverantwortlicher, Moderator und Coach. Er unterstützt das Team u. a. indem er Hindernisse beseitigt („Effizienz-Blockaden") und versucht, Teamarbeit zu fördern. Scrum Master müssen also einen kollegialen Führungsstil verinnerlichen oder zumindest kooperativ sein.

Weitere Rollen ergeben sich dynamisch (oder agil) aus der Projektentwicklung.

Auch das **Scrum-Prozessmodell** ist sehr einfach strukturiert, es besteht im Kern aus sogenannten *Sprints* und *Backlogs*:

(1) Der Product Owner erstellt aus der Produkt-Vision (dem Ziel/dem Ergebnis des Projektes) den Anforderungskatalog, den sog. **Product Backlog**

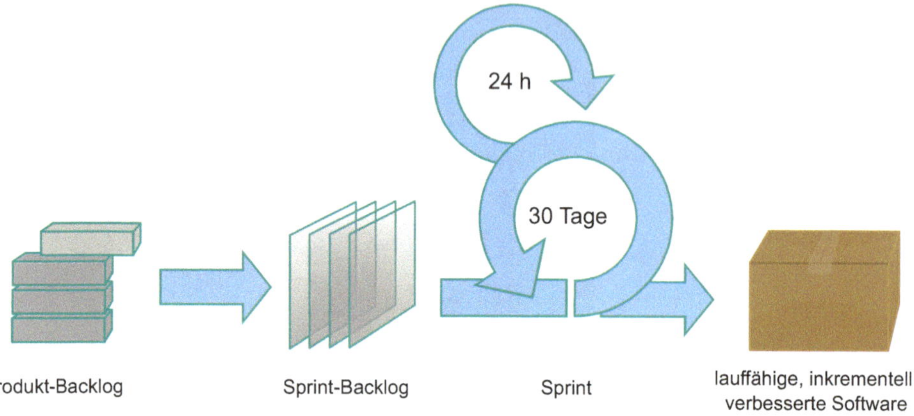

Abb. 3.50 Prinzipieller Scrum-Ablauf [Quelle: wikipedia (Sebastian Wallroth, open clip art)]

(2) Dann plant er zusammen mit dem Projektteam den ersten **Sprint** in einer Planungssitzung, Dabei schlägt der Product Owner Anforderungen aus dem Product Backlog zur Erstumsetzung vor, die im Team abgestimmt werden. Das Team entscheidet gemeinsam und schätzt den zeitlichen Aufwand und prüft, ob diese Anforderungen in einer vorher festgelegten Sprint-Länge (i. d. R. 30 Tage, kann aber auch auf ein oder zwei Wochen reduziert werden) realisiert werden kann – genannt Timeboxing.
(3) Es gehört zum Scrum-Modell, dass die einmal festgelegte Sprintlänge auch für jeden der nachfolgenden Sprints gilt, um eine konstante, zeitliche Projektstruktur zu etablieren (*ein weiterer kritischer Punkt des Verfahrens, da es in diesem Punkt sehr starr ist*).
(4) Als Ergebnis des ersten und der weiteren Spints werden **Sprint Backlogs** erstellt – oft in Form von User Stories (Anwendungsszenarien) aber z. T. auch als Anforderungslisten.
(5) Dann beginnt das Team eigenverantwortlich mit der inkrementellen Umsetzung der Anforderungen in den sog. Sprints. Dabei werden täglich kurze (ca. 15 minütige) Statussitzungen abgehalten (Daily Scrum), bei denen jedes Teammitglied über geleistete, aktuelle und nächste Aufgaben sowie Hindernisse berichtet (s. Abb. 3.50).
(6) Ein Sprint wird mit einer höchstens halbtägigen Sitzung (*Sprint-Review*) abgeschlossen und das Zwischenprodukt vom Product Owner geprüft und ggf. abgenommen. Der Projektfortschritt wird in einem sogenannten Burndown Chart dokumentiert.

Gemäß Prof. Dr. Eckhart Hanser aus der GPM-Arbeitsgruppe PM-Methoden[12] liegen die Stärken in folgenden Punkten:

- Einfachheit
- nur 3 Projektrollen
- wenige Artefakte (Dokumente)
- Regeln und Praktiken anderer agiler Prozesse können auch in Scrum eingesetzt werden

[12] GPM = Gesellschaft für Projektmanagement.

Die Schwächen von Scrum sind nach ihm dagegen:

- weniger geeignet für Branchen, wie etwa die medizinische oder luftfahrttechnische Software-Entwicklung, in denen Gefahr für Leib und Leben bestehen kann, und eine ausführliche Dokumentation unverzichtbar ist
- nur für kleine Teams geeignet (7 ± 2 Teammitglieder).

Agile Projektmethoden insgesamt kommen ressourcenknappen Organisationen mit geringen Projektmanagement-Kenntnissen entgegen. Allerdings müssen bei (öffentlich) geförderten Projekten die terminlichen und Dokumentationspflichten der Förderbedingungen natürlich als harte Meilensteine mit berücksichtigt werden. Zudem wird dort häufig ein hauptverantwortlicher Projektleiter gefordert, was jedoch in vielen Fällen bei Scrum auch durch den Project Owner abgebildet werden kann.

Der bei agilem Vorgehen schnelleren Produktion sichtbarer Ergebnisse steht ein Weniger an etablierten und zumeist bewährten Steuerungsmaßnahmen entgegen. Dadurch laufen Newcomer im agilen Projektmanagement Gefahr, dass Ihnen der Projektverlauf zunächst aus den Augen und dann aus den Händen gleitet.

Dem kann mit begleitendem Coaching durch einen erfahrenen Berater entgegen gewirkt werden.

▸ **Hinweis** Beginnen sollte man bei fehlender Projekterfahrung deshalb mit einem geeignete Pilotprojekt: agiles Projektmanagement wird am besten in der Praxis gelernt!
Auch kann dadurch das so wichtige Vertrauen in ein Projektteam und die eigenen Organisation geschaffen werden – oder es zeigt sich, dass die agile Methoden nicht in die Organisation passen.
Insgesamt kann eine Kombination agiler mit klassischen Projektmanagementverfahren wie dem Wasserfall-Phasen- oder V-Modell gerade im Projektmanagement unerfahrenen Organisationen einen stabileren Rahmen und mehr Sicherheit geben.
Die betrifft auch das Reporting nicht nur an ggf. vorhandene Förderinstitutionen, sondern auch an die Verbandsmitglieder, die Geschäftsführung, den Vorstand und das Präsidium.

3.10.3 Kombination agiler und klassischer Verfahren

Die Optionen, klassische und agile Projektmanagementmethoden zu kombinieren, sind so vielfältig wie die Projektwelt selbst; Beispiele:

- Die **Aufstellung des Projektteams** orientiert sich an den vorhandenen Personalressourcen: Existiert ein Mitarbeiter mit deutlich mehr Projekterfahrung als der Rest des Teams, empfiehlt sich die Etablierung einer Projektleiterrolle, alleine schon, um den unerfahreneren Mitgliedern eine Sicherheit gebende Anlaufstelle anzubieten. Steht ein besonders als Moderator befähigter Mitarbeiter zu Verfügung, könnte die Rolle eines Scrum-Masters eher zu ihm passen.

- In vielen Fällen macht für die **Anforderungserstellung** – sei es als Anforderungs-/Merkmalsliste oder als Backlog – ein dem SCRUM-Prozess mit Sprints und Backlogs entlehnter Prozesses Sinn. Dabei erstellt das Team zunächst Szenarien und Anforderungen gemeinsam.
- Die **Projektüberwachung** während der Umsetzung der einzelnen Projektphasen kann dann wieder nach eher klassischen Verfahren erfolgen; Test und Abnahmen können wiederum schneller erledigt werden, wenn sie (etwa gemäß SCRUM) auf mehrere Schultern verteilt werden.

Agile Verfahren haben Stärken in der dynamischen Anforderungsaufnahme und Umsetzung sowie in der partizipativen Projektarbeit.

Als besonders geeignetes, agiles Instrument haben sich dynamische Anforderungslisten herausgestellt (z. B. Backlogs oder Feature Lists), die von allen Projektbeteiligten eingesehen und bearbeitet werden können und so für maximale Transparenz sorgen. Eine große Hilfe bei verteilt arbeitenden Teams sind dynamische Listen auf Work Spaces oder in Teamsites. Sie dienen zur Sammlung der Anforderungen genauso wie zur Organisation des Abnahmeprozesses etwa mit einem Dienstleister.

Praxishilfe

Teamsites oder Work Spaces können auch in Mitgliederportalen umgesetzt werden, die Online Gremien oder Projekt Arbeitsräume ermöglichen (s. Abschn. 3.3)! Dort können auch dynamische Anforderungslisten angelegt werden, die im Team verwaltet werden (Product Backlog bei Scrum). In solchen Listen sollten mindesten folgende Felder vorgesehen werden:

- Eintragungsdatum, Datum der letzten Änderung
- Deadline/Erledigungsdatum
- Status
- Autor (der letzten Änderung)
- Adressat (wer kümmert sich darum?)
- Worum geht's – Titel/Betreff
- Beschreibung der Anforderung/Aufgabe
- Priorität

Dynamische Aufgabenlisten haben etliche Vorteile:

- Sie ermöglichen die effektive, transparente und breit verteilte Anforderungsaufnahme auch in größeren Teams ggf. unter direkter Einbeziehung des/der Dienstleister/s;

- Sie können Lasten- und Pflichtenhefte ersetzen, wenn dem keine formellen Anforderungen entgegen stehen;
- Sie können gleichzeitig als Statusreport, Abnahme- und Change Request-Tools und Dokumentationen eingesetzt werden;
- Sie repräsentieren den Projektzustand in einer für alle transparenten, stets aktuellen Form;
- Die darin aufgeführten Aufgaben lassen sich über IT-Tools dezentral, zeit- und ortsunabhängig von den Mitarbeitern abnehmen, die die Anforderungen auch definiert haben;
- Mit den Aufgaben lassen sich Kalkulationen und Workflows für effizienteres Projektmanagement verknüpfen.

Praxishilfe

Um größere Projekte in den Griff zu bekommen, könnte z. B. ein auf Basis der ersten Anforderungsliste(n) ermitteltes Gesamtvolumen beauftragt werden. Zur Umsetzung würden anschließend Teilprojekte mit vielen kleinen Modulen zusammengestellt, die wenige, zusammenhängende Anforderungen oder Features enthalten. Diese können dann nach dem Prinzip „divede et impera" (lat. teile und herrsche) separat entwickelt, geprüft, abgenommen und abgerechnet werden.

Als pragmatische Entscheidungshilfe für die Wahl zwischen eher klassischen oder agilen Methoden für den jeweiligen Projektbestandteil bietet sich eine Systematik der Projektaufgaben nach dem V-Modell an. Das V-Modell ist die Grundlage für Entwicklungsprojekte der öffentlichen Hand und basiert auf einem der ursprünglichsten Projektmanagementmodelle überhaupt, dem Wasserfallmodell.

Diesen klassischen Modellen gemein ist, dass sie ein Projekt in klar abgegrenzte Phasen unterteilen, deren jeweilige, vorab zu definierende Ergebnisse Voraussetzung für die nächste Phase sind. Die Phasen können auch als Entwicklungsstufen zum Projektabschluss gesehen werden (Stufenmodell), was die Skizze in Abb. 3.51 veranschaulicht.

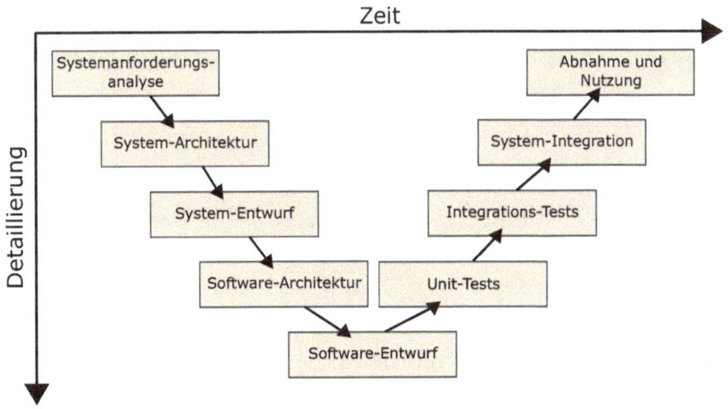

Abb. 3.51 Stufen des V-Modells nach Micheael Pätzhold und S. Seyfert Wikipedia CC 2010

Das V-Modell fasst eine Reihe von ähnlich gelagerten Tätigkeiten zu sogenannten Vorgehensbausteinen zusammen. Diese, in allen Projekten auftretenden Bausteine werden als V-Modell-Kern bezeichnet:

(1) Projektmanagement
(2) Qualitätssicherung
(3) Konfigurationsmanagement
(4) Problem- und Änderungsmanagement

Praxishilfe
Die Entscheidungsmatrix in Tab. 3.20 exemplifiziert, welche klassischen oder agilen Projektmanagement-Verfahren unter welchen Voraussetzungen bei dem jeweiligen Vorgehensbaustein vorzuziehen wären.

3.10.4 Software zur Unterstützung des Projektmanagements

Für die Planung der Projektmodule, Vorgänge und Aufgaben hinsichtlich zeitlicher Abläufe und Abhängigkeiten (welche Aufgabe vor einer anderen durchgeführt oder abgeschlossen werden muss) kommen zunächst die klassischen Projektmanagementtools ins Spiel. Mit ihnen können Balken/Gantt-Diagramme (s. Abb. 3.53), detaillierte Analysen und Berichte zum verbleibenden Arbeitsaufwand und den damit verbundenen Personal und Kostenbedarfen erstellt werden.

Die Abb. 3.52 und 3.53 visualisieren unterschiedliche Formen, die zeitliche Abfolge von Projektschritten darzustellen. Dabei zeigt die erste Grafik ein Fischgrät-Diagramm, das sich für Roadmaps oder einfache, nicht tiefer verschachtelte Projektablaufpläne eignet. Mit dem anschließend dargestellten, klassischen Gantt-Diagramm, das sich in jeder Projektmanagement-Software findet, können durch hierarchische Schachtelung fast beliebig komplexe Projekte geplant werden. Zudem lassen sich in Gantt-Diagrammen ähnlich wie in Mindmaps Abhängigkeiten zwischen Projektschritten definieren.

Die Ablauf- und vor allem Aufbauorganisation in Projekten kann mit herkömmlichen Diagrammen, in jeder Office-Software abgebildet werden. Das betrifft Teamhierarchien oder Cluster, Organisationseinheiten, Steuerungs- oder andere Projektgremien sowie Stakeholder Analysen wie auch zentrale Prozessketten, z. B. Anforderungsaufnahme, Change Request, Beauftragung und Abnahme. Mit solchen Tools können Projekte auch in Untereinheiten oder Module vorstrukturiert werden (vgl. Abschn. 3.10.3).

In den letzten Jahren haben sich Mindmaps neben klassischen Projektstrukturplänen etabliert (s. Abb. 3.54).[13]

Die wohl bekannteste Mindmapping-Software ist der MindManager, aber es eigenen sich auch viele andere, zum Teil Lizenkosten freie Pakete wie z. B. Xmind (mit dem der

[13] Siehe Abschn. 1.4 und vor allem auch „Mindmapping statt PM-Software" in projektmanagement aktuell, 4/2011.

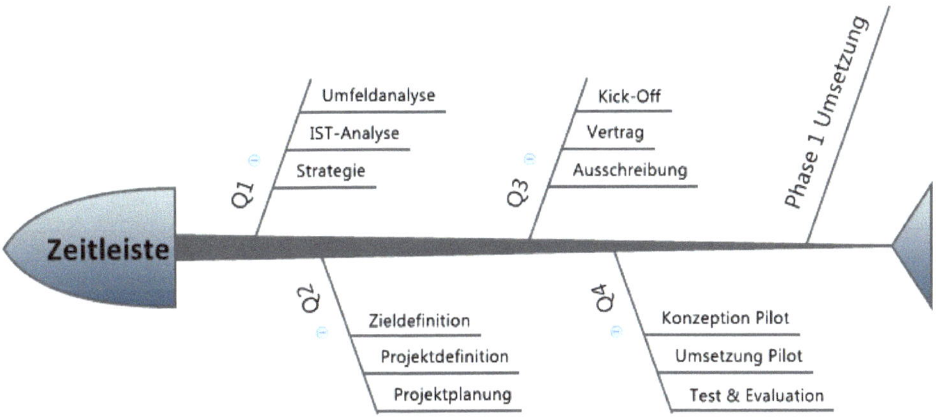

Abb. 3.52 Zeitstrahl mit Meilensteinen (Software XMind)

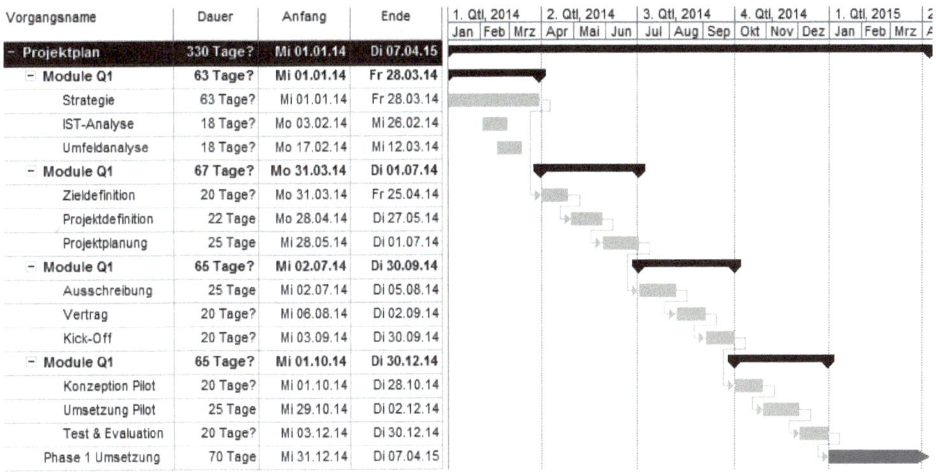

Vorgangsname	Dauer	Anfang	Ende
− Projektplan	330 Tage?	Mi 01.01.14	Di 07.04.15
− Module Q1	63 Tage?	Mi 01.01.14	Fr 28.03.14
Strategie	63 Tage?	Mi 01.01.14	Fr 28.03.14
IST-Analyse	18 Tage?	Mo 03.02.14	Mi 26.02.14
Umfeldanalyse	18 Tage?	Mo 17.02.14	Mi 12.03.14
− Module Q1	67 Tage?	Mo 31.03.14	Di 01.07.14
Zieldefinition	20 Tage?	Mo 31.03.14	Fr 25.04.14
Projektdefinition	22 Tage	Mo 28.04.14	Di 27.05.14
Projektplanung	25 Tage	Mi 28.05.14	Di 01.07.14
− Module Q1	65 Tage?	Mi 02.07.14	Di 30.09.14
Ausschreibung	25 Tage	Mi 02.07.14	Di 05.08.14
Vertrag	20 Tage?	Mi 06.08.14	Di 02.09.14
Kick-Off	20 Tage?	Mi 03.09.14	Di 30.09.14
− Module Q1	65 Tage?	Mi 01.10.14	Di 30.12.14
Konzeption Pilot	20 Tage?	Mi 01.10.14	Di 28.10.14
Umsetzung Pilot	25 Tage	Mi 29.10.14	Di 02.12.14
Test & Evaluation	20 Tage?	Mi 03.12.14	Di 30.12.14
Phase 1 Umsetzung	70 Tage	Mi 31.12.14	Di 07.04.15

Abb. 3.53 Balken-(Gantt-)Diagramm (Software Projects)

Abb. 3.54 Zeitliche Projektstruktur mit Meilensteinen als XMind-Mindmap (vgl. Abb. 3.52)

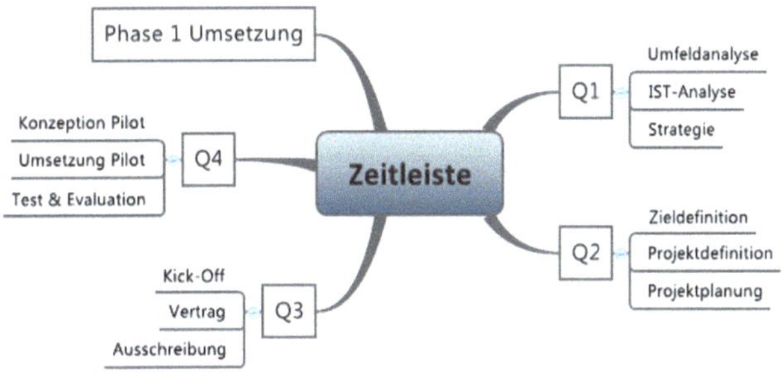

Tab. 3.20 Entscheidungsmatrix agil vs. klassisch

Vorgehensbaustein nach dem V-Modell	Klassisch	Agil
Projektmanagement	Aufgrund der ausgereifteren Steuerungsverfahren und leichteren Einbindung in andere, klassische Organisationsabläufe (z.B. Controlling) zeigen sich hier die Vorteile klassischen Projektmanagements bei 'normalen' Organisationen. Voraussetzung ist allerdings ein geeigneter Projektmanager	Bei kleineren Projekten oder in agiler Projektmethodik erprobten Projektteams. Auch als Alternative bei fehlendem Projektmanager und homogenem Team.
Qualitätssicherung	- dito -	
Konfigurationsmanagement	Projektabhängig	
Problem- und Änderungsmanagement		Bei sich kurzfristig ändernden Anforderungen zeigen sich die Stärken agiler Projektentwicklung gegenüber klassischen Verfahren
System(Produkt-)erstellung	- dito -	
Anforderungsfestlegung	Bei großen Anforderungsblöcken, die über den Projektzeitraum fest gesetzt sind und/oder einen längeren Entwicklungszyklus benötigen.	Bei in kurzen Entwicklungszyklen (max. 30 Tage) umsetzbaren Anforderungen, bieten sich dynamische User Stories oder Feature Lists aus dem agilen Projektmanagement an.
Lieferung und Abnahme	Eher klassisch, wenn Werkvertrag	Agil, wenn nach Stunden-kontingenten abgerechnet wird
Vertragsschluss	Projektabhängig	

Zeitstrahl und die Mindmap erstellt wurden) oder z. B. Smart Draw als kombiniertes Produkt, mit dem auch Zeitstrahlen und Gantt-Diagramme erstellt werden können.

Wie die Beispiele der Abb. 3.52, 3.53 und 3.54 zeigen, lassen sich die strukturgleichen Modelle ineinander umwandeln. Es ist deshalb eine pragmatische oder Geschmacksfrage (auch der Adressaten), welche Darstellungsform bevorzugt wird.

Zusammenarbeit im Projektteam und mit dem Kunden

Mit den klassischen Projektmanagement-Softwarepaketen wie etwa Microsoft Projects lassen sich über Gantt- oder Netzplandiagramme neben den logischen und zeitlichen auch die personellen und materiellen Ressourcen planen und kalkulieren.

Die meisten Standardprogramme liefern auf Wunsch Listen mit den Stundenaufwänden der den Aufgaben zugeordneten Mitarbeiter und häufig auch der einzusetzenden bzw. einsetzbaren finanziellen Ressourcen.

Eine solche Ressourcenplanung lässt sich alternativ auch mit Tabellenkalkulationsprogrammen wie z. B. Excel, Spreadsheets, Calc durchführen – die Berechnungen in klassischer Projektmanagement-Software basieren letztendlich auch auf solchen Tabellen.

Projektarbeit läuft häufig über Organisations-, Orts- und nicht nur bei internationalen Projekten auch Zeitgrenzen (etwa wegen unterschiedlicher Kernarbeitszeiten) hinweg.

Das klassische Werkzeug, um diese Zusammenarbeit zu unterstützen ist immer noch ein Mailprogramm mit Kalender.

Spätestens mit der Verbreitung von Social Media geht die Entwicklung gerade bei jüngeren Mitarbeitern jedoch weg von der E-Mail-Kommunikation hin zu Messages, Tweets und aggregierten Social Streams[14]. Es gibt sogar junge „2.0"-Firmen, die ihren Projektmitarbeitern verbieten(!) Mail zu nutzen und sie statt dessen auffordern, zu twittern. Allerdings musste eine dieser Firmen ihr eigenes Twitter-Programm soweit anpassen, dass die Unterschiede zu einem Mailprogramm immer geringer wurden (u. a. wurde die Zeichenbeschränkung aufgehoben).

Solche ideologischen Motive beiseite geschoben, gibt es eine Reihe handfester Gründe, den Einsatz von Collaboration Software in Erwägung zu ziehen; insbesondere, wenn die folgenden Voraussetzungen erfüllt sind:

- Es arbeiten mindestens vier Personen an mindestens zwei Standorten in einem (agilen) Projekt eng zusammenarbeiten oder
- ein externer Dienstleister ist in das Projekt involviert mit dem mehrmals in der Woche eine detaillierte Abstimmung stattfindet,
- Aufgabenlisten und/oder Dokumente spielen eine zentrale Rolle in der Abstimmung.

Projekt-, Collaboration-Plattformen

Nicht zuletzt zählen Collaboration Plattformen zur „Green IT", weil sie in der Tat helfen, Umweltbelastungen zu reduzieren. Sie ermöglichen nicht nur zeitlich verzögerte (asynchrone), sondern auch zeitgleiche Kommunikations-, Abstimmungs- und Zusammenarbeitsprozesse.

Beispiele hierfür sind die in Abschn. 3.3 beschriebenen, für die Online Gremienarbeit geeigneten Mitgliederportale als Gesamtlösungen, Social Collaboration Tools generell oder Tweets (z. B. Twitter), Messanger/Chats, Web- und Videokonferenzen als singuläre Werkzeuge.

[14] Eine Art Nachrichtenticker aus allen Social Media Plattformen, auf denen der Benutzer registriert ist.

Tab. 3.21 Collaboration Anwendungen und Einsatzszenarien

Collaboration-Anwendungen	Einsatzszenarien
Arbeitsräume/Workspaces	Nur für Projektmitarbeiter zugängliche Website, in der ihnen alle dort abbildbaren und für das Projekt relevanten Informationen und Tools zur Verfügung gestellt werden
RSS-Feed	Automatischer Newsfeed zu neuen Einträgen auf der Projektplattform
Twitter	'send to many' Anfragetool, etwa für Fragen wie „wer weiß wie bzw. was... ...oder wer kann...?"
Wiki	Dynamische Projektdokumentation, insbesondere bei agilen Projekten
Personenprofile	Kontaktdaten und direkte Kontaktmöglichkeiten
Blog (ggf. auch Forum)	Projekt-Logbuch, Fragen und Antworten oder Diskussionen, Abstimmungen
Web- und Videokonferenzen	Synchrone Bearbeitung von Dateien durch mehrere Projektbeteiligte, Online Demonstration und Test (bei IT-Projekten), Einführungen, Schulungen, Abstimmungen
Dokumenten-Management	Materialsammlung an einer Stelle für alle Projektmitarbeiter (ggf. Zugriff gesichert) und gemeinsame Bearbeitung von Dokumenten
Kalender	Terminkoordination auch mit externen Projekt-Mitarbeitern in einem für alle sichtbaren Kalender
Aufgabenlisten	Dynamisch von allen beteiligten bearbeitbare Listen, in denen Einzelanforderungen in Aufgaben mit dem aktuellen Bearbeitungsstatus abgebildet sind. Insbesondere für agile Projektverfahren relevant

(Social) Collaboration Plattformen und Web- und Videokonferenzen lassen sich auch hervorragend zu Schulungszwecken und damit zur Unterstützung der Einführung von Projektergebnissen einsetzen.

Bei allen Vorteilen von Teamsites oder Collaboration Plattformen sollte allerdings auch innerhalb des Verbandes bedacht werden, welche Personen im Projekt aktiv beteiligt sind und welchen realen Bedarf es für Kommunikation und Informationsaustausch gibt.

Der aktuelle Generations- und damit auch technische Paradigmenwechsel (vgl. Fallbeispiel 4.7) macht die Wahl der richtigen Werkzeuge nicht leichter.

Zur Unterstützung dieses Auswahlprozesses, sind in Tab. 3.21 exemplarisch Module von (Social) Collaboration Plattformen und bewährte Einsatzszenarien aufgeführt.

Bekannte Collaboration-Plattformen stammen etwa von Microsoft (Sharepoint), IBM (Notes, Quickr), Google (BusinessApps), Teamspace oder etlichen Open Source Anbietern (vgl. Abschn. 3.3.2).

3.10.5 Einführung und Change Management

Die Akzeptanz und damit auch die Einführung einer neuen Lösung wird generell erheblich vereinfacht, wenn alle Beteiligten und Betroffenen so früh wie möglich über die geplanten Maßnahmen informiert, anschließend auf dem Laufenden gehalten und rechtzeitig mit einbezogen werden.

Über ihre eigenen Erfahrungen mit einem größeren IT-Projekt, das von strategischer Vorplanung und intensiven Change Management-Prozessen begleitet wurde, schreibt die ehemalige Geschäftsführerin des Berufsverbandes der Yogalehrenden in Deutschland e. V., Dr. Doris Hafner:

> *Durch meine vorhergehenden Schilderungen [zum Projekt „myBDY"] wird deutlich, dass eine frühzeitige Einbindung der Mitarbeiter/-innen der Geschäftsstelle und spezielle Schulungsangebote [...] sinnvoll und nötig waren.* [LB11]

In agilen und partizipativen Projektmanagementverfahren ist eine intensive und gleichberechtigte Miteinbeziehung programmatisch. Als positiver Effekt entwickelt sich daraus häufig eine Gruppe von Mitarbeitern, die als besonders aktive und kompetente Ansprechpartner und Promotoren für die anderen Mitarbeiter fungieren.

Allerdings kann ein Zuviel an Mitarbeiter-Beteiligung, vor allem wenn es um die Berücksichtigung individueller Wünsche und Vorlieben geht, Projekte auch über Gebühr verkomplizieren, verzögern, verteuern oder sogar zum Scheitern verurteilen!

Eine angemessene Berücksichtigung der Stakeholder (u. a. Mitglieder, Ehrenämter, Beiräte etc.) etwa durch Umfragen, Steuerungsgremien oder Arbeitsgruppen ist gerade für Verbände von entscheidender Bedeutung. Weil dies auf fast alle Bereiche der Verbandsarbeit zutrifft, haben die meisten Verantwortlichen hierfür i. d. R. ein gutes Gespür und wissen, wie sie damit umzugehen haben. Verbandsmitarbeiter werden durch ihre Arbeit geschult, widerstrebende Interessent zu erkennen und mit den entscheidenden Personen auszuhandeln.

Durch die Aufteilung in möglichst kleine Projektphasen nach dem unter Abschn. 3.10.3 beschriebenen Prinzip „divide et impera" werden kurzfristig Ergebnisse erzielt, die als sicht- und nutzbare Projektergebnisse „verkauft" werden können. Diese sogenannten „Quick Wins" fördern ein positives Image des Projekts und seines Fortschritts.

Generell wird die Diskussion über die richtigen Projektmanagement- und den damit häufig verbundenen Change Management-Methoden nicht selten dogmatisch geführt: Es gibt glühende Anhänger agiler Methoden und erbitterte Gegner.

Dabei sind die grundsätzlichen Phasen von der Analyse über die Strategie, Umsetzung, Einführung u.s.w. größtenteils identisch (s. Abb. 3.55).

Wie so oft, verspricht ein an den Kompetenzen, zeitlichen, materiellen, personellen und kulturellen Rahmenbedingungen der eigenen Organisation, der Mitglieder, Stakeholder und den Projektzielen am besten angepasster Ansatz die größten Erfolgsaussichten.

Entscheidend ist demzufolge die organisatorische Begleitung des Projektes auch nach der Fertigstellung von Teilprodukten oder der gesamten Lösung: Keine Einführung von Lösungen klappt ohne begleitende Organisationsentwicklung oder Change Management. Auch dazu noch einmal Frau Dr. Hafner vom BDY:

Situation analysieren	Strategie & Ziele definieren	Maßnahmen konzipieren	Umsetzen, einführen, „KVP"
✓ Medien ✓ Öffentlichkeit ✓ Konkurrenz ✓ Branche ✓ Politik ✓ Mitglieder ✓ Mitarbeiter ✓ Organisation ✓ Technik ✓ Prozesse ✓ Maßnahmen ✓ Ressourcen…	✓ Verbands-vision (kurz-, mittel-, langfristig) ✓ Zielkennzahlen ✓ Kernbereiche, Prozesse, Orga-Stellen ✓ Human-, Struktur-, Beziehungs-Kapital…	✓ Für Mitglieder ✓ Für Medien ✓ Für Öffentl. ✓ Mitgliedergew. ✓ Maßnahmen abstimmen ✓ Ressourcen bereitstellen ✓ Team aufstellen ✓ Prioritäten setzen ✓ Zeitplanung…	✓ Projekt-management, Controlling ✓ Change-Management, PE & OE ✓ Maintenance ✓ Zielerreich-ungsanalyse ✓ Kontinuierliche Weiter-entwicklung

Abb. 3.55 Projektphasen

> *Man sollte sich vom Gedanken eines einfachen Users verabschieden. Es geht nicht mehr darum, einfach fertige Programme zu installieren und zu benutzen, um dann alleine damit zu arbeiten. Jeder Einzelne ist auf der digitalen Verbandsplattform ein sozial aktiver und sichtbarer Teilnehmer in einem gemeinsamen Kommunikationsprozess – und alle gestalten miteinander die Kultur des Verbandes.* [LB11]

Der Einführungsprozess neuer, digitaler Lösungen vereinfacht sich, wenn im ersten Schritt soweit wie möglich auf bestehende Prozessen aufsetzt wird, um die Anfangshürden für die Anwender zu minimieren. Veränderungen gerade in gewachsenen Strukturen und Arbeitsabläufen sollten sukzessive und in einem der Organisationskultur angepasstem Tempo folgen.

Ein letztes Mal Frau Dr. Hafner:

> *Für einen Verband mit Mitgliedern, die zur älteren Generation zählen oder eine kritische Haltung gegenüber [digitaler Verbandsarbeit] besitzen, erscheint es sinnvoll, schrittweise und mit immer neuen Impulsen die Hemmschwellen der Mitglieder abzubauen und Neugier zu wecken. Diesen Weg beschreiten wir im BDY mit Geduld und vielfältigen Ideen.*

In den folgenden Kapiteln finden sich einige Fallbeispiele, die diesen Punkt ebenfalls thematisieren, wie z. B. Abschn. 4.1, 4.4 oder 4.7.

Änderungen bedeuten zunächst einmal Mehrarbeit, von der ein „normaler" Mitarbeiter nur schwer zu begeistern ist, es sei denn er erkennt selbst die Möglichkeiten, seine Arbeit mit der neuen Lösung besser, schneller, einfacher und interessanter zu gestalten.

Ergonomische Aspekte spielen deshalb bei neuen IT-Lösungen eine entscheidende Rolle – schließlich soll deren Nutzung auch Spaß machen. Nicht nur dafür ist es äußerst ratsam, eine ausreichend lange Testphase einzuplanen. Dabei sollte ein Pilot mit den wichtigsten

Anwendungsszenarien umgesetzt und hinsichtlich Usability und Aufgabenerfüllung ausgiebig(!) und systematisch(!) geprüft werden.

Zum Testen der Aufgabenerfüllung können Testprotokolle auf Basis des Pflichtenheftes oder der agilen Anforderungsdefinition abgearbeitet werden. Für Usability Tests gibt es die vielfältigsten Optionen:

Von Umfragen über Labortests (im Büro als Desktop-Test mit Screencam, auf jeden Fall nicht als Schulterblick!) bis zu speziellen Usability-Testprogrammen ist vieles möglich.

Wichtig dabei ist in erster Linie:

1. Ausreichend Zeit. Funktions- und Usability-Test von weniger als zwei Wochen können auch bei kleineren Projekten kaum brauchbare Ergebnisse liefern
2. Kritikoffenheit. Die Tests liefern auch nur dann brauchbare Ergebnisse, wenn die für den Test verantwortlichen auch wirklich Schwachstellen aufdecken wollen

- Das Fallbeispiel 4.4 skizziert einige dieser Tests unter 4.4.4.

Einen nicht selten unterschätzten, positiven Einfluss auf die Akzeptanz und Nutzung neuer Lösungen hat deren Integration in die bestehende Basis-Infrastruktur: Eine möglichst nahtlose Integration ermöglicht Prozessoptimierungen, z. B. durch die Reduzierung der mehrfachen Daten-, Dateien und Nutzerverwaltung, Single Sign On und den „flow" reibungsloser Arbeitsabläufe.

Liegen die ersten Anwendungen mit positivem Ergebnis vor, sollte dies unbedingt intern kundgetan werden. Generell kann über positive Effekte auch späterer Anpassungen gar nicht genug kommuniziert werden! Werbung nach innen wird oft vernachlässigt, ist aber ein enorm wichtiger Faktor.

Eine weitere, vertrauensbildende Maßnahme ist ein proaktiver Support mit rechtzeitigen Schulungsangeboten: Die Projektverantwortlichen zeigen damit, dass sie Umstellungsschwierigkeiten von Mitarbeitern berücksichtigen und Aufwand betreiben, diese abzumildern.

Dazu müssen Ansprechpartner für fachliche oder technische Fragen benannt werden.

Um die Mitarbeiter der Geschäftsstelle(n) mit technisch-organisatorischen Änderungen vertraut zu machen, empfehlen sich je nach Anzahl Einzel- oder Gruppenschulungen (durch einen didaktisch geeigneten Trainer) mit anschließender Betreuungsphase (etwa als Teamsupervisionen und Coachings).

Wenn auch die Mitglieder für die Einführung einer neuen Lösung geschult werden müssen, wie etwa bei der Einführung eines neuen Mitgliederportales mit virtuellen Gremienräumen (Fallbeispiele 4.4 und 4.9), sollte dies soweit möglich im Rahmen bestehender Mitgliederveranstaltungen durchgeführt werden, um eine möglichst gute Breitenwirkung und entsprechendes Feedback zu erhalten. Ein geeignetes Forum wäre etwa die jährlich stattfindende Mitgliederversammlungen oder (besser) die häufigeren Treffen der Gremien auf Arbeitsebene.

Da nicht alle Mitglieder über solche Veranstaltungen erreicht werden und schriftliche Anleitungen mit mehr als einer Seite kaum einen Effekt haben, sollten zusätzlich Webinare und Aufzeichnungen der Schulungen oder Demos angeboten werden. Diese können zeitversetzt und ohne größeren terminlichen Aufwand von den Mitgliedern wahrgenommen werden (vgl. Fallbeispiel 4.7).

Bei der Einführung von Maßnahmen empfiehlt sich, potenzielle Power-User, Promotoren und Multiplikatoren als Early Adopter frühzeitig einzubinden. Wenn dies mit Erfolg geschieht, können virale Effekte entstehen, welche die Einführung exponentiell beschleunigen.

Nichts desto trotz ist die Einführung zentraler Maßnahmen ein langwieriger Prozess, weil er eine Anpassung alltäglicher Abläufe mit sich bringt. Unter zwei Jahren Anpassungszeit ist kaum ein CRM oder Mitgliederportal effektiv eingeführt. Solche Prozesse können auch bis zu fünf Jahre (vgl. Fallbeispiel 4.1) und noch länger dauern.

Darüber hinaus empfiehlt sich eine Exit-Strategie! Mit solchen Szenarien und deren Folgen beschäftigt sich das Risikomanagement als Teil des Projektmanagements. Die Gründe für ein Scheitern liegen meist in der Initiierungsphase und gründen in fehlender Kenntnis oder unzureichender Anwendung von Projektmanagementvorgehen. Nur ein kleinerer Teil der Gründe liegt in der Regel außerhalb des Projektes und damit des Einflussbereiches der Projektverantwortlichen.

Für Projekte in Verbänden haben zeitlich Risiken (Verzögerungen) oft nicht die Bedeutung wie in der Wirtschaft. Im Vordergrund stehen vielmehr neben den finanziellen vor allem Image- und Haftungsrisiken.

3.10.6 Haftungsrisiken, (IT-)Compliance

Im Abschn. 3.7 wurden bereits Haftungsrisiken bezüglich Verstößen gegen das Bundesdatenschutzgesetzt genannt. Explizit beziffert werden dort Bußgeldstrafen für Organisationen mit mehr als neun Mitarbeitern, die keinen offiziellen Datenschutzbeauftragten ernannt haben. Ein für Verbände mindestens ebenso hohes Risiko sind Klagen beim nicht gesetzeskonformen Umgang mit personenbezogenen Daten und dem damit verbundenen Vertrauensverlust. Mit solchen Risiken behaftet sind u. a.

(a) die unlautere Erhebung, Verarbeitung und Nutzung solcher Daten, d. h. ohne Einwilligung des Betroffenen,
(b) die unerlaubte Weitergabe an Dritte, wozu auch die eigenen Tochtergesellschaften gehören oder
(c) die unerlaubte, dauerhafte Speicherung personenbezogener Daten.

Unter (b) fällt auch der nicht verhinderte Zugriff auf die Daten durch Fahrlässigkeit, etwa wenn ein ungesichertes Mobilgerät auf dem Kontaktdaten gespeichert/synchronisiert sind, in falsche Hände gerät oder keine ausreichenden IT-Sicherheitsmaßnahmen vorhanden sind.

Weitere Haftungsrisiken vor allem für die Geschäftsführung bestehen bei nicht ordnungsgemäßer Buchführung (s. revisionssichere Archivierung nach GDPdU in Abschn. 3.3), Verstößen gegen Urheberrechte (Bild- und Tonmaterial, s. Abschn. 3.4), das Vereinsgesetzt oder Kartellrecht, um nur einige speziell für Verbände und deren IT relevante Regelungen zu nennen.

Beim Thema Kartellrecht sind gerade Dach- und Branchenverbände vielfach bereits sensibilisiert, da die Kartellbehörden ein Auge für unlautere Absprachen haben; Seit Einführung der Kronzeugenregelung im Jahr 2000 ist die Zahl der Kartellverfahren deutlich gestiegen. Hier sei darauf hingewiesen, dass dies auch bei der Gestaltung von Mitgliederportalen und deren Kommunikations-, Vernetzungs- und Zusammenarbeitsfunktionen zu berücksichtigen ist (siehe auch Fallbeispiel 4.9)!

Das Kartellamt kann sehr einschneidende Sanktionen wegen Wettbewerbsabsprachen und Bußgelder in Millionenhöhe aussprechen.

Zum Thema Compliance offeriert der BITKOM unter folgender Webadresse einen kostenlosen Leitfaden:
http://www.bitkom.org/files/documents/BITKOM_Leitfaden_Compliance.pdf.

Der Leitfaden richtet sich zwar offiziell an ITK-Unternehmen, ist aber in den allermeisten Teilen für Verbände nicht minder relevant – das gilt insbesondere für deren GmbHs oder Service Gesellschaften.

Er stellt aus pragmatischer Sicht Pflichten für einen rechtskonformen Einsatz von IT anhand der wichtigsten Rechtsgebiete dar. Dabei wird u. a. auch auf den Umgang mit Software-Lizenzen eingegangen, einem weiteren Risikofaktor.

Der Inhalt konzentriert sich folgerichtig auf rechtlich zwingende Anforderungen, die mit gesetzlichen Sanktionen bewehrt sind. Abschließend enthält der Leitfaden eine Beschreibung der jeweiligen Haftungsrisiken und Sanktionsmechanismen mit Hinweisen, wie diese vermieden oder zumindest abgemildert werden können.

Mit dem Haftungsprivileg für „unentgeltlich" tätige Vorstände von Verbänden nach § 31a BGB (Vereinsvorstandshaftungsbegrenzungsgesetz) sind Vorstände und i. d. R. auch Präsidiumsmitglieder bei den meisten Verbänden von der Haftung befreit. Die „unentgeltliche Tätigkeit" endet allerdings bereits ab einem Jahreshonorar von mehr als 500 €. Und natürlich haftet auch ein unentgeltlich Tätiger bei Vorsatz und grober Fahrlässigkeit.

> **Hinweis** Insbesondere für hauptamtliche Verbandsgeschäftsführer ist eine professionelle Beschäftigung mit IT auch unter Haftungsgesichtspunkten ratsam.

4 Zehn Fallbeispiele von Verbänden im Wandel

Mit der 2010 und 2013 durchgeführten Panel-Studie (s. Kap. 2) haben wir Daten und Experteneinschätzungen zu der Frage bekommen, welche digitalen Maßnahmen und Lösungen moderne Verbände bereits einsetzen oder planen, dies zu tun.

Zur Vertiefung der Ergebnisse haben wir seit 2011 eine Reihe von Fallbeispielen zusammengetragen. Sie zeigen exemplarisch in unterschiedlicher Ausprägung einen bunten Fächer an Strategien, Maßnahmen, IT-Lösungen und Erfahrungen aus erster Hand.

Alle zehn mit dem Namen der Verbände betitelten Fallbeispiele gliedern sich in fünf Abschnitte:

1. Auf einen Blick
   Untertitel und Zusammenfassung des Beispiels in drei bis fünf Stichpunkten.
2. Zum Verband
   Grundlegendes zur Art des Verbandes seinen Aufgaben, Mitgliedern und der (Organisations-)Struktur.
3. Ausgangslage, Zielsetzung, Strategie
   Motivation der nachfolgend beschriebenen Maßnahmen mit den dahinter liegenden strategischen oder konzeptionellen Überlegungen und Zielen.
4. Maßnahmen
   Kompakte Beschreibung ausgewählter Maßnahmen digitaler Verbandsmodernisierung mit Bildbeispielen, Informationen zu deren Umsetzung (zum Teil unter Nennung der eingesetzten IT-Lösungen), Einführung und Change Management.
5. Ergebnisse und Ausblick
   Stand der Maßnahmen, Ergebnisse, Fazit und/oder auf andere Verbände übertragbare Erfahrungen, Lessons Learned, Tipps;
   Ggf. Ausblick auf aktuell in Arbeit befindliche oder geplante Maßnahmen oder allgemeine Entwicklungstendenzen.

T. Klauß, *Verbände digital*, X.media.press, DOI 10.1007/978-3-642-45019-8_4,

4.1 Gesellschaft für Personzentrierte Psychotherapie und Beratung e. V. (GwG)

4.1.1 Auf einen Blick

Strategie und Entwicklung zum Verband 2.0

- Das Beispiel der GwG steht für einen strategisch geleiteten, ganzheitlichen Modernisierungsprozess, zu dem die Beteiligung der Mitarbeiter und Mitglieder, professionelle Organisationsentwicklung, Corporate Design und moderne IT gleichrangig beitragen sollen.
- Die Verbandsstruktur wurde zum Teil neu gegliedert, eine neue Stelle für Community Management geschaffen, eine erweitertes CRM-System und eine Cloud basierte Office Plattform zur internen Zusammenarbeit eingeführt.
- Die Nutzung der Social Media Kanäle durch die Mitglieder wurde mit dem Community Management ausgebaut, eLearning Angebote entwickelt und die Mitarbeiter an den neuen Tools trainiert.
- Den größten Anteil nahm neue Website als integrative Plattform und sichtbarster Beleg der Modernisierung in Anspruch.
- Der gesamte, auf 3–5 Jahre hin ausgelegte Veränderungsprozess war aufgrund eines länger anhaltenden Mitgliederschwunds notwendig geworden.

4.1.2 Zur GwG

Die GwG ist mit ca. 2600 Mitgliedern – meist Psychologen/innen, aber auch Sozialpädagogen/innen – Europas größter Fachverband für Personzentrierte Psychotherapie und Beratung. Mitglied kann jede Person werden, welche die Ziele der GwG anerkennt und fördert.

Die GwG ist als Bundesverband regional gegliedert und hat eine parlamentarische Struktur, wie in Abb. 4.1. dargestellt.

In der Geschäftsstelle in Köln arbeiten insgesamt knapp 10 Mitarbeiter/innen.

Der Personenverband steht für die Verbreitung und Weiterentwicklung des Personzentrierten Ansatzes (PZA) in Wissenschaft, Therapie, Beratung und überall dort, wo Menschen einander begegnen. Sie kommuniziert den PZA in der Öffentlichkeit und nehmen Stellung zu gesellschaftspolitischen, sozialpsychologischen Entwicklungen Ihre Zertifikate werden national und international von vielen Instituten anerkannt.

Die wichtigsten Aktionsbereiche sind:

(1) **GwG-Akademie** mit jährlich ca. 40 Fortbildungen zur berufsbegleitenden Fort- und Weiterbildungen für Zielgruppen in psychosozialen und pädagogischen Arbeitsfeldern sowie in Wirtschaft, Verwaltung und Organisationen.
Dabei spielen Kooperationen mit Universitäten, Fachhochschulen und anderen Einrichtungen sowie mit Fach- und Berufsverbänden im In- und Ausland eine wichtige Rolle.

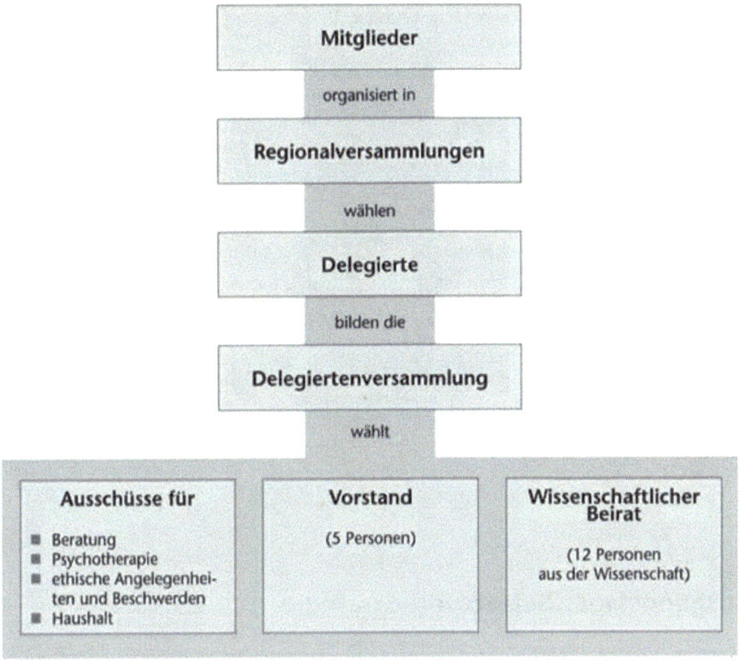

Abb. 4.1 **Parlamentarische Gremienstruktur der GwG**

(2) **Vermittlung von Beratern und Psychotherapeuten** durch persönliche Anfrage oder über die Online Datenbank.

(3) **Kongresse, Fachtagungen und Seminare** zur Unterstützung der wissenschaftlichen Entwicklungen rund um den PZA.

(4) **GwG-Verlag**, der im Jahr bis zu 50 wissenschaftliche Publikationen und viermal die Zeitschrift „Gesprächspsychotherapie und Personzentrierte Beratung" herausgibt.

(5) **Regionalversammlungen**, welche Mitgliedern die Möglichkeit bieten, sich aktiv für die beruflichen Interessen einzusetzen und mit Kollegen auszutauschen.

Abbildung 4.2. zeig die Gesellschaftsstruktur der GwG.

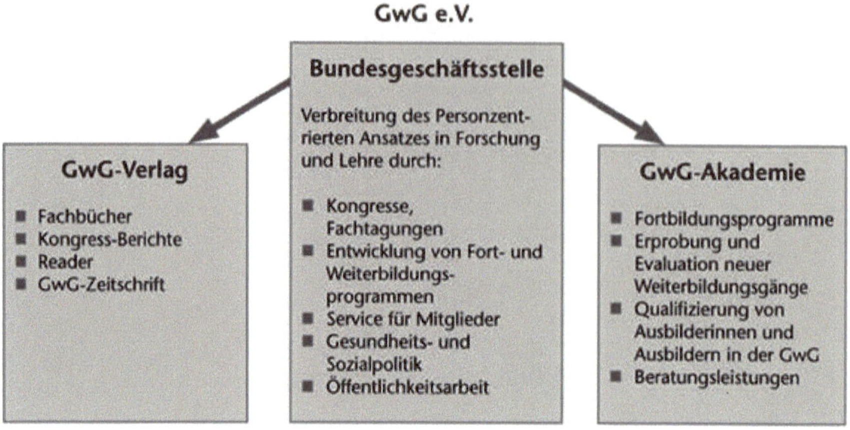

Abb. 4.2 Struktur

4.1.3 Ausgangslage, Zielsetzung, Strategie

Leitlinie der Strategie zu Stärkung des Mitgliedernetzwerkes und damit der GwG ist:

Mehr Mitgliederorientierung und mehr Service!

Ausgangspunkt für den Modernisierungsschub war der jahrelange, gefährliche Mitgliederschwund, wie Abb. 4.3. zeigt. Übergeordnetes Ziel war es deshalb, den Verband zu-

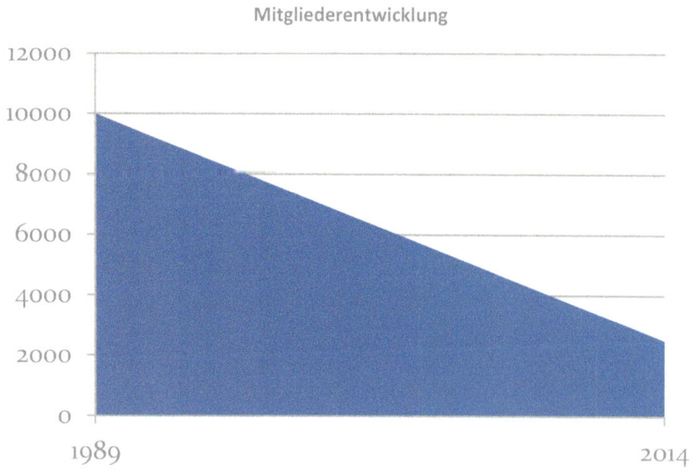

Abb. 4.3 Mitgliederzahl in 25 Jahren auf ein Viertel gesunken

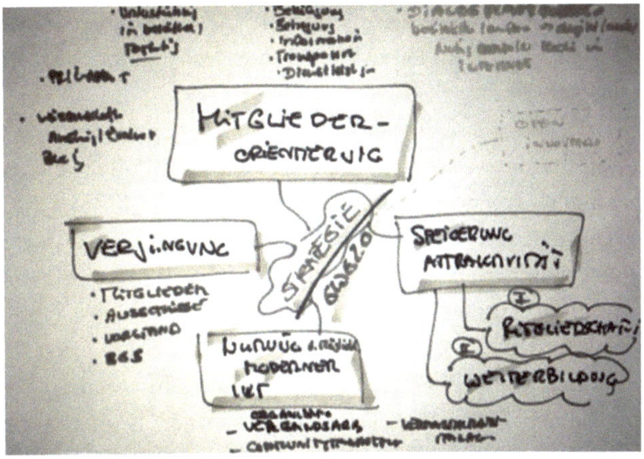

Abb. 4.4 Skizze zur Strategieentwicklung (Wüntsch, GwG)

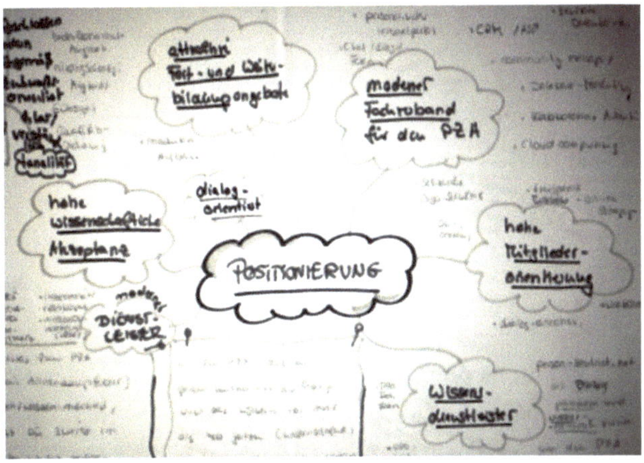

Abb. 4.5 Teilaspekte Strategieentwicklung (Wüntsch, GwG)

kunftsfähig zu machen, den Kontakt und die Kommunikation mit und zwischen den Mitgliedern zu intensivieren und die GwG als Fachverband für Personzentrierte Verfahren für neue Mitglieder attraktiver zu machen.

Nicht zuletzt aufgrund des fachlichen Hintergrundes des Vorstandes, der diese Entwicklung maßgeblich vorangetrieben hat, steht die moderne Organisationsentwicklung dabei an erster Stelle.

Mit einer neuen Organisationsstruktur für die Geschäftsstelle wurde die Grundlage für den Wandlungsprozess geschaffen. Dazu wurden neue Arbeits- und Aufgabenfelder definiert, die notwendig sind, um die GwG als modernen und attraktiven Verband zu positionieren.

Die Umstrukturierungen sollen mehr Mitglieder- und Serviceorientierung ermöglichen.

Die Abb. 4.4. und 4.5. skizzieren den Strategieentwicklungsprozess.

Die GwG versteht sich als ein Verband der Mitglieder-Netzwerke stärkt und auch Nicht-Mitglieder über den Personzentrierten Ansatz PZA informiert und auf eine Mitgliedschaft neugierig macht.

Ein wichtiger Erfolgsfaktor für die Weiterentwicklung ist eine lebendige Wissenskultur, in der das Wissen rund um den PZA gebündelt und in der Breite Kommuniziert und zugänglich gemacht wird.

Um den Aufbau einer attraktiven Dialog- und Wissensinfrastruktur zu organisieren, wurde eine neue Stelle geschaffen, die sich um modernes, dialogorientiertes Wissensmanagement kümmert.

Die bestehenden Strukturen werden weiter aktualisiert und um neue Dialog- und Kommunikationsangebote ergänzt. Damit sollen Interessierte besser eingebunden und in Ihrem Engagement wirkungsvoller unterstützt werden können.

Wichtiger Bestandteil des organisatorischen Entwicklungsprozesses ist eine verstärkte Nutzung der Potenziale moderner Informations- und Kommunikationstechnologien (IKT) für die Verbandsarbeit.

Durch eine zeitgemäße Präsenz in den sozialen Informations- und Kommunikationsmedien sollen verstärkt junge Menschen für den PZA und die gemeinsame Arbeit in der GwG begeistert und als Mitglieder gewonnen werden.

4.1.4 Maßnahmen (Auswahl)

Die entsprechend der Modernisierungsstrategie notwendigen Anpassungen der Arbeits-, Organisationsprozesse, digitalen Infrastruktur und Anwendungen finden auf den in Kap. 3. beschriebenen Handlungsebenen (vgl. Abb. 4.6) statt:

I. **Interne Organisation** in der Bundesgeschäftsstelle
II. **Mitglieder** und Assoziierte in Gremien, Projekten, Kooperationen
III. **Externe Zielgruppen** wie Politik, Öffentlichkeit, Medien

Intern Um die interne Zusammenarbeit auch mobil zu unterstützen, wurde die Cloud-Software Office 365 eingeführt. Damit können alle Mitarbeiter/innen der GwG auch ohne separat gemieteten oder angeschafften Exchange Server Termine, Dokumente und mehr gemeinsam verwalten und bearbeiten (Collaboration). Das spart Kosten und ermöglicht eine effiziente, zeit- und ortsunabhängige Zusammenarbeit.

Schwerpunkt der Modernisierung der internen IT-Infrastruktur war jedoch die Aktualisierung und der Ausbau des CRM-Systems. Nach einer Marktsichtung wurde beschlossen, die Seit Jahren bereits im Einsatz befindliche Software „VEWA" der GRÜN Software AG auf die neue Version 6 zu aktualisieren und erheblich auszubauen.

Hierzu wurde neben einer grundlegenden Prozessoptimierung im CRM und in der Mitgliederverwaltung auch das Branchenmodul für Veranstaltungsanbieter eingeführt.

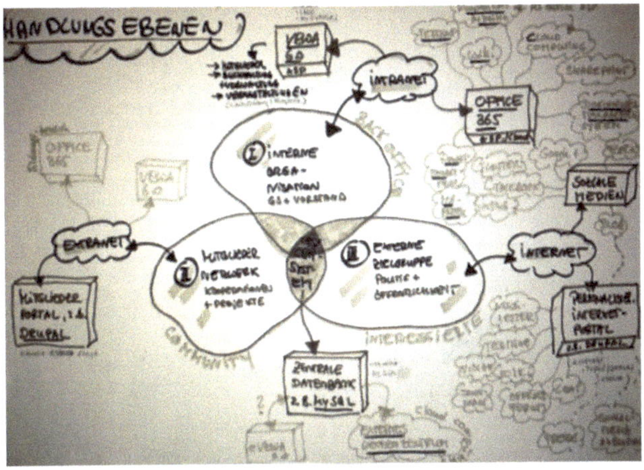

Abb. 4.6 Skizze zu den Handlungsebenen (Wüntsch, GwG)

Mit dem Seminar- und Veranstaltungsmanagement können sowohl Seminare und Fortbildungen zur personzentrierten Beratung als auch die GwG Fachtagung als Großveranstaltung mit über 200 Teilnehmern deutlich komfortabler und effizienter organisiert und abgerechnet werden.

Das CRM-System bietet umfangreiche Möglichkeiten im Adressmanagement, wie die Darstellung des Beziehungsgeflechts innerhalb des Fachverbands sowie die Archivierung der Kommunikation mit den Mitgliedern und Teilnehmern. Auch die Mitglieder- und Bei-

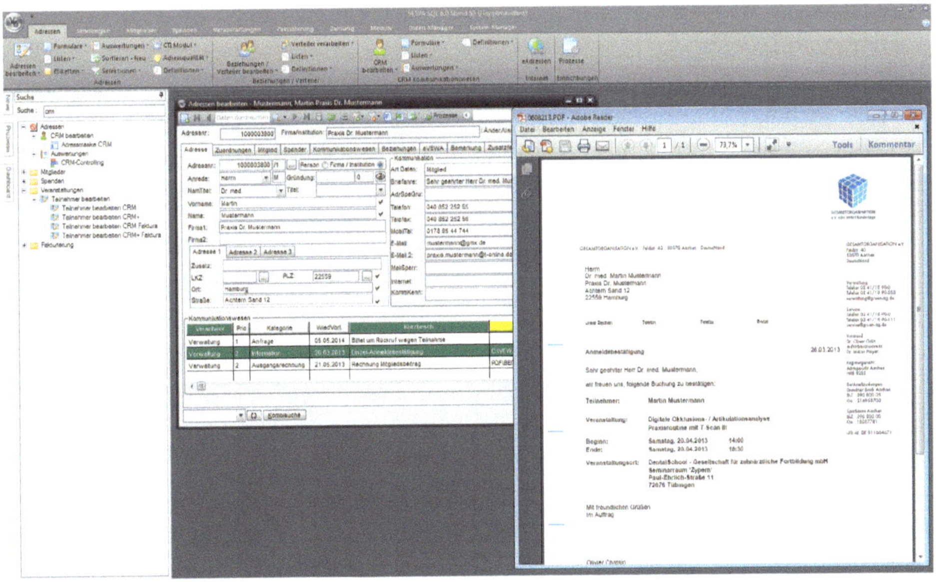

Abb. 4.7 Screenshot CRM Serienbrief (Grün)

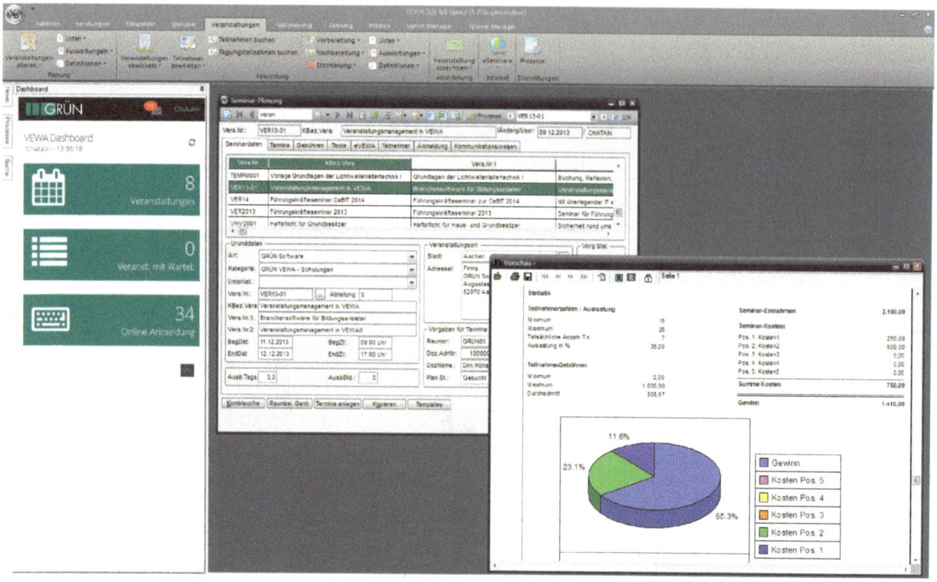

Abb. 4.8 Screenshot CRM Dashboard mit exemplarischer Auswertungen (Grün)

tragsverwaltung mit der kaufmännischen Abwicklung von der Beitragsrechnung bis hin zum Mahnwesen werden zentral abgebildet.

Auch Lastschrifteinzüge im SEPA-Format werden durch das CRM-System unterstützt. Abbildung 4.7 zeigt eine Ansicht der eingesetzten CRM – Lösung VEWA6 mit Kontaktdatensatz und Serienbrief.

Ziel des integrierten Ansatzes ist es, in einem zentralen CRM- bzw. ERP-System praktisch alle wichtigen Informationen auf einen Blick im Zugriff zu haben und nicht an verschiedenen Stellen Informationen zusammen tragen zu müssen. So ist es möglich, schneller zu Ergebnissen zu kommen und Freiräume zur Konzentration auf das Wesentliche zu schaffen – das den Kunden bzw. das Mitglied.

Nicht zuletzt bietet ein solcher Ansatz viele Vorteile in der Auswertbarkeit und im Controlling, wie Abb. 4.8 andeutet.

Mitglieder-Netzwerk Um die stärkere Vernetzung im Verband und die Kommunikation zwischen den Mitgliedern und in den Regionen zu unterstützen, wurden als Bestandteil der neuen Website des Verbandes ein Forum, ein Blog (s. Abb. 4.10) und persönliche Profile der Mitglieder integriert.

Sie ergänzen als technische Infrastruktur den/die neuen Community-Manager/in (s. Abb. 4.9), der/die damit ein wertvolles Hilfsmittel an die Hand bekommt, bei limitierten zeitlichen Ressourcen mit möglichst vielen, regional verstreuten Mitgliedern in Dialog zu treten.

Erfahrungsgemäß werden so vor allem jüngere Mitglieder und solche, die nur an wenigen Veranstaltungen oder Treffen teilnehmen können, erreicht.

Abb. 4.9 Neue Stelle Community-Manager(in) (Wüntsch, GwG)

GwG-Blog

GWG-BLOG

Vertreter der humanistischen Haltung und des personzentrierten Ansatzes werfen einen Blick auf die Welt. Lassen Sie sich inspirieren und unterhalten!

Wenn Sie auf einen Blog reagieren möchten, nutzen Sie dafür gerne unser GwG-Mitglieder-Forum! Wir und vor allem die "Blogger" selbst freuen sich auf Ihre Reaktionen!

Haben Sie Lust bekommen, auch für uns und die Leser "personzentriert" zu bloggen? Dann freuen wir uns über Ihre Nachricht an presse@gwg-ev.org

07.04.2014
WIR BRAUCHEN „NEUE UND WIRKSAMERE THERAPIEN"?

Manchmal verstehe ich die Welt nicht mehr. Na gut, „die Welt" ist vielleicht zu viel gesagt. Genauer gesagt meine ich einen ganz konkreten Sachverhalt, der in einer Pressemeldung des Bundesministeriums für Bildung und Forschung (BMBF) im Februar dieses Jahres veröffentlicht wurde - unter dem schönen Titel „Seelische Leiden besser verstehen".

Sehr geehrte Frau Wanka,.........

01.04.2014
STRESS NUR EINGEBILDET?

Gazetten-Psychologie hat bisweilen ihren Unterhaltungswert. Wer könnte von sich sagen, er habe noch nie im Wartezimmer, beim Frisör oder im Urlaub bei einem der üblichen „psychologischen Tests" innegehalten, die in den bunt schillernden Blättern einen Blick in das geheime Innenleben versprechen? Dies dient fraglos der Unterhaltung. Und wer solche „Psychologie" ernst nimmt, wird, gottlob, in unserer Kultur wenig ernst genommen.

Abb. 4.10 Hier bloggen die Mitglieder (öffentlich)

Im Blog oder Forum der Website und den Social Media Kanälen Facebook, Xing und Twitter werden als virtuelle Erweiterung der regionalen Mitgliederversammlungen die Bedürfnisse, Stimmungen und Ziele des Verbandes und seiner Mitglieder im Dialog ausgetauscht. Reaktionen und Beobachtungen aus den Online-Aktivitäten können dann in den direkten Austausch auf physischen Treffen mit einfließen und so persönliches Networking unterstützen.

Auf der Website finden sich selbst gepflegte Profile von Beratern und Psychotherapeuten in einer neu aufgesetzten Online-Datenbank. Verstärkt durch die Kommunikation über

Abb. 4.11 Coach Datenbank

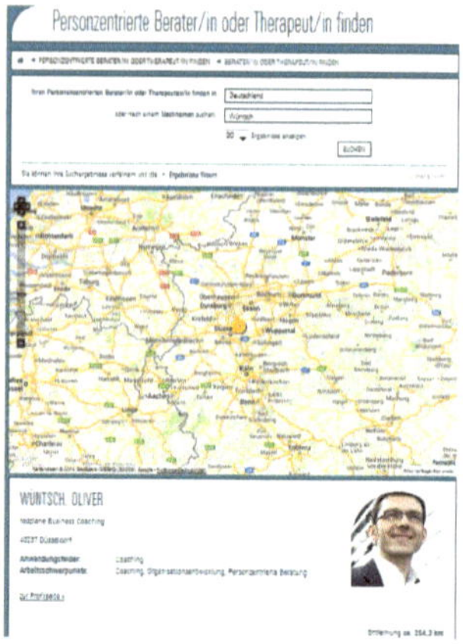

die Social Media Kanäle soll damit auch die Auftragsvermittlung der Mitglieder forciert werden, was ein besonders wertvoller Mitgliederservice ist (s. Abb. 4.11).

Externe Zielgruppen, Außenkommunikation Im Zentrum der Maßnahmen zur Außenkommunikation stand aus organisatorischer Sicht der Aufbau einer Online-Redaktion.

Dies ging einher mit einer verstärkten Bewerbung der neuen Website (Abb. 4.12). Auch innerhalb des Verbandsnetzwerkes wurde die neue Website propagiert, um Mitmach-Effekte zu erzielen.

In erster Linie sollen jedoch die Social Media-Aktivitäten neue Besucher auf die Website leiten.

Hierfür werden zunächst mit einfachen Mitteln die in Deutschland bekanntesten Kanäle bespielt, um Daten und Erfahrungen über deren Nutzwert zu sammeln. Deshalb werden bewusst auch Kommentar- und Dialogfunktionen zugelassen.

Die Abb. 4.13 bis 4.16 zeigen Screenshots der Präsenzen auf Facebook, Twitter, Google+ und Xing.

Abb. 4.12 Neue Website

Abb. 4.13 GwG auf Facebook

Abb. 4.14 GwG auf Twitter

Die Fort- und Weiterbildungsangebote sind ein altbekanntes Angebot der GwG, das einer Frischzellenkur unterzogen wurde. Dazu zählte neben der inhaltlichen auch die gestalterische Überarbeitung sowie die Ergänzung um neue Formate wie vor allem Online Seminare/Webinare.

Kurz vor Redaktionsschluss wurde als Kooperationsprojekt eine neue Online-Datenbank zum Fachgebiet des Verbandes freigschaltet. Mehr dazu siehe http://verbaende.tumblr.com/post/90549843186/gemeinschaftsprojekt-dreier-verbaende-startet-groesste.

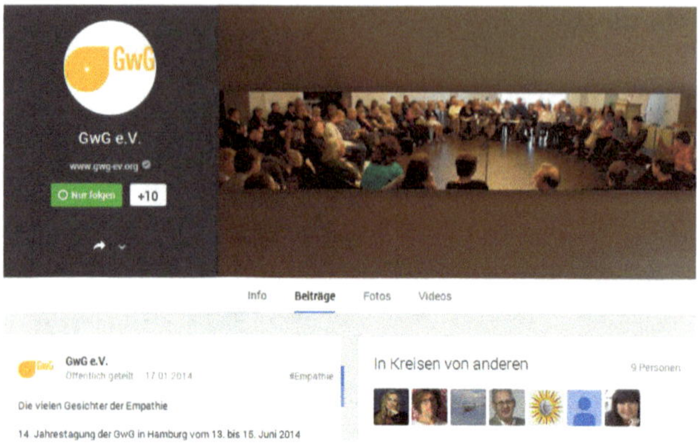

Abb. 4.15 GwG auf Google+

Abb. 4.16 GwG auf Xing

Einführung, Change Management Um das Gesamtpaket an Maßnahmen bewältigen zu können und dabei nicht in der Binnensicht gefangen zu sein, bediente man sich externer Unterstützung. Als Finanzierungshilfe dienten öffentliche Fördermittel u. a. aus der Potenzialberatung NRW (Programm für die zukunftsorientierte Sicherung der Wettbewerbsfähigkeit und Beschäftigung).

Zusammen mit einem externen IT-Verbandsberater wurde eine strategisch-technische Maßnahmen-Matrix erarbeitet (s. Abb. 4.17).

Zur Begleitung der Mitarbeiter der Geschäftsstelle bei der Umsetzung der geplanten Vorhaben hat die Verbandsführung einen Organisationsentwicklungsprozess gestartet, der neben notwendigen fachlichen Fortbildungen auch Teamsupervisionen und Coachings beinhaltet.

Die Verbandsmitglieder wurden über Fragebögen, einen runden Tisch und spezielle Workshops auf größeren Veranstaltungen wie dem Verbandspolitischen Forum ebenfalls aktiv mit einbezogen.

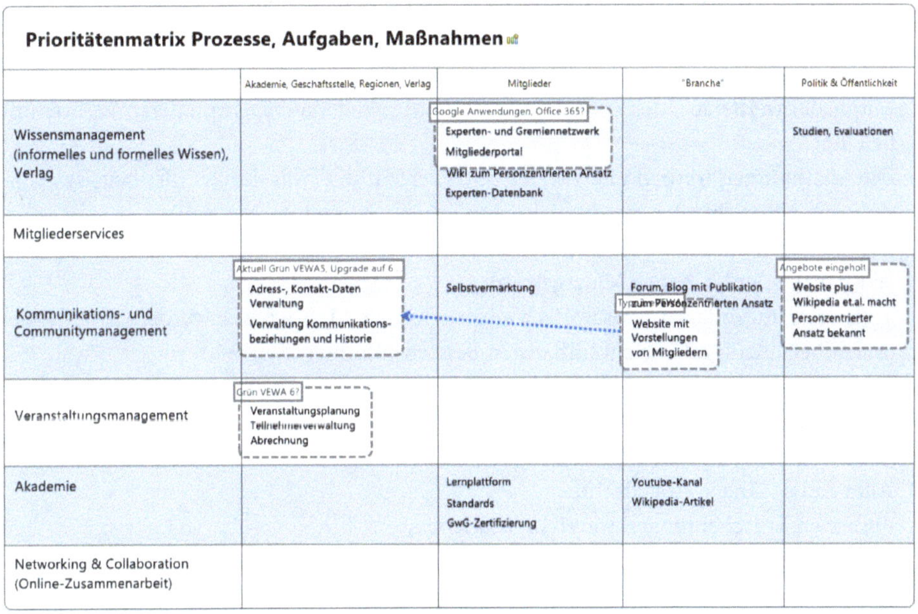

Abb. 4.17 Maßnahmenentwicklung, Konzeption (© Thomas Klauß, Xpoint0 – Moderner Verband)

4.1.5 Ergebnisse & Ausblick

Wie die weiter oben gezeigten Screenshots der Social Media Aktivitäten zeigen, ist der Zuspruch in diesen Kanälen noch verhalten (Google +10, Twitter 32, Facebook 171 likes). Am meisten Aktivität gibt es auf Facebook sowie in der Xing-Gruppe, die auf einer bereits vorher bestehenden Gruppierung aufsetzt.

Es muss allerdings erwähnt werden, dass die Zielgruppe von Vertretern des Personzentrierten Ansatzes wohl zu einer der schwierigsten für die digitale Vernetzung zählt! Dies liegt in der Grundphilosophie dieses Ansatzes begründet, der darauf basiert, dass persönliche Kommunikation durch nichts zu ersetzen ist!

Die Zahlen vor allem von verbandsexternen Besuchern der öffentlichen Website haben sich allerdings seit dem Relaunch verdoppelt, wie eine Google Analytics Auswertung für die Besucherzahlen auf gwg-ev.org vom 28.12.2013 bis 27.01.2014 ergeben hat.

Dies ist ein hoffnungsvolles Zeichen dafür, neue Mitglieder über die aktuellen, digitalen Maßnahmen für die GwG gewinnen zu können.

Aktuell wird zu einer weiteren Bewerbung in Bewegtbild-Medien ein professioneller Image-Film gedreht, der u. a. auf YouTube ausgestrahlt bzw. gestreamed werden soll.

Aus den bisherigen Erfahrungen mit dem gesamten Organisationsentwicklungsprozess wurden die folgenden, auch auf andere Verbände übertragbaren Erfolgsfaktoren herauskristallisiert:

- Die Geschäftsführung ist der Haupttreiber eines Veränderungsprozesses und das Kernteam der Hauptverstärker
- Es gibt genügend Willen zur Veränderung auch unter den Mitarbeitern und Mitgliedern
- Mitglieder werden bei der Entwicklung neuer Mitgliederservices und deren Verbreitung beteiligt
- Die Maßnahmen werden intern erfolgreich vermarktet (was durch Offenheit, Transparenz und Möglichkeiten zur Partizipation erheblich vereinfacht wird!)
- Es gibt ein gut durchdachtes Konzept und eine professionelle Maßnahmenplanung (Projektmanagement, Change Management)
- Technisch und/oder organisatorisch anspruchsvolle Maßnahmen werden professionell extern begleitet (Außensicht hilft gegen Betriebsblindheit)

Die Lessons Learned fasst der Vorstand wie folgt zusammen:

- Alles dauert länger als gedacht,
- die ersten Entscheidungen waren die stärksten,
- das Beharrungsvermögen ist größer als erwartet,
- positive Veränderungen geben neue Energien,
- **es lohnt sich!**

4.2 Weltverband Deutscher Auslandsschulen e. V. (WDA)

4.2.1 Auf einen Blick

Digitaler Relaunch eines kleinen Verbandes

- Der WDA ist ein kleiner, aber weltweit agierender Verband. Das führt zu der Herausforderung, mit sehr wenigen Ressourcen ein internationales Netzwerk zu organisieren.
- Da in diesem Netzwerk persönliche Treffen und Veranstaltungen selbstredend mit sehr großen (Reise-)Aufwänden verbunden sind, ist eine Ort und Zeit übergreifende Vernetzung mit moderner IT fast eine Notwendigkeit.
- Mit einem mittleren, fünfstelligen Budget wurden erfolgreich ein neues Corporate Design und eine moderne, Cloud basierte Verbands-IT sowie die über den Verband hinausreichende Community „auslandsschulnetz" realisiert.

4.2.2 Zum WDA

Der Weltverband Deutscher Auslandsschulen gibt den freien Schulträgern seit 2003 eine vereinte Stimme. Er unterstützt die Deutschen Auslandsschulen und vertritt die freien, gemeinnützigen Schulträger dieser Schulen.

„Den Auslandsschulen kommt in der globalen Informationsgesellschaft eine entscheidende Rolle zu: Sie vermitteln das Wissen und die Kompetenzen, mit denen Kinder und Jugendliche die Zukunft positiv gestalten können. Sie sichern weltweit schulische Versorgung auf höchstem Niveau. Gleichzeitig ermöglichen sie die Begegnung zwischen den Kulturen und fördern die deutsche Sprache und Kultur im Ausland." (www.auslandsschulnetz.de)

Die wesentlichen Aufgaben des Verbandes sind:

- Sicherung der Qualität der Mitgliedsschulen
- Stimme der freien Schulträger in der Politik und Interessensvertretung gegenüber den fördernden Stellen
- Erhöhung des Bekanntheitsgrades der Deutschen Auslandsschulen
- Eintreten für eine finanzielle und personelle Fördersicherheit der Mitglieder
- Förderung der deutschen Sprache weltweit
- Stärkung der Schulabschlüsse Deutscher Auslandsschulen im internationalen Vergleich
- Bündelung des Wissens der lokalen Experten zu einem globalen Netzwerk

Mitglieder sind 140 deutsche Auslandsschulen in mehr als 70 Ländern, was die Sonderstellung dieses kleinen, aber international arbeitenden Verbandes ausmacht.

Die Services für Mitglieder reichen von Interessensvertretung, Beratung, Weiterbildungsangeboten über Sonderkonditionen für Schulausstattungen, IT, Versicherungen bis zu Veranstaltungen und Wissensaustausch.

Es gibt nur eine Geschäftsstelle in Berlin mit vier Mitarbeitern.

4.2.3 Ausgangslage, Zielsetzung, Strategie

Der WDA hat sich 2011 dazu entschieden, seine Außendarstellung und interne IT neu aufzustellen. Dies betraf das Corporate Design und den Internet-Auftritt genauso wie die für die Verbandsarbeit benötigte IT-Ausstattung. Der Stand damals:

- Veraltete Website
- Ungenutzter interner Bereich für Mitglieder
- Veralteter Newsletter als statisches PDF
- Kontaktverwaltung „Hands on" individuell und dezentral via Outlook
- Kein gemeinsamer Kalender für die Organisation

Die Herausforderung bestand darin, mit sehr begrenztem Budget und fehlenden, internen IT Ressourcen ein innovatives Verbandskonzept mit moderner IT umzusetzen. Dabei fiel das Augenmerk schnell auf die vom Kosten-Nutzenverhältnis attraktiven Cloud-Lösungen.

Ein monolithisches System, welches alle Anforderungen oder auch nur einen Großteil derselben abdeckt und dabei bezahlbar ist, gab es – und gibt es auch heute – nicht. Die

Tab. 4.1 „Mismatch" oder „Unpassendheit" zwischen Anforderungen Schulen und Softwareangebote

Schulen	Softwareanbieter
▪ Software passt nicht auf Prozesse	▪ Prozesse nicht ausreichend definiert
▪ Hohe Anpassungskosten	▪ Hohe Folgekosten wegen mangelnder Prozessdefinition
▪ Weltweiter Service schwierig	
▪ Unausgeglichenes, unscharfes (Leistungs)Angebot	▪ Unscharfe Anforderungen

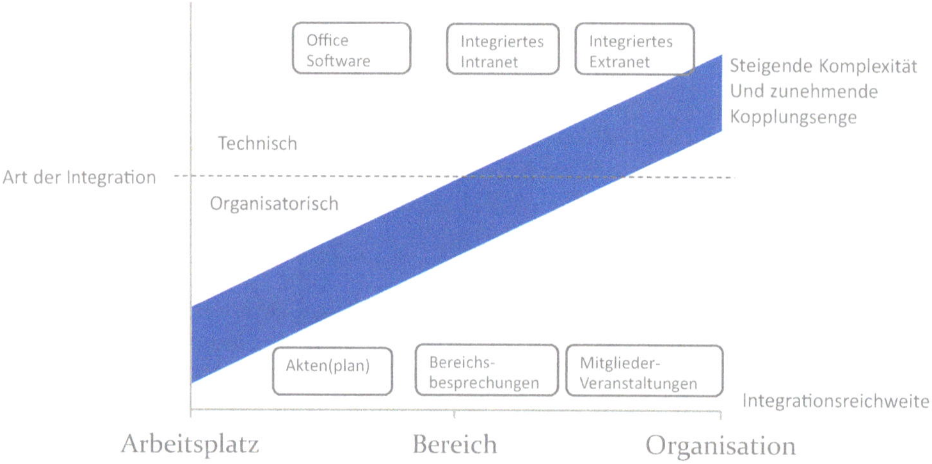

Abb. 4.18 Zusammenhang von Kopplungs- und Integrationsgrad von Informationssystemen und Organisationen

Anforderungen der Schulen und des Verbandes lassen sich nicht genügend mit denen der Softwareanbieter in Deckung bringen, wie Tab. 4.1 gegenüberstellt.

Die häufig gewählte Alternative, mehrere, nicht integrierte Einzellösungen zu beschaffen, um die wichtigsten Bereiche abzudecken, hat den großen Nachteil, Brüche in durchgängigen Arbeitsabläufen zu provozieren.

Abbildung 4.18 skizziert, dass Komplexität und Vernetzung (Enge der Kopplung) von Informationssystemen organisationsgebunden ist (vgl. [ZI08]): Organisationsprozesse nehmen keine Rücksicht auf Systemgrenzen!

Der Lösungsansatz des WDA basiert auf den folgenden Überlegungen:

i. Eine Schulsoftwarelösung sollte „bottom up" entstehen, in dem im Gegenstromprinzip die Anforderungen der Schulen mit den Anforderungen der Systemanbieter zusammengebracht werden.
ii. Anschaffungs- und Servicekosten lassen sich durch genossenschaftliche Zusammenschlüsse von investitionsbereiten Schulen senken, bei gleichzeitiger Erhöhung der Effizienz beim Anbieter.

iii. Die Schulen müssen sich dafür in Kernbereichen auf die gleichen Prozesse einigen, was eine gemeinsame Organisationsentwicklung und Prozessbeschreibung bedeutet.
iv. Diese Basis erlaubt einen stärker zentralisierten Service, der deswegen preiswerter gestaltet werden kann.

Der ganzheitliche, technisch-organisatorische Ansatz ermöglicht die Entwicklung eines „best of breed" Lösungsmodells, bei dem die am besten geeigneten Module zu einer Gesamt-Infrastruktur integriert werden.

4.2.4 Maßnahmen (Auswahl)

Als Grobkonzept wurde zusammen mit einem externen IT-Verbandsberater auf Basis der intern definierten Anforderungen und Leitlinien das in Abb. 4.19 skizzierte Modell entworfen.

Auf die einzelnen Module wird in den folgenden Abschnitten eingegangen.

CRM-System Zentrales Modul ist das CRM-System (vgl. Abschn. 3.5.), weil es zwei von drei der für den WDA wichtigsten Kernanwendungen abdeckt:

(1) Kontakt- und Kommunikationsmanagement
(2) Zentraler Mail- und Kalenderserver

Als Lösung wurde das Cloud basiertes CRM twentyone gewählt, das zusätzlich ein ebenfalls benötigtes Projektmanagementmodul und vor allem flexible Schnittstellen zu den an-

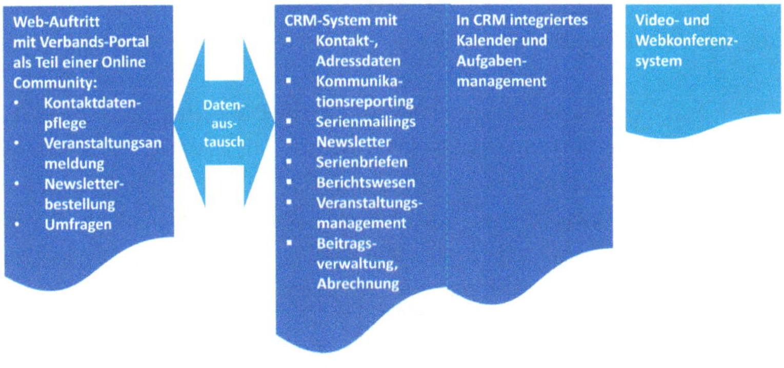

Abb. 4.19 Konzeptskizze für Cloud-IT-Infrastruktur beim WDA © Thomas Klauß, Xpoint0-Moderner Verband

Abb. 4.20 Screenshot Communitysite Auslandsschulnetz.de

deren Lösungsmodulen mitbringt. Darunter fallen die Schnittstellen zur Finanzbuchhaltung und vor allem die zu einem neu aufgesetzten Verbandsportal im Internet (s. Skizze).

Das System wurde für einen zweistelligen monatlichen Betrag beim dem Anbieter inklusive Hosting, technischer Betreuung, Support gemietet.

Webauftritt mit Verbandsportal Mit Hilfe der Schnittstelle zwischen dem CRM-System und dem neuen Verbandsportal werden Kontakt- und Veranstaltungsdaten über eine sichere Verbindung ausgetauscht sowie Newsletter bestellt und verteilt. Zudem werden in der Community Umfragen lanciert, deren Daten wieder zur Auswertung in das CRM fließen.

Website und Community-Portal wurden auf einer bestehenden, ebenfalls Cloud basierten Plattform aufgesetzt, die mit der Webweaver Community Lösung realisiert wurde. Durch die Integration in eine bestehende, zur Zielgruppe des Verbandes passenden Internet-Community wird eine höhere Sichtbarkeit erzielt. Parallel wird dadurch den Mitgliedern Zugriff auf einen größeren Fundus thematisch passender Inhalte gegeben.

Abbildung 4.20 zeigt einen Screenshot des neuen Portals der auch das neue Corporate Design veranschaulicht.

Als weitere Anlaufstelle im Netz für die Mitglieder wurde eine Organisations- und Lernplattform unter dem Label „Meine Deutsche Auslandsschule im Netz". (www.w-da.net) aufgebaut (s. Abb. 4.21).

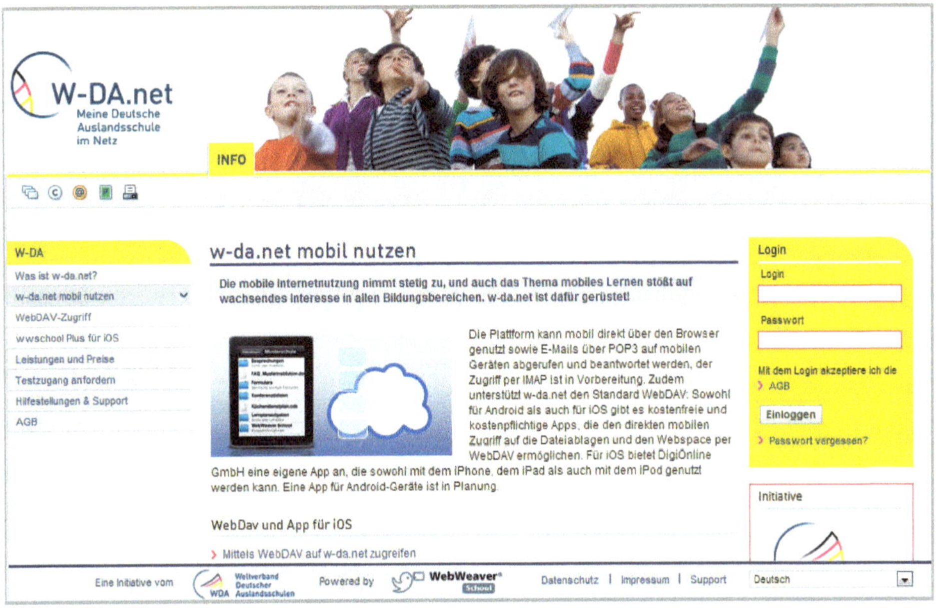

Abb. 4.21 Screenshot Lernplattform w-da.net

Zu der Ausrichtung der beiden Plattformen sagt der Geschäftsführer des WDA, Thilo Klingebiel: „w-da.net gibt den Schulen digitale Werkzeuge an die Hand, mit deren Hilfe sie sich effektiver organisieren sowie Lernprozesse mit digitalen Medien gestalten können. Gleichzeitig fördert der WDA mit seiner Verbandsplattform auslandsschulnetz.de die globale Vernetzung der Auslandsschulexperten."

Video- und Webkonferenzsystem Für eine effiziente und kostengünstige Kommunikation mit den weltweiten Mitgliedern wird ebenfalls als Cloud-Service auf ein Voice Over IP (VOIP-), Web- und Videokonferenzsystem gesetzt. Dieses ist jedoch kein integraler Bestandteil der Gesamt-Infrastruktur und wird nur bei Bedarf genutzt und bezahlt (On Demand Service).

Einführung/Change Management Da die Geschäftsstelle nur aus dem Geschäftsführer, der das Projekt geleitet und maßgeblich mitentwickelt hat und drei weiteren Mitarbeitern besteht, war die interne Einführung unproblematisch und bedurfte abgesehen von einer kurzen Eingewöhnungszeit keiner gesonderten Maßnahmen.

Die weltweit verteilten Mitglieder wurden via Webkonferenzen und auf den jährlichen Treffen persönlich vom Geschäftsführer des Verbandes mit den neuen Lösungen vertraut gemacht.

4.2.5 Ergebnisse & Ausblick

Eine professionelle Infrastruktur wie in dem obigen Beispiel wäre für einen Verband mit den Ressourcen des WDA ohne Cloud-Lösungen nicht realisierbar gewesen.

Aber es gibt auch Punkte, die zum Nachdenken anregen:

- Die tatsächliche Wirkung der Maßnahmen ist schwer einzuschätzen, da ein Vorher-Nachher-Vergleich durch die mit den neuen Maßnahmen einhergehenden Tätigkeitsänderungen und den damit verbundenen Einschätzungen und Erwartungen sehr schwierig ist.
- Eine reale Messung des ROI (Return On Investment) ist ohne vergleichbare Prozesse und deren Prozesszahlen noch viel weniger möglich.
- Hinzu kommt, dass die neuen Werkzeuge mindestens zu Beginn noch nicht optimal genutzt werden können und damit Potenziale auf der Strecke bleiben. Im Zweifelsfall wird nicht die Produktivität, aber die Qualität der Arbeit erhöht, was sich bei Verbandsarbeit erst längerfristig bemerkbar macht.

Der WDA ist ein dynamischer Verband, seine aktuellen Entwicklungen beim WDA können angefragt werden über http://www.moderner-verband.de/anfrage.htm.

4.3 Arbeitgeberverband Gesamtmetall

4.3.1 Auf einen Blick

Effiziente Online-Kommunikation und Multi Channel Kampagnen

- Der Arbeitgeberverband Gesamtmetall ist Dachverband der Metall- und Elektronindustrie mit 22 regionalen Mitgliedsverbänden. Er ist bereits seit 1996 als einer der ersten Verbände überhaupt im Netz aktiv vertreten.
- Mit seinen begrenzten Personalressourcen kann er nur bei strategischem Kosten-/Nutzenkalkül, in Zusammenarbeit mit den Mitgliedsverbänden und unter Einbeziehung externer Dienstleister eine starke mediale Wirkung entfalten.
- Herauszuheben ist das strategisch geplante, konzertierte Maßnahmen-Bündel ThinkING mit Microsite, Facebook-Seite, Tweets, Computerspielen etc., mit dem eine Top-Positionierung zu diesen Themen online erreicht wurde.

4.3.2 Zu Gesamtmetall

Der Arbeitgeberverband Gesamtmetall ist der Dachverband von 21 Arbeitgeberverbänden der Metall- und Elektro-Industrie.

Gemäß eigener Darstellung (http://www.gesamtmetall.de/gesamtmetall/meonline.nsf/id/DE_Verband) sind in den M+E-Verbänden insgesamt 6300 Unternehmen mit mehr als

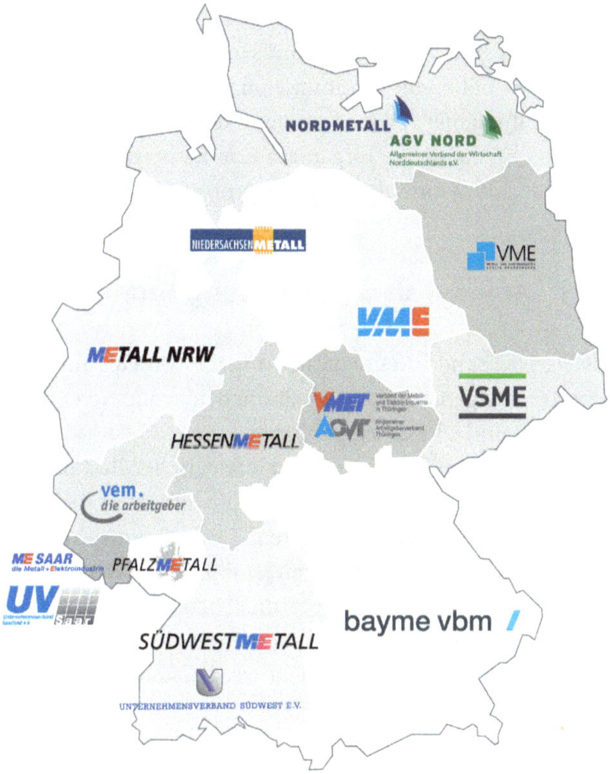

Abb. 4.22 Regional organisierte Mitgliedsverbände von Gesamtmetall

zwei Millionen Beschäftigten organisiert. Davon sind 3900 Unternehmen tarifgebunden (mit 1.8 Mio. Beschäftigten) und 2400 sogenannte OT-Mitglieder (mit 330.000 Beschäftigten). Die Metall- und Elektro-Industrie in Deutschland zählt insgesamt rund 23.000 Unternehmen, davon 15.000 industrielle (7000 sind große Handwerksbetriebe) mit 3,4 Mio. Beschäftigten.

Als Interessenvertretung der Metall- und Elektro-Industrie erarbeitet und vertritt Gesamtmetall die Positionen der Branche und bietet Beratung in arbeitsrechtlichen Fragen, Konzeptionen für die Berufsbildung, Sozialpolitik, Öffentlichkeitsarbeit und Politikberatung.

Im Umfeld von Tarifverhandlungen hat Gesamtmetall die Aufgabe, neue Tarifkonzepte zu entwickeln, die wirtschaftlichen Voraussetzungen für Tarifabschlüsse zu analysieren, Strategien für die Tarifrunde vorzubereiten, während der Tarifrunde die Verhandlungen zu koordinieren und die Solidarität im Arbeitskampf zu sichern.

Tarifträgerschaft und Flächentarifvertrag bleiben jedoch wesentlich in der Hand der M+E-Mitgliedsverbände, die in Abb. 4.22 ihren Regionen zugeordnet aufgeführt sind.

Nichtsdestotrotz ist die IG Metall der wichtigste Gegenspieler auch von Gesamtmetall, was aufgrund der deutlich größeren Human-Ressourcen der Gewerkschaft eine der wesentlichen Herausforderungen darstellt. Gesamtmetall hat als einer der ersten Verbände in

Deutschland die Chance ergriffen, mit Hilfe digitaler Medien, auch bei wenig Personal-Ressourcen eine starke Medienpräsenz zu erzielen.

Die Geschäftsstelle Gesamtmetall in Berlin hat 35 Mitarbeiter, wovon zwei für Kommunikation und einer für die Kommunikations-IT verantwortlich sind.

Das umfangreiche Organigramm kann online unter http://www.gesamtmetall.de/gesamtmetall/meonline.nsf/res/Organigramm.pdf eingesehen werden.

4.3.3 Ausgangslage, Zielsetzung, Strategie

Als Dachverband ist es genuine Aufgabe von Gesamtmetall, die 21 Mitgliedsverbände zu vernetzen, zu gemeinsamen Positionen oder anderen Ergebnissen zu koordinieren und diese präsent und effektiv zu publizieren.

Moderne digitale Medien sind strategischer Bestandteil des Medienmix: Gesamtmetall hat sich zur Aufgabe gesetzt, mit den begrenzten Ressourcen in allen wichtigen Kanälen so effektiv wie möglich zu agieren. Deshalb sind Kosten-Nutzen-Betrachtungen wesentlich für alle Maßnahmen-Planungen; dazu Pressesprecher Martin Leutz: „Man muss die Medien auch inhaltlich und personell bedienen können."

Social Media ist kein Selbstzweck, deshalb ist es entscheidend, *welche* sozialen Netzwerke *wie* mit welchen *Zielen* bedient werden können; Dazu gehören die Fragen:

(a) Habe ich Inhalte?
(b) Kann ich dem Medium gerecht werden?
(c) Ist das mit vertretbarem Ressourcenaufwand möglich?

Ein wichtiges, strategisches Ziel ist es, das Google Ranking zu Namen und zentralen Themen hoch zu halten und so bei den wichtigsten Themen online an prominenter Stelle präsent zu sein. Zunehmend wichtiger wird es auch, die Vernetzung unter dem eigenen Dach weiter zu fördern, um gemeinsam mit den Mitgliedern ein stärkeres Gegengewicht zur größeren IG Metall herstellen zu können.

4.3.4 Maßnahmen (Auswahl)

Hervor zu hebende Maßnahmen des Arbeitgeberverbandes Gesamtmetall finden sich in dem intelligent fokussierten Einsatz von Social Media Plattformen. Hier drei Beispiele.

Verbands Website mit integrierten Social Media Kanälen Für die inhaltliche Pflege der Website ist ein Redaktionsteam verantwortlich, das sich aus Mitarbeitern aller Mitgliedsverbände zusammensetzt. Die inhaltliche Abstimmung erfolgt in den einzelnen Verbänden. Die Kommunikation kann durch das Gremium unter einer gemeinsamen Dachmarke erfolgen.

Abb. 4.23 Gesamtmetall Tweet, der alle Metallverbandsinfos aggregiert

Einen expliziten Mitgliederbereich gibt es aufgrund der kleinen, konstanten Mitgliederstruktur nicht, da deren Zusammenarbeit seit vielen Jahren über ein (noch) nicht separiertes Intra-/Extranet auf Basis von Lotus Notes abgewickelt wird.

▸ **Hinweis** Bei Redaktionsschluss waren interne Projekte im Bereich Extranet in Arbeit, s. unter „Eingeleitete oder geplante Maßnahmen" am Ende dieses Fallbeispiels.

Hier stehen deshalb die auf der Website aggregierten Social Media Kanäle im Fokus:

i. Podcasts – vorrangig Interviews mit Verbandsvertretern
   Ziel: Pressematerial bereitstellen und E-Campainging Kanal
   Ergebnis: Wird zu wenig in Anspruch genommen, lohnt sich nicht
ii. Flickr Bildgalerien
   Ziel: Pressematerial bereitstellen
   Ergebnis: Negatives Aufwand/Nutzen-Verhältnis
iii. YouTube Channel mit Interview-Videos
   Ziel: E-Campaigning
   Ergebnis: Zufriedenstellend, da ausreichend aufgerufen und starkes Medium

Insgesamt werden die Flickr Bildgalerien und die Podcasts als verzichtbar eingestuft.

Twitter Kanal, Facebook Page und aggregierte-News-Website unter www.me-arbeitgeber.de/ Unter dem Namen ME Arbeitgeber werden alle Nachrichten der Mitgliedsverbände akkumuliert und auf der News-Website sowie als Twitter Kanal angeboten (s. Abb. 4.23). Parallel laufen die News in die zentrale „Pressestelle" von Gesamtmetall auf der Facebook Präsenz.

Ziel ist neben der Akkumulierung der Mitteilungen aus allen Mitgliedsverbänden auf den für die Presse wichtigsten, digitalen Kanälen auch die Vernetzung mit weiteren Branchenvertretern – etwa als Facebook-Friends oder Twitter-Follower.

Abb. 4.24 Beispiel Reaktionsstrategie (Leutz, Gesamtmetall)

Dadurch entstehen Multiplikator Effekte als Gegengewicht zum massiven Auftritt der IG Metall (s. Abschn. 3.6 unter Agenda Setting).

Das Ergebnis des Einsatzes von Twitter und Facebook bei Gesamtmetall: Einfach, effektiv und vielseitig verwertbar; viele Friends und Follower.

Insgesamt ein Erfolg. Nur über diese einfache Maßnahme können aggregierte News aus allen ME- Branchenverbänden ohne Mehraufwand für den Leser bezogen werden.

Ein Risiko gerade bei Facebook ist allerdings, dass dort sehr viele Mitarbeiter/innen und Mitglieder selbst mit eigenen Accounts vertreten sind und diese durch „Übersprungs(re)aktionen" in die Verbandskommunikation mit einbezogen werden. Das kann zu einer Verlagerung von Diskussionen auf persönliche Bereiche oder auch im ungünstigen Fall zu Denunziationen führen.

Ebenso erfordert eine rege Nutzerbeteiligung – die ja ausdrücklich erwünscht ist – einen hohen Betreuungsaufwand.

Abbildung 4.24 zeigt die bei Gesamtmetall praktizierte Reaktionskette.

Medienübergreifende Kampagne „ThinkING!" Das bereits 2008 initiierte und noch immer vorbildliche Maßnahmenbündel soll Ingenieurberufe fördern und richtet sich vor allem an jüngere Menschen. Bestandteile der Kampagne sind die folgenden Maßnahmen (mit Zielen und Ergebnissen):

i. **Kampagnen – Website mit Feed, Forum, Rating**
   Ziel: Wichtige Anlaufstelle im Netz für Information über, Bewerbung von und Motivation für Ingenieursberufe mit Forum und anderen interaktiven Elementen
   Ergebnis: Sehr hohe Sichtbarkeit, Google-Top-Ranking bei den meisten Ingenieursberufen
ii. **Tweet think_ING**
   Ziel: Aggregierte Nachrichten zu Ingenieursberufen
   Ergebnis: Einfach, effektiv und vielseitig verwertbar; vierstellige Zahl an Followern, ein Erfolg!

Abb. 4.25 ThinkING Kampagne auf Facebook

iii. **Zwei Computer-Lernspiele**, produziert in Kooperation mit großen Mitgliedsfirmen und Organisationen aus dem pädagogischen Bereich
Ziel: Soll Kinder für MINT-Berufe begeistern
Ergebnis: Das Spiel „ExperiMINTe" wurde mit mehreren Computerspielpreisen ausgezeichnet

iv. **Facebook-Seite** unter http://www.facebook.com/INGwerden
Ziel: Zentrale Dialogplattform und Informationsquelle für Jugendliche
Ergebnis: ausbaufähig

Zusätzlich gibt es als Printprodukte ein **Pixie-Heft** und ein monatliches **Magazin „ThingING kompakt"**, das auch elektronisch verfügbar ist.

Die vorhergehende Abbildung 4.25 zeigt einen Screenshot zur Facebook-Präsenz.

Einführung, Change Management Für die oben angegebenen Maßnahmen wurden keine expliziten Personal(entwicklungs)vorhaben, d. h. auch keine speziellen Schulungen, durchgeführt. Das Projektmanagement zur Konzeption, Planung, Umsetzung und Einführung übernehmen die Leiter der den Maßnahmen zugeordneten Organisationsbereiche.

Für alle nach außen kommunizierenden Maßnahmen ist dies der Pressesprecher, für die internen IT-Anwendungen (inkl. Intranet/Extranet) der IT-Manager. Ersterer übernimmt „nebenbei" das Content Management der Website sowie größtenteils die Moderation (sofern erforderlich) von Diskussionen auf Facebook oder Twitter.

Besonders hervorzuheben sind die kurzen, dezentralen Abstimmungsprozesse, die eine schnelle Reaktion überhaupt erst möglich machen:

- *Eingehende Diskussionsbeiträge oder Anfragen auf anderen, elektronischen Kanälen werden i. d. R. selbstorganisiert, d. h. ohne interne Abnahme beantwortet.*
- *Des Weiteren wird im Netz branchenbezogen nach kritischen Beiträgen gesucht, auf die ebenfalls eigenverantwortlich dezentral reagiert wird.*

Leitlinie hierfür ist, dass alle Beiträge von Mitarbeitern des Verbandes „zitierfähig“ sein müssen (Social Media Guideline). Ebenso ist Bestandteil der Guideline, dass Mitarbeiter aus Gründen der Authentizität unter ihrem eigenen Namen und Kennzeichnung ihrer Position als Verbandsmitarbeiter in diesen Kanälen kommunizieren sollen.

Der wesentliche Inhalt wird von Mitarbeitern der Kommunikations- oder Presseabteilungen der Mitgliedsverbände erstellt und über die Redaktionsgruppe konzertiert in die gemeinsam bedienten Kanäle publiziert. Innerhalb der Mitgliedsverbände gibt es zum Teil unterschiedliche Freigabeprozesse.

Die Zusammenarbeit der über Deutschland verteilten Gruppe erfolgt durch persönliche Treffen, unterstützt durch das allen Mitgliedern zur Verfügung stehende Intra-/Extranet. Intern werden die Dokumente und Adressdaten zumeist dezentral von Assistent(inn)en der Mitgliedsverbände gepflegt. Der Newsletter wird durch einen ehemaligen Mitarbeiter extern betreut.

Aus technischer Sicht werden fast alle Systeme extern gehosted und von externen Dienstleistern technisch betreut; nur die Server für den Content der Website, den gemeinsamen Dokumentenpool und das CMS stehen inhouse werden aber ebenfalls von außen administriert.

4.3.5 Ergebnisse & Ausblick

Die Erfahrung hat gezeigt, dass es sehr schwierig ist, die relevanten Themen im Netz dauerhaft zu besetzen. Verbände konkurrieren dabei mit privatwirtschaftlichen Playern und allein darauf fokussierten Interessensgruppen. Letztere bespielen einzelne Themen mit großem Zeit- und Geld-Aufwand und viel professioneller Unterstützung – ein Beispiel ist das Thema „Zeitarbeit“.

Zumindest aber die zentralen, verbandsnahen Begriffe konnten als Twitter-Kanäle oder URLs belegt werden. ThinkING ist eines der wenigen, längerfristigen Beispiele für erfolgreiches Agenda Setting im Web durch einen Verband.

In Sozialen Netzen agieren die Metallarbeitgeber im Verbandskollektiv unter dem Dachbegriff ME-Arbeitgeber (Twitter, Facebook), in Wikipedia reagieren sie bei Bedarf auf Einträge etwa der IG Metall. Dezidiertes E-Lobbying wird nicht betrieben, da die politische Arbeit mit des BDA verzahnt ist und die Regionalverbände auf ihrer Ebene politisch eigenständig agieren.

Bis auf Flickr, die Videogalerie und mit Abstrichen die Podcasts, haben alle beschriebenen Maßnahmen ein positives Kosten-Nutzen-Verhältnis. Dialogische Medien werden nur soweit eingesetzt, wie die Ressourcen es zulassen, was zu einer Fokussierung der Kanäle führt. So wurden die Aktivitäten auf Xing zugunsten von Facebook zurück gefahren.

Ein Wert an sich ist die Möglichkeit der Vernetzung: Man erfährt mehr, was die anderen machen und kann Schneeballeffekte nutzen. Die Vernetzung mit anderen Verbänden zu bestimmten Themen soll ausgebaut werden, scheitert leider aber oft an verbandsspezifischen Interessen. Insgesamt sind Verbände mit den neuen Medien potenziell schneller reaktionsfähig (vgl. Fallbeispiel 4.9 BDI).

Im Wesentlichen wurden die eingangs formulierten Ziele erreicht. Aufgrund der dünnen Personaldecke geht die Tendenz jedoch weiter dahin, mehr Leistungen von professionellen Dienstleistern einzukaufen.

Eingeleitete oder geplante Maßnahmen Wie oben erwähnt ist ein Relaunch der Kooperationsplattform, auf der die Zusammenarbeit mit den Mitgliedsverbänden organisiert wird, in Arbeit.

> **Hinweis** Wer über die Ergebnisse, die erst nach Redaktionsschluss dieses Buches vorliegen werden, informiert werden möchte, trägt sich bitte unter folgender URL ein: http://www.moderner-verband/anfrage.htm. Sobald das aktualisierte Fallballspiel vorliegt, werden wir die angemeldeten Interessenten umgehend elektronisch darüber informieren!

Nicht geplant sind aus Kosten/Nutzen-Erwägungen Blogs, da diese mit den vorhandenen Ressourcen nicht effektiv bedient werden können (Moderation!) und im Vergleich zur IG Metall, die dort sehr aktiv ist, kein „Ankommen" ist.

Fazit

Die Maßnahmen des Verbandes und sein organisatorisches Umfeld sind ein gutes Beispiel dafür, wie durch frühzeitiges, gezieltes, strategisches Vorgehen und dezentrale Verantwortung (schnelle, direkte Entscheidungswege) auch mit begrenzten Mitteln viel erreicht werden kann.

4.4 Bundesverband Informationswirtschaft, Telekommunikation und neue Medien e. V. (BITKOM)

4.4.1 Auf einen Blick

Neuaufbau, Modernisierung und Integration zentraler IT-Anwendungen für Mitglieder und Mitarbeiter - vom Intranet, über das CRM bis zum Mitgliederportal

- Der Bundesverband mit Sitz in Berlin hat ca. 100 Mitarbeiter und vertritt mit mehr als 1300 direkten Mitgliedsunternehmen insgesamt über 2100 Unternehmen der IKT-Branche.
- Schwerpunkt der Maßnahmen sind eine moderne, digitale Kommunikation intern und extern, neue digitale Mitgliederservices sowie ein verbessertes Qualitäts- und Wissensmanagement.
- *Erstes vollständig in der Breite eingeführtes, hochintegriertes Mitgliederportal 2.0 in einem Verband im deutschsprachigen Raum* mit mehr als 250 online Gremienarbeitsräumen mit Web 2.0 Collaboration Funktionen für mehr als 20.000 User, die sich zudem mit einem eigenen Profil vernetzen können.
- Für internes Prozess-, Dokumenten und Wissensmanagement gibt es ein Intranet mit QM-Modul und ein *mit dem Portal integriertes CRM-System, welches 2010 mit einem best practice Award prämiert wurde.* Letzteres ist das führende System für Mail-Kampagnen, Kommunikations-, Veranstaltungs- und Mitgliedermanagement bis hin zu E-Lobbying.

4.4.2 Zum BITKOM

Gemäß eigener Darstellung ist der BITKOM das Sprachrohr der IT-, Telekommunikations- und Neue-Medien-Branche. Hierzu gehören fast alle Global Player sowie ca. 800 leistungsstarke Mittelständler. Der Verband vernetzt nach eigenem Verständnis Köpfe und Unternehmen der digitalen Welt, organisiert einen permanenten Austausch zwischen Fach- und Führungskräften und stellt seinen Mitgliedern Plattformen zur Kooperation untereinander und für den Kontakt mit wichtigen Kunden bereit.

Schwerpunkt seiner Arbeit ist die Schaffung innovationsfreundlicher Rahmenbedingungen. Bildung und Fachkräftenachwuchs, Datenschutz und Sicherheit, Green-IT, E-Government und E-Health, Mittelstand, Urheberrecht, Standortpolitik sowie eine neue Telekommunikations- und Medienordnung gehören zum Kern der politischen Agenda des BITKOM. Im Sinne der digitalen Konvergenz fördert BITKOM die Zusammenarbeit aller Unternehmen mit ITK-Bezug (vgl. www.bitkom.org).

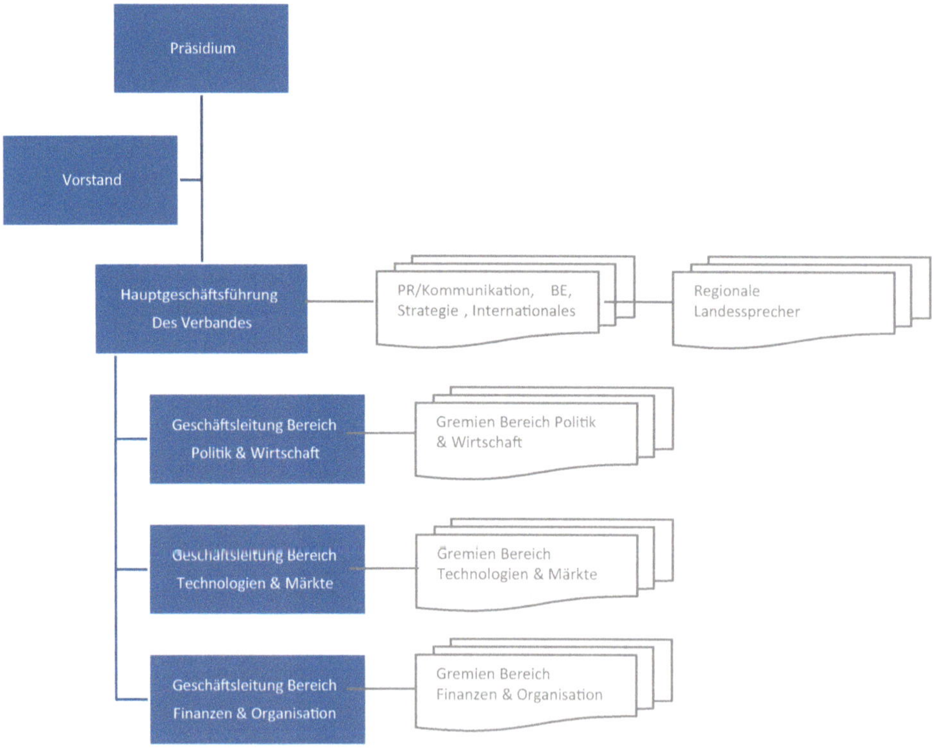

Abb. 4.26 Vereinfachte Organisationsstruktur des BITKOM e. V.

In seiner Geschäftsstelle in Berlin arbeiten insgesamt (inklusive der Tochtergesellschaften) mehr als 100 Mitarbeiter. Zur BITKOM-Gruppe gehören neben dem e. V. seine 100%igen Töchter Bitkom Service Gesellschaft mbH und die Bitkom Research GmbH.

Die IT-Abteilung für die gesamte Gruppe wurde 2010 größtenteils ausgelagert, so dass nur ein Mitarbeiter für vor Ort Service fest angestellt ist. Als reiner Branchenverband ist der BITKOM in Fachbereiche mit einer ausdifferenzierten Gremienstruktur organisiert und hat zudem für die Regionen zuständige Landessprecher, wie Abb. 4.26 andeutet.

Die mehr als 100 Einheiten umfassende, aktuelle Gremienstruktur kann online unter http://www.bitkom.org/de/wir_ueber_uns/17703.aspx eingesehen werden.

4.4.3 Ausgangslage, Zielsetzung, Strategie

Im Jahr 2005 bildet die Strategie 2010 den Ausgangspunkt für eine breit angelegte Modernisierung des Verbandes. Darin wurden die Leitlinien für dessen digitale Entwicklung aufgestellt. So standen zunächst die internen Voraussetzungen für moderne, digitale Kommunikation und Services im Vordergrund: Begonnen wurde 2006 mit mehreren Projekten zur Vereinheitlichung und Modernisierung der verbandseigenen Informations- und Kommunikationsinfrastruktur u. a. in den Bereichen Intranet, CRM, Extranet und Internet:

(a) Personalisiertes Mitgliederportal
(b) Webkonferenzen für Pressekonferenzen und Gremienarbeit (Online-Präsentationen und synchrone Arbeit an Dokumenten)
(c) Intranet mit Qualitäts-und Prozessmanagement sowie Blog zur Mitarbeiterkommunikation
(d) CRM-System zum Kommunikations-, Veranstaltungs-, Mitglieder- & Gremienmanagement
(e) CMS und Website Relaunch.

2005 wurde in einem Konsortium mit der TU Chemnitz (Personal und Führung) und der Core Business Development GmbH im Rahmen der BMWi-Förderinitiative „Fit für den Wissenswettbewerb“ das Pilotprojekt METORA zu IKT gestütztem Wissensmanagement in vernetzten Organisationen gestartet.

Die Ergebnisse flossen 2008 u. a. in die Entwicklung des bis heute bestehenden BITKOM Mitgliederportals, des ersten Gremien-, Wissens- und Expertenportals dieser Größenordnung in einem deutschsprachigen Verband.

Als ITK-Branchenverband wollte der BITKOM damit ein Beispiel für den Einsatz moderner Technologien im Sinne einer effektiveren und Ressourcen sparenden Verbandsarbeit liefern.

In der aktuellen Strategie 2020 wird der Schwerpunkt digitaler Maßnahmen verstärkt auf die Kommunikation mit und innerhalb der BITKOM Community und den gezielteren Einsatz von Sozial Media gesetzt, was sich auch in der weiteren Entwicklung des Portals widerspiegeln wird.

4.4.4 Maßnahmen (Auswahl)

Kern und Ausgangspunkt fast aller direkten Kommunikationsmaßnahmen für Mitglieder und verbandsexterne Zielgruppen ist das CRM-System. Es ermöglicht eine flexible Verwaltung, Verarbeitung und Nutzung aller hierfür nötigen Kontakt- und Organisationsdaten.

CRM als zentrales Kommunikations-, Community-, Mitglieder-, Veranstaltungs- und E-Lobbying-System Vor Einführung des CRM war das dafür benötigte Detailwissens zumeist dezentral in den Köpfen der Referenten oder in getrennten Systemen oder Dateien gespeichert. Das hat nicht nur zu großen Reibungsverlusten bei Übergaben und Personalwechseln geführt, sondern auch zu mangelnder Transparenz und Effizienz: Kommunikations- und Informationsdaten waren zum allergrößten Teil nur über den direkten Kontakt zum jeweiligen Referenten verfügbar.

Auch erlaubte das alte Adress-, Mailing- und Serienbrief-System kein zentrales und umfassendes Management der Kommunikations- und Informationsbeziehungen, geschweige denn eine differenzierte, dialogisch Kommunikation. Eine konsistente Wissensbasis war ebenso wie die effiziente Planung und Durchführung von Kommunikationsmaßnahmen oder deren transparente Auswertung nur mit hohem Aufwand und Zeitverzögerung möglich.

2008 entschied sich der BITKOM, das bestehende System durch ein modernes CRM zu ersetzen.

Nach einer halboffenen Ausschreibung, zu der mehr als ein Dutzend CRM-Anbieter und entsprechende Dienstleister eingeladen wurden, fiel die (enge) Entscheidung zugunsten des Microsoft Dynamics CRM. Obwohl diese Anwendung nicht speziell für Verbände ausgelegt ist, ließ sie sich am besten in die bereits bestehende Infrastruktur einbinden und mit dem Microsoft Sharepoint Mitgliederportal verknüpfen (s. u.).

Ein weiterer Aspekt, der bei der Wahl eine Rolle spielte war, dass die Geschäftsführung nicht auf Standard-Verbandsprozesse aufsetzen wollte. Die bestehenden Arbeitsabläufe sollten so gut wie möglich mit dem neuen System abgebildet werden, um den Übergang ohne größeres Change Management zu ermöglichen. Somit waren die Vorteile der ebenfalls in der Auswahl befindlichen Verbands-Systeme nivelliert. Auch eine Cloud-Lösung kam unter diesen Voraussetzungen kaum in Frage.

Das neue System wurde zunächst so angepasst, dass die Kernprozesse testbereit umgesetzt wurden. Bereits nach zwei Monaten war das System in der ersten Phase so weit einsatzbereit, dass das alte ersetzt werden konnte. Direkt anschließend folgte eine Phase dynamischer Verbesserungen im laufenden Betrieb. Insgesamt gab es in mehreren Phasen eine dreistellige Zahl von Anpassungen, was ein umsichtiges Projektmanagement erforderte.

Zu den größeren Anpassungsbausteinen der zweiten Phase zählten eine Themen- und Gremienverwaltung (s. Abb. 4.27), ein BITKOM spezifisches Veranstaltungsmanagement und Zusatzfelder zur protokollarisch korrekten Ansprache von Politikern und Abbildung von politischen Strukturen (vgl. Abschn. 3.5.1).

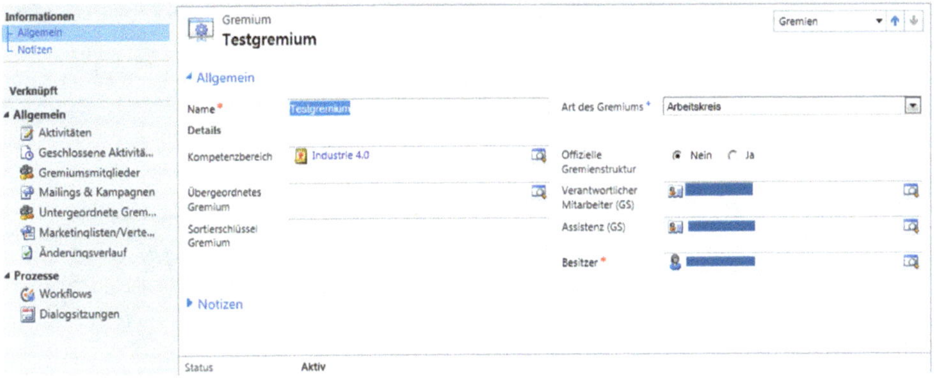

Abb. 4.27 Neu eingeführte Gremienobjekte und -Funktionen

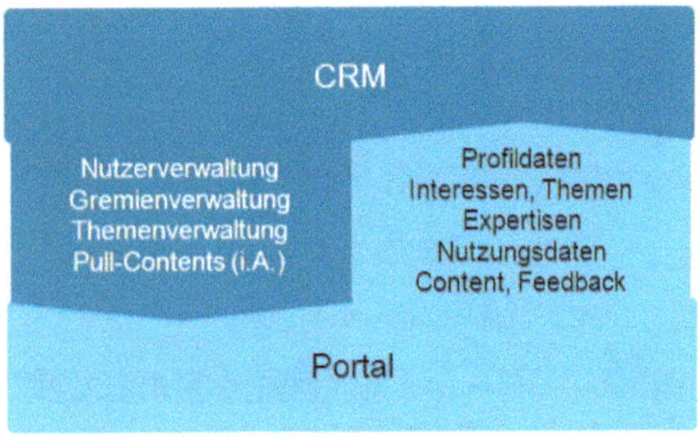

Abb. 4.28 Integration/Schnittstelle CRM-Mitgliederportal

In der dritten Phase kam die schwierigste Baustelle: Die Schnittstelle zum Mitgliederportal.

Da es für den in Abb. 4.28 aufgezeigten Datenaustausch über einen sicheren Tunnel zwischen Dynamics und Sharepoint bis heute keine fertige Lösung gibt, musste Pionierarbeit geleistet werden. Das Schema in Abb. 4.28 zeigt, wie durch die Verbindung mit dem Mitgliederportal aus dem CRM als Customer Relationship Management System ein integriertes System zum Management der Verbands-„Community" wird (vgl. 3.3.2. unter „Schnittstelle Mitgliederportal-CRM").

Bemerkenswert ist dabei vor allem die automatische Generierung von Online-Gremien-Räumen im Mitgliederportal, sobald im CRM neue Gremien angelegt werden – inklusive aller Mitgliederberechtigungen und mehr.

Personalisiertes Mitgliederportal mit Web 2.0 und Collaboration (Zusammenarbeits-) Modulen Das Mitgliederportal des BITKOM wurde erstmals 2008 als kleine Microsoft Sharepoint 2007 Farm mit zwei extern gehosteten Servern gestartet und seitdem sukzessive in einem evolutionären Prozess weiterentwickelt. Zentrale Ausgangslage war die Vision, das gesamte darstellbare Wissen des Verbandsnetzwerkes auf einer Plattform zu sammeln, zu vernetzen und allen Mitgliedern zeit- und ortsunabhängig zu ermöglichen, sich aktiv an der Verbandsarbeit zu beteiligen.

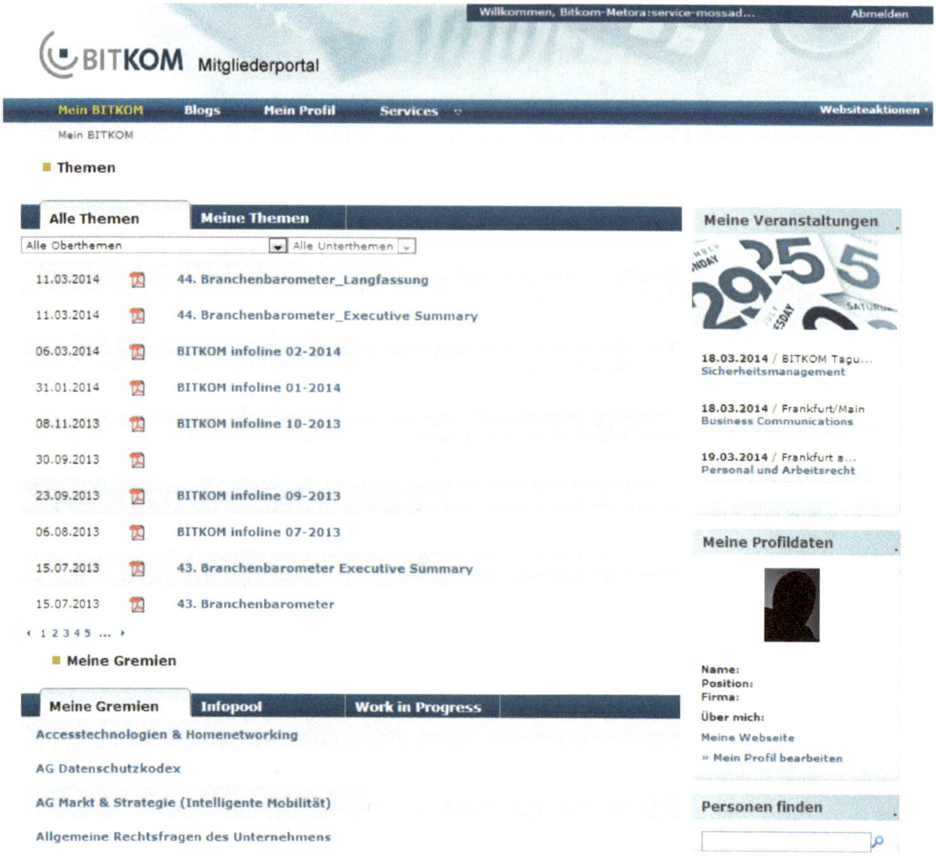

Abb. 4.29 BITKOM Mitgliederportal

Jedes Mitglied sollte ein an seine Interessen adaptiertes Portal bekommen, sich als Experte darstellen und mit anderen vernetzen können (s. Screenshot in Abb. 4.29).

Dadurch sollte mehr Selbstorganisation und direkte Beteiligung der Mitglieder erreicht werden. Die physische Netzwerk- oder Gremienarbeit sollte sich effizienter (auch unter Umwelt- und Kostengesichtspunkten) und weniger abhängig von immer schwieriger (Terminkollisionen) zu organisierenden physischen Treffen gestalten.

Für die Verbandsmitarbeiter sollte das Portal zu einer zentralen Anlaufstelle für die Recherche der im Mitgliedernetzwerk bearbeiteten Themen, Gruppen, Informationsbestände und Experten werden. Technologisch sind sowohl Collaboration (virtuelle Gremien- und Projekträume), als auch Social Media Funktionalitäten wie Blogs, Wikis, Community-Features Bestandteil der Plattform, die somit unter dem Label Social Collaboration oder Social Extranet fungiert.

Bei der Maßnahme, den alten, nicht personalisierten Mitgliederbereich im Internet durch ein neues, integriertes „2.0“-Mitgliederportal zu ersetzen, waren die Erfahrungen und Ergebnisse aus dem BMWi-Förderprojekt METORA ein maßgeblicher Treiber.

Zudem halfen die parallele Neuentwicklung der Verbandswebsite und das damals neu aufgestellte, integrative ITK-Konzept bei der erfolgreichen Umsetzung.

Die Umstellung von einem reinen Publikationsmedium zu einem dynamischen Dialogmedium ließ Anpassungsschwierigkeiten sowohl der verantwortlichen Mitarbeiter, als auch altgedienter Verbandsmitglieder erwarten.

Um diese bereits im Vorfeld aufzufangen, wurden in der Pilotierungsphase mehrstufige Usability-Test durchgeführt und Anwender zur Partizipation eingeladen:

i. Fünf typische Anwender spielten die Kernszenarien in einer räumlich von äußeren Einflüssen geschützten Büroumgebung anhand vorgegebener Aufgaben durch. Dabei wurden per unsichtbarer Screencam die Aktionen der Probanden aufgezeichnet und die Lösungszeiten und Versuche registriert.
ii. Ausgewählten Pilotgremien wurden die auf den Testergebnissen basierenden Prototypen live oder per Webkonferenz vorgestellt
iii. Die breite Masse der Anwender wurde via Online Umfrage einbezogen.

Intranet als zentrales Mitarbeiterportal Im Zuge der Professionalisierung des Qualitätsmanagements wurde 2009 ein Intranet für die Verbandsmitarbeiter ebenfalls auf Basis von Microsoft Sharepoint eingeführt. Diese auf einem internen Server laufende Anwendung wurde eng mit den bestehenden Systemen integriert: So müssen sich Mitarbeiter nicht separat im Intranet anmelden, sondern gelangen mit ihrem Windows Login in alle zentralen internen Systeme.

Die ersten Anforderungen kamen aus dem Qualitätsmanagement und wurden gestützt durch ISO-Zertifizierungsbestrebungen und die wachsende Mitarbeiterzahl.

Mittlerweile sind Aspekte der internen Kommunikation und des Wissensmanagements deutlich in den Vordergrund getreten.

Das interne Portal umfasst unter Einbeziehung des Qualitätsmanagements eine Reihe zentraler Anwendungen, als da wären:

- Organisationsstruktur und Prozessbeschreibungen
- Mitarbeiterverzeichnis, Raumplan
- Blog zur offenen Mitarbeiterkommunikation (fachlich und persönlich) und Kompetenzmanagement
- Management zentraler Dokumente inklusive Rechte- und Versionsmanagement
- IT-Projektmanagement

Die Startseite des Intranets (Abb. 4.30) enthält Teaser auf die neuesten Blogbeiträge, offizielle News, anstehende Termine (in Abbildung keine) und die am meisten heruntergeladenen Dokumente (an erster Stelle den Urlaubsantrag ;-) bzw. Publikationen.

Abb. 4.30 Intranet Startseite (Personalisierbar)

Abb. 4.31 Mitarbeiter-Blog im Intranet

Die beiden Abb. 4.31 und 4.32 zeigen den Mitarbeiter-Blog und eine Dokumentation der Prozesse im integrierten Qualitätsmanagement Modul.

Die Mitarbeiter können sich so zu aktuell diskutierten Schwerpunkten austauschen und bauen sukzessive eine Personen bezogene Datenbasis des internen Fachwissens auf. Diese dient im Sinne eines Kompetenzmanagements als Ergänzung zu den sehr reduzierten Positions- und Funktionsbeschreibungen (vgl. 3.3.1. Intranet für die Mitarbeiter des Verbandes).

Zusammen mit dem Dokumentenpool, dem CRM-System und den Fachportalen liefert das Intranet einen umfassenden Überblick und Einblick in das Verbandswissen, der v. a. für neue Mitarbeiter sehr hilfreich ist.

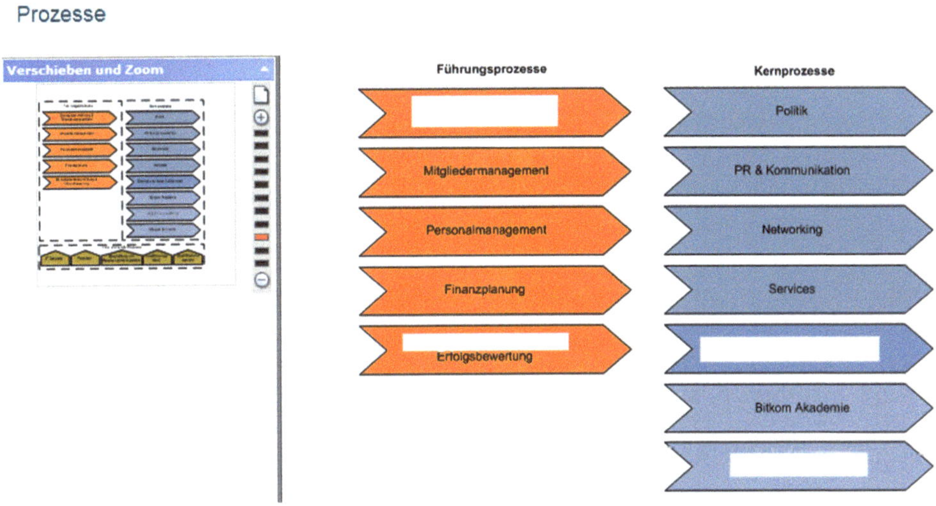

Abb. 4.32 Prozessdokumentation im Intranet

Einführung, Change Management Die Projekte wurden nach einer Roadmap seit 2005 in drei Phasen entwickelt und eingeführt. Hierfür wurde ein hauptverantwortlicher Projektleiter eingestellt, der für die Einzelprojekte jeweils ein internes Projektteam aufgestellt hat. Da versucht wurde, sich nicht zu weit von bestehenden Abläufen zu entfernen, hielt sich der interne Aufwand für Change Management in Grenzen.

Die Mitglieder wurden zur Arbeit mit den neuen Online Gremienräumen entweder im Rahmen der regulär stattfindenden Gremienveranstaltungen oder über Webinare, die auch auf der Plattform durchgeführt werden, geschult. Zur Nachbereitung und für Nicht-Teilnehmer liegen Schulungsmaterialien in Form aufgezeichneter Webinare, Demos und Leitfäden im Mitgliederportal bereit. Zudem gibt es für fachliche oder technische Fragen persönliche Ansprechpartner.

Die Inhaltliche Pflege von Portal und CRM entsteht aus der normalen Geschäftsstellen- oder Gremienarbeit heraus, so dass hierfür keine zusätzlichen Ressourcen benötigt wurden – was eine wichtige Rahmenbedingung war.

Die Herausforderungen beim CRM-Projekt lagen nicht primär auf technischem Gebiet. „Drei Viertel des Aufwands betrafen das Change Management, die Übernahme der Altdaten und die Adaption der bestehenden Arbeitsprozesse", erklärt der damalige Geschäftsstellenleiter, Dr. Axel Garbers.

Probleme entstanden in den ersten Wochen durch jahrelang an das alte System gewöhnte Mitarbeiter, die trotz großenteils gleichbleibender Prozesse Schwierigkeiten hatten, sich an neue Begrifflichkeiten und Denkweisen zu gewöhnen: Insbesondere die alte Vorstellung von statischen Adressverteilern passte nicht zu der modernen, nach persönlichen Interessen und bisherigem Dialogverhalten differenzierteren Kommunikation.

Es galt, inkonsistente Daten aus unterschiedlichen Quellen zusammenzuführen, den Bedenken der Mitarbeiter gegen eine neue, zentrale Anwendung zu begegnen und einzelne Prozesse zu optimieren.

Gelungen ist dies durch eine intensive Begleitung, zeitnahe Schulungen, Partizipation der Mitarbeiter und fortlaufende Kommunikation.

Nach der Einführung fielen in drei Phasen über einen Zeitraum von eineinhalb Jahren insgesamt mehrere hundert größere und kleinere Anpassungen an. Insofern kann man hier von einer evolutionären oder kontinuierlichen Weiterentwicklung sprechen, die in der Gesamtheit allerdings einen Quantensprung im Vergleich zum Ursprungssystem darstellt.

4.4.5 Ergebnisse & Ausblick

Die komplette interne Infrastruktur wurde modernisiert, vereinheitlicht und integriert. Ein Beispiel: Die vormals in mehr als einem Dutzend Datenbanken und Datenblättern gespeicherten Kontakt- Veranstaltungs- und Kommunikationsdaten konnten in einer zentralen Datenhaltung zusammengeführt werden.

Das CRM-System wird von allen Mitarbeitern tagtäglich für die zentralen Arbeitsaufgaben eingesetzt und ist unbestritten *das* führende System in der Geschäftsstellenarbeit geworden. Dem wurde auch organisatorisch mit der Einrichtung eines CRM-Büros mit eigener Leitung Rechnung getragen.

Das System ermöglicht erstmals gezielte Informations-, Kommunikations- und Veranstaltungsplanung, die über klassische Mailverteiler hinausgeht. Auch haben sich externe Datensilos fast verflüchtigt und die Menge und Qualität der gespeicherten Informationen deutlich erhöht.

Zudem ist es eine unverzichtbare Hilfe für die Mitgliederbetreuung, die ohne Systemunterstützung kaum den hohen Mitgliederanstieg hätte organisieren können.

Die Ergebnisse in Stichworten:

- Personalisierte und dialogische Kommunikation und Collaboration wesentlich effizienter
- Management Reports können auf Knopfdruck generiert werden (vorher manuell aggregiert)
- Informationen über Informations- und Kommunikationsabläufe sind deutlich schneller zugänglich, da zentral verfügbar
- Optimierte Prozesse der Information von und Kommunikation mit Mitgliedern, Kontakten für Lobbying und potenziellen Neumitgliedern durch Koppelung von CRM und Portal (Push + Pull)
- Professionelle, effiziente und effektive Mitgliederbetreuung und Neugewinnung

Durch die Synchronisation über eine neu entwickelte Schnittstelle zum Mitgliederportal, können Kontaktdaten der User vom CRM in deren Profile gespielt und von ihnen im

Portal aktualisiert werden (Self-Service). Auch wird das Portal dezentral über das CRM gepflegt, d. h. Online-Gremienbereiche und Zugangsdaten werden von den BITKOM-Mitarbeitern (Assistenten) auf für sie gewohnte Weise quasi als „Abfallprodukt" der gewohnten Verteilerpflege verwaltet. Inhalte (Dokumente und Verzeichnisstrukturen) können per „drag and drop" einfach aus den bestehenden Verzeichnissen in das Portal geschoben werden.

Das heißt, die Pflege der neuen Systeme wurde möglichst einfach in bereits bestehende Abläufe integriert. Anders wäre die Handhabung einer solch mächtigen Plattform durch die vorhandene Mitarbeiterzahl kaum möglich gewesen.

Das BITKOM-Mitgliederportal ist mit mehr als 250 Unterwebseiten und mehr als 20.000 eingetragenen Nutzer eines der größten von einem Verband bereitgestellten Business-Community-Portale. Eine Vielzahl virtueller Meetings wurden darüber abgehalten und mit bis zu 30 Autoren rein virtuell an Publikationen gearbeitet. Einen vergleichbaren, zentralen Bestand des Verbandswissens und der Gremienaktivitäten gab es vorher nicht.

Aktuell wird an einem grundlegenden Update der mittlerweile in die Jahre gekommenen Pionierplattform gearbeitet. Dabei sollen Community und Mobility Features verstärkt werden. Der Schwerpunkt verschiebt sich von der virtuellen Gremienarbeit in Richtung Community-Kommunikation.

▸ **Hinweis** Wer über die Ergebnisse, die bei Redaktionsschluss dieses Buches noch nicht vorlagen, informiert werden möchte, trägt sich bitte unter folgender URL ein: http://www.moderner-verband.de/anfrage.htm. Sobald das aktualisierte Fallballspiel vorliegt, werden wir die angemeldeten Interessenten umgehend elektronisch darüber informieren!

Das Intranet hat sich als zentrales Mitarbeiterportal etabliert (erste Anlaufstelle), aber auch hier ist nach der langen Laufzeit mittelfristig eine Aktualisierung vorgesehen.

Der Blog wird von fast allen Mitarbeitern aktiv genutzt: Täglich werden neue Beiträge geschrieben, die zu mehr als 88 % fachlicher Natur sind!

4.5 Zentralverband Elektrotechnik- und Elektronikindustrie e. V. (ZVEI)

4.5.1 Auf einen Blick

Die neue Online-Kommunikation des ZVEI – Internet, Wissensportal, Themenportal, mobile App und Social Media unter einem Dach

- Relaunch des Internet-Auftritts unter einer einheitlichen Dachmarke mit 20 Satelliten Sites
- Wissensportal 360° auf Sharepoint – Startpunkt für eine neue Form der Mitgliederkommunikation

- App ZVEI mobil
- Vernetzte-Welten-Portal zu zentralen Verbandsthemen, das auch als Medientisch auf Messen eingesetzt wird
- Social Media Maßnahmen primär auf YouTube und Twitter

4.5.2 Zum ZVEI

Der ZVEI setzt sich für die gemeinsamen Interessen der Elektroindustrie in Deutschland und auf internationaler Ebene ein. Getragen wird dieses Engagement von rund 150 Mitarbeitern im Hauptamt und über 5000 Angehörigen der Mitgliedsunternehmen im Ehrenamt.

Mit Vorschlägen zur Forschungs-, Technologie-, Umweltschutz-, Bildungs- und Wissenschaftspolitik ist der ZVEI Wegbereiter und sieht sich selbst als Schrittmacher des technischen Fortschritts. Er unterstützt eine marktbezogene internationale Normungs- und Standardisierungsarbeit.

Er hat mehr als 1600 Mitgliedsunternehmen, die rund 90 Prozent der Mitarbeiterinnen und Mitarbeiter der Elektroindustrie in Deutschland beschäftigen. Unter den Mitgliedern finden sich Global Player genauso wie Mittelständler und Familienunternehmen.

(Offizielle Verbandsinformationen, siehe ZVEI.org)

Der ZVEI umfasst 22 Fachverbände und vier korporative Mitglieder. Die Zentrale in Frankfurt wird von neun Landesstellen in den Bundesländern, der Hauptstadtrepräsentanz in Berlin und einem Brüsseler Europabüro erweitert. In China wird die Stimme der Elektroindustrie durch EuropElectro in Peking vertreten.

Die Kommunikation wird von der Frankfurter Zentrale geleitet.

Im Verband gibt es einen leistungsfähigen, internen IT-Bereich.

Grundlage der Verbandsarbeit ist der Erfahrungs- und Meinungsaustausch zwischen den Mitgliedern über aktuelle technische, wirtschaftliche, rechtliche und gesellschaftspolitische Themen im Umfeld der Elektroindustrie. Hieraus werden gemeinsame Positionen erarbeitet.

Der ZVEI bietet seinen Mitgliedsunternehmen:

- ein Forum und eine kompetente Interessenvertretung gegenüber Politik, Gesellschaft, Kunden und Wertschöpfungspartnern.
- Die Förderung der Wettbewerbsfähigkeit mit Regelsetzungen, Standards und Normen Innovation
- technologieorientierte Serviceleistungen an der Nahtstelle zwischen Politik, Institutionen, Unternehmen und Märkten

Als 100%ige Tochter des Verbandes vermittelt die ZVEI-Services GmbH (ZSG) Informationen, Wissen und Know-how für die Unternehmen der Elektroindustrie.

Abb. 4.33 Maßnahmen-Module der Online-Kommunikation des ZVEI (Auswahl)

4.5.3 Ausgangslage, Zielsetzung, Strategie

Abbildung 4.33 zeigt die hier vorgestellten, von der zentralen Kommunikation lancierten Maßnahmen.

Mit diesen zentral gesteuerten, unter einem einheitlichen Erscheinungsbild gestalteten Maßnahmen, soll die bis dato vielstimmige Kommunikation wirkungsvoller orchestriert werden.

Ziel ist ein gemeinsames, einheitliches Auftreten gegenüber Gesellschaft, Politik, Behörden, Bildungseinrichtungen, Verbänden und anderen NGOs.

Dazu dient auch die in die Breite ausgerollte Dachmarke „ZVEI – Die Elektroindustrie", die eine Synonymie zwischen dem Verband und seiner Branche herstellen soll.

4.5.4 Maßnahmen (Auswahl)

Anstoßpunkt für alle Maßnahmen stellte der veraltete Internetauftritt aus dem Jahre 2004 dar.

Dieser war mit rund 5000 HTML Seiten, die von 100 Redakteuren „gepflegt" wurden, extrem unübersichtlich, inhaltlich überfrachtet, unzeitgemäß gestaltet und mit zum Teil veralteten Dokumenten bestückt. Zudem gab es noch mehr als 20 weitere Neben-Internetauftritte.

Nutzungsanalysen der Website hatten ergeben, dass nach der Startseite nur wenige Besucher auf die nachfolgenden Seiten gegangen sind und sich stattdessen anderen Internet-Angeboten zugewandt haben.

Der neue Internetauftritt bot also einen guten Startpunkt mit viel Potenzial.

Internet-Auftritt unter einer einheitlichen Dachmarke Als Ziele für den Relaunch wurden

- Hochwertiger Internetauftritt mit eindeutiger Absenderkennung,
- Ein Eindeutiges Themenmanagement,
- klare Kernbotschaften,
- eine hohe Benutzerfreundlichkeit und
- definierte Zielgruppenorientierung

ausgegeben.

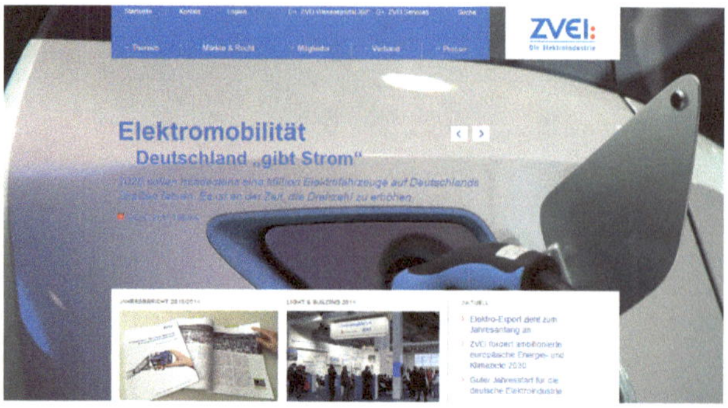

Abb. 4.34 Screenshot zur Startseite des Internet-Auftritts

Der Auftritt sollte differenziert die unterschiedlichen Zielgruppen ansprechen:

- interessierte Öffentlichkeit,
- Medien,
- Politik,
- Neumitglieder,
- Mitgliedsunternehmen,
- Mitarbeiter und Bewerber.

Das Resultat der 2012 freigeschalteten, neuen Haupt-Website ist in Abb. 4.34 zu sehen. Im Ergebnis wurden die Relevanz für die die oben angegebenen Zielgruppen merklich erhöht und diese Gruppen erstmals wirksam erreicht, was die Rückmeldungen und Analysen bestätigt haben.

Letztere zeigen auch, dass die Verweilzeit pro Seite deutlich erhöht und das Verhältnis von Besuchern (Visitor) vs. Page Impressions auf 1 : 4 verbessert wurde. D.h., die Konversionsrate von Besuchern der Startseite in Nutzer, die weitere Seiten oder Angebote anklicken, konnte im Vergleich zum alten Auftritt vervielfacht werden. Im neuen Internetauftritt verweilt ein Besucher erheblich länger als zuvor.

Die Analysen haben auch ergeben, dass nach der Startseite die Themen-, Presseseiten sowie Publikation (inklusive Studien) am stärksten abgerufen werden – ein bei Verbänden verbreitetes Muster.

Zur weiteren Promotion der Website und der zentralen Themen des Verbandes wurde in Suchmaschinenoptimierung investiert: Inzwischen steuert knapp die Hälfte der User über Google auf die ZVEI-Homepage. Viele ZVEI-Themen liegen im Google-Ranking auf den vorderen Plätzen.

Wissensportal für Mitglieder Das ZVEI-Wissensportal 360° bietet Mitgliedern Zugang zum Know-how des Verbandes und seinem Experten-Netzwerk. Es besteht aus zwei Bereichen:

(a) Der **Themenbereich** steht **allen Mitgliedern** offen.
Dort werden Publikationen des Verbandes, Konjunkturumfragen, Informationen zu Technologien und Normen bereitgehalten (vgl.Abschn. 4.4 BITKOM).

(b) Der **Gremienbereich** bietet Mitgliedern **dedizierten Zutritt zu ihren Gremien**.
In den einzelnen Gremien werden die dort relevanten Dokumente wie Rundschreiben, Protokolle, Sitzungsunterlagen, etc. hinterlegt (vgl. Abschn. 4.9 BDI).
Die Nutzer können dort zusätzlich mit Ihren Kolleginnen und Kollegen aus anderen Mitgliedsunternehmen sowie den hauptamtlichen ZVEI-Mitarbeiterinnen und Mitarbeitern in Kontakt treten und beispielsweise gemeinsam an Dokumenten arbeiten (Collaboration).

Das Portal wurde 2012 als Sharepoint Anwendung zunächst nur mit dem Gremienbereich freigeschaltet und anschließend thematisch erweitert – zu Beginn mit den Themen Außen- und Betriebswirtschaft, Konjunktur und Märkte.

Anfang 2013 waren rund 5000 aktive Nutzer dort registriert, was in etwa der Zahl der im ZVEI engagierten Ehrenämter entspricht.

Aktuell wird das Portal um folgende Funktionen erweitert:

i. Collaboration Bereich mit höherer Benutzerfreundlichkeit (ein Problem, gerade bei älteren Sharepoint Versionen)
ii. Ausgewählte Social-Media-Elemente, wie z. B. Informationsaustausch in Echtzeit mit eigenem News-Feed
iii. Neuer „Themen-Bereich“ mit Abo- und Filterfunktionen, der das Verbandswissen für die Mitgliedsunternehmen transparenter und besser vernetzt bereitstellt

Themenportal „Vernetzte Welten“ Das 2010 ins Leben gerufene Portal behandelt zentrale Verbandsthemen wie Smart Home, Smart Grid, Smart Health.

Mit seiner außergewöhnlichen Benutzeroberfläche (s. Abb. 4.35) ist es so konzipiert, dass es auch in Form eines interaktiven Medientisches für Messeauftritte genutzt werden kann und auch wird (als zentrales Ausstellungsobjekt).

Die Entwicklung dieses Portals bedeutete einen neuen Schritt des ZVEI in Richtung vernetzter Online-Kommunikation. Die Anwendung wird kontinuierlich ausgebaut.

App ZVEI mobil Die seit 2011 angebotene App aus Abb. 4.36 ist eine ZVEI-Express-Anwendung für unterwegs: Durch mehr Kommunikation und weniger Information ist sie für den schnellen, kurzzeitigen „Konsum“ ausgelegt.

Sie bietet einen attraktiven Extrakt der nutzerstärksten Seiten von zvei.org mit News, Podcasts, Publikationen und mehr.

Social Media – YouTube, Twitter und mehr Der ZVEI präsentiert sich mit seinen Social Media Angeboten als innovativer Verband und besetzt dort die für ihn wichtigen Themen.

An erster Stelle steht der YouTube-Kanal (s. Abb. 4.37) mit einem guten Einfluss auf das Themen-Ranking: Von März 2011 bis März 2014 gab es über 80.000 Videoabrufe und 160 Abonnenten.

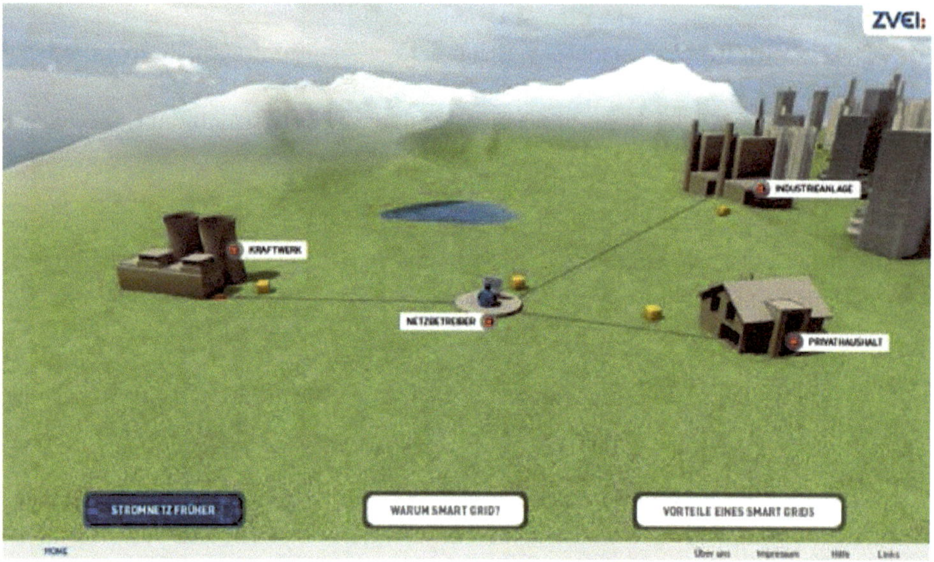

Abb. 4.35 Das Themenportal vernetzte Welten mit passender Benutzeroberfläche

Abb. 4.36 Screenshot der ZVEI-App

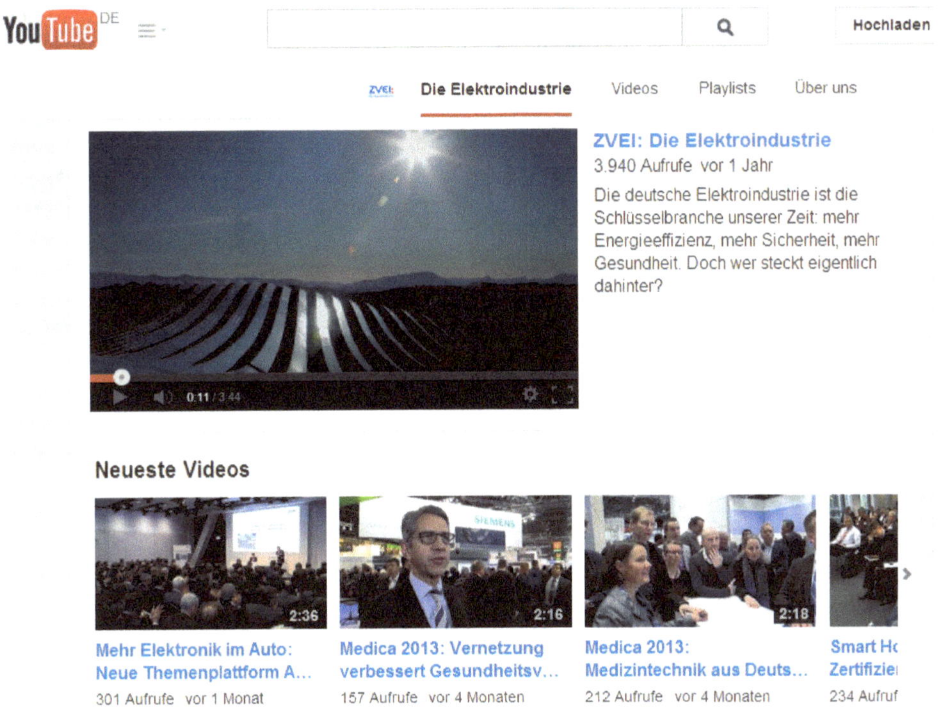

Abb. 4.37 ZVEI auf YouTube

Die Kommentarfunktion für Video-Podcasts ist aktiviert, wird aber kaum genutzt.

Mitte 2012 wurde ein professionell produzierter ZVEI-Image-Film vorgestellt, der die Stärken der Elektroindustrie herausstellt. Bisher konnte er über 4000 Aufrufe verzeichnen, ein Film über eine Ausbildung zum Elektroingenieur wurde innerhalb von nur neun Monaten über 6000 Mal aufgerufen.

Beide Filme werden auf Messen und Fachverbands-Veranstaltungen gezeigt, der Image-Film liegt auch in englischer Fassung vor.

Der Twitter Kanal ist noch recht jung und weiter im Werden. Er hat deshalb bisher auch nur knapp 700 Follower, wie Abb. 4.38 zeigt.

Zudem hat der ZVEI noch einen ungewöhnlich aktiv genutzten Flickr-Stream mit knapp 47.000 aufgerufenen Fotos in eineinhalb Jahren (Abb. 4.39)!

Auch auf Wikipedia ist der Verband aktiv – direkt und indirekt: Die dortigen Artikel sind mit den vielen Verweisen auf Verbandspublikationen einer der stärksten „Zubringer" der Internet Hauptseite zvei.org.

Abb. 4.38 ZVEI auf Twitter

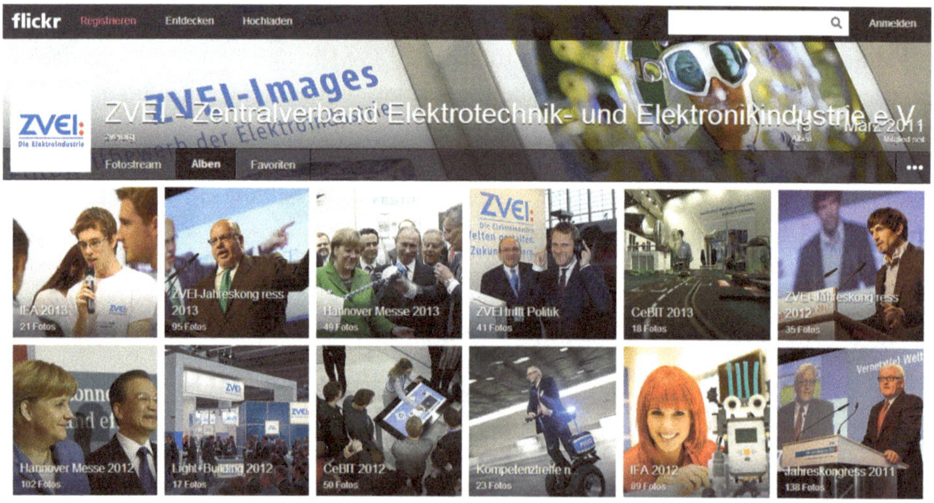

Abb. 4.39 ZVEI auf Flickr primär für die Presse

4.5.5 Ergebnisse und Ausblick

Die beschriebenen Maßnahmen sind der Startschuss zu einem ambitionierten Langstreckenlauf bei dem der ZVEI sich noch längst nicht am Ziel befindet.

Abgesehen von den oben bereits dargelegten Auswertungen lassen sich die bisher gemachten Erfahrungen in sechs Punkten zusammenfassen:

- Die enge Zusammenarbeit zwischen den Abteilungen bzw. Bereichen, vor allem zwischen IT- und Kommunikationsabteilung ist ein Muss
- Veränderungsprozesse sollten frühzeitig und kontinuierlich nach innen – ins Haupt- wie Ehrenamt – kommuniziert werden
- Themenorientierung und Prozesse haben Vorrang vor der Organisationsstruktur
- Das Internet sollte nicht zur Binnenkommunikation zwischen Haupt- und Ehrenamt zweckentfremdet werden
- Eine zielgruppengenaue Kommunikation über verschiedene Online-Kanäle muss orchestriert werden und unter einem einheitlichen Corporate Design laufen (Wiedererkennung)
- Online-Kommunikation ist ein „ongoing process"

4.6 Verband Deutscher Zeitschriftenverleger e. V. (VDZ)

4.6.1 Auf einen Blick

Der VDZ geht den Weg seiner Branche und wandelt sich zu einem mehrkanaligen Medienhaus. Im Fokus stehen der Ausbau digitaler Formate und der bildlichen Präsenz, u. a. durch Social Media und einen Online TV Kanal.

- Zu Beginn stand 2011 der komplette Relaunch der Verbandswebsite vdz.de, begleitet von der des Web-TV (vdz.tv) und des integrierten Aufbaus von Facebook und Twitter. Auch die analogen Formate wurden modernisiert, verbinden sich mit den digitalen Plattformen des VDZ und zielen mit diesen auf eine „ergreifende" Kommunikation.
- Mit neuen Aktivitäten auf allen angesagten digitalen Kanälen wie Twitter, Facebook, YouTube und dem eigenen VDZ TV wurde der Schwerpunkt weiter auf die visuelle, digitale Kommunikation gelegt und die Interaktionsmöglichkeit mit Mitgliedern und Öffentlichkeit erhöht.
- Die Maßnahmen verändern auch die interne Organisation, die bereits durch eine Prozessorientierung unternehmerischer aufgestellt ist und durch professionellere, interne Tools und ein smartes Wissensmanagement weiter verbessert werden soll.

4.6.2 Zum VDZ

Der VDZ ist der Dachverband der Deutschen Zeitschriftenverleger für Fachpresse, Publikumszeitschriften und der konfessionellen Presse. Im VDZ sind (s. vdz.de) mit 42 Verlagen

Abb. 4.40 Vereinfachte Struktur des VDZ

ca. 80 % des Marktes in Deutschland organisiert. Zusammen verlegen die Mitglieder über 6000 Zeitschriften. Der Verband ist Gründer der Deutschlandstiftung Integration.

Er wurde 1929 gegründet und wird von den fünf Landesverbänden aus Abb. 4.40 getragen.

Der VDZ vertritt die Interessen der Zeitschriftenverleger wie in den folgenden fünf Punkten beschrieben:

- Als **Arbeitgeberverband** im Namen und Auftrag seiner Mitglieder zusammen mit den Landesverbänden Tarifverhandlungen für Redakteure zu führen und die Verlage bei Tarifanwendungen zu beraten.
- Als **Dienstleistungsverband** den Verlagen über seine Fach- und Landesverbände ein breites Spektrum an Serviceleistungen anzubieten. U.a. ist er Gesellschafter der **VDZ Akademie**.
- Als **Kommunikationsverband** die Entwicklungen des Medienmarktes zu verfolgen. Ziele, Positionen und Forderungen der Zeitschriften zu formulieren. Hierzu informieren verschiedene Infodienste die Mitglieder regelmäßig über aktuelle Themen und Entwicklungen der Branche sowie die Aktivitäten des Verbandes.
- Als **Wirtschaftsverband** auf deutscher und europäischer Ebene an der Gestaltung der wirtschaftlichen Rahmenbedingungen der Zeitschriftenverleger mitzuwirken sowie als Know-how-Plattform durch Konferenzen, Verlegerreisen, Studien etc. den Wissenstransfer und -Austausch zu befördern.

Der VDZ vertritt national und international die publizistischen, kulturellen und wirtschaftlichen Interessen der Zeitschriftenverlage mit den Zielen

- für alle Belange einer freiheitlichen Presse einzutreten,
- die Wettbewerbsfähigkeit der Verlage in den Medienmärkten zu stärken,

- die politischen und rechtlichen Rahmenbedingungen den Anforderungen der Freien Presse entsprechend mitzugestalten,
- Marktstandards zu definieren und Dienstleistungen für Mitgliedsverlage zu erbringen,
- eine zeitgemäße journalistische und medienkaufmännische Aus- und Fortbildung zu fördern und
- das Lesen und die Medienkompetenz in der Gesellschaft zu stärken.

Der VDZ ist einer der stärksten Verbände innerhalb der internationalen Dachverbände FIPP und FAEP und nutzt diese globale Anbindung, um den Verlagen auf europarechtlicher Ebene oder im Ausbau des Auslandsgeschäfts wirksam und kompetent zur Seite zu stehen.

4.6.3 Ausgangslage, Zielsetzung, Strategie

Die Verlagsbranche ist geprägt von dem größten Medienumbruch seit dem Buchdruck. Sie befindet sich in einem radikalen Wandel vom klassischen Geschäft hin zu digitalen Medienhäusern, von der Massen- zur Marktplatzkommunikation. Damit betreten die Verleger auch das Spielfeld der großen, weltweiten Player in diesem Business.

Stephen M. Lacy, Aufsichtsratsvorsitzender der Meredith Corporation erzählt in seiner Keynote zu einer VDZ-Veranstaltung „Setting the Rules of Engagement", wie Verlage mit Inhalten auf neuen digitalen Plattformen ihre Einnahmen erhöhen können: „Allianzen von Verlagen sind keine Gegner der neuen Infrastruktur von Apple, Google etc., sondern es geht darum, effizienter zu sein. Allerdings ist nicht einzusehen, dass sich andere zwischen uns und unsere Leser stellen".

Die Zahlen aus Abb. 4.41 belegen, dass die digitalen Kanäle auch der Reichweite von Printmarken helfen.

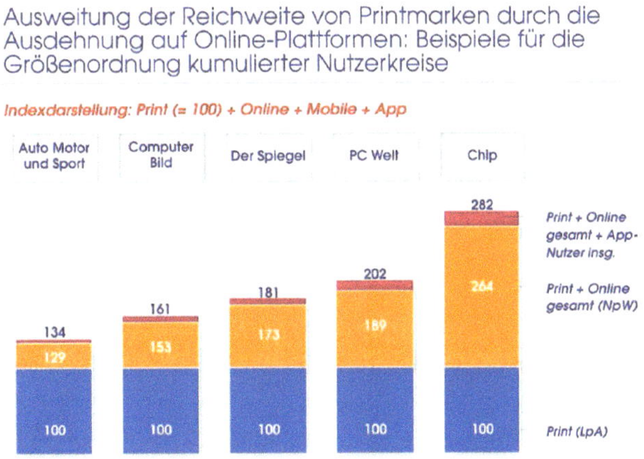

Abb. 4.41 Web hilft Print, Zahlen und Grafik VDZ

In dieser Situation will der VDZ den damit einhergehenden Wissenstransfer und Vernetzungsbedarf seiner Mitglieder Rechnung tragen. Das bedeutet auch den Aufbau einer systematischen Binnenkommunikation und deren Ausbau zu einem vernetzten System.

Die VDZ Kommunikation will den Medienwandel zur strategischen Weiterentwicklung nutzen:

- Vom linearen Inhalte-Lieferanten an die Presse zum mehrkanaligen, multimedialen Medienhaus
- Vom Rundschreiben zur exklusiven Binnenkommunikation
- Von der Standardwebseite zur redaktionellen Plattform
- Von der Mitgliederversammlung zur „Spitzenveranstaltung"

Der Verband kommuniziert als Medienhaus auf demselben Standard wie seine Verlage und ist nach innen wie nach außen ein starker Repräsentant der Branche mit mehreren untereinander verzahnten Kanälen. Dazu zählen neben der modernen, Smartphone fähigen Website ein auch mobiles Web-TV sowie Vernetzung und Echtzeitkommunikation auf sozialen Netzwerken wie Facebook und Twitter.

Ziel des VDZ ist es, auch für kleinere und mittlere Verlage die neue Medienwirklichkeit zu erfassen und aufzuarbeiten. Dadurch stellt der Verband seinen Mitgliedern als Mehrwert Know-how, Wissen und Informationsaustausch zur Verfügung.

4.6.4 Maßnahmen (Auswahl)

Der VDZ will mit den hier beschriebenen Maßnahmen auch seinen „Nutzwert" für die Mitglieder weiter erhöhen, indem in dem er seine Rolle als Plattform für den exklusiven, offenen und werthaltigen Know-how- und Wissenstransfer ausbaut. Richtungsweisend sind die Leitlinien:

i. Das eigene Verbands-Netzwerk nutzen
ii. Offenheit untereinander und gegenüber Partnern für den Wissensaustausch auch auf Multi-Plattform und Mehrsprachigkeit setzen
iii. Relevanz schaffen, die Branche sichtbar machen, thematisch treffende Auszeichnungen/Preise und Veranstaltungen initiieren
iv. Permanente Ressourcen-Überprüfung: Was sind die Schwerpunkte, was ist das Kerngeschäft?

Mehrwerte für Mitglieder Der VDZ hat seine interne Kommunikation ausgebaut und bietet seinen Mitgliedern erweiterte oder neue Dienste, wie z. B.

- Stärkere Information der Mitglieder durch neue Kommunikationsdienste, Einbindung in der **VDZ.Site** („People"), in das Jahrbuch, **PRINT&more** und in **Social Media**.

Über die verbandsüblichen Kommunikationsservices hinaus bietet der VDZ seinen Mitgliedsverlagen ein ausgeprägtes System zur Vernetzung untereinander und gewährleistet so die Stärke der Verlage gegenüber mächtigen Marktteilnehmern wie Google oder Apple.

- Dazu dient auch die schnelle Erfassung von zukunftsrelevanten, verlagsübergreifenden Aufgaben und die **Bildung von Arbeitsgruppen** in wichtigen Themenfeldern z. B. AG E-Publishing. Hinzu kommt die Initiierung und Koordinierung wichtiger **verlagsübergreifender Projekte** wie Ad Impact Monitor und das Kartellverfahren gegen Google.

Außenkommunikation auf Social Media: Facebook, Twitter YouTube Der Verband ist auf Facebook und Twitter (s. Abb. 4.43) unter „VDZPresse" zu finden. Die für Facebock

Abb. 4.42 VDZ auf Facebook

Abb. 4.43 VDZ auf Twitter

Abb. 4.44 VDZ eigener WebTV Stream

und Twitter ausgewählten Inhalte sind mit der Kommunikation auf den anderen Kanälen wie PRINT&more, Newsletter, VDZ.de, VDZ.TV u.m. abgestimmt und verknüpft.

Auf Facebook kommuniziert der VDZ aktuelle Ereignisse und Entwicklungen (s. Abb. 4.42). Dazu gehören Kurzberichte aus dem Mediengeschehen, kurze Kommentare, Personalien, der Veranstaltungskalender – jedoch in anderer Form, als auf der Website präsentiert, so finden sich vergangene Veranstaltungen in den Fotoalben.

Der VDZ Tweet (Abb. 4.43) aggregiert alle wichtigen Geschehnisse aus der Verlagswelt für eine schnelle und bequeme Information auch über die mobilen Endgeräte.

VDZ TV Auf dem eigenständigen Videokanal VDZTV.de (s. Abb. 4.44) wird mit eigener Redaktion regelmäßig über Themen und Veranstaltungen des VDZ berichtet. Die Formate sind u. a. Interviews, Reportagen und Live Streams aus den Veranstaltungen.

Einige der Sendungen werden auch auf YouTube gezeigt, wie Abb. 4.45 wiedergibt.

Mobile App: Media Dictionary Die Media Dictionary App der VDZ Akademie (s. Abb. 4.46) soll Medienschaffenden die Möglichkeit geben, auch von unterwegs jederzeit Zugriff auf die mehr als 3200 deutsch-englischen Begriffe zu haben. Das Media Dictionary App ist online und offline verfügbar, sodass es auch dann genutzt werden kann, wenn keine Netzverbindung besteht, wie z. B. im Flugzeug.

Das Wörterbuch der Medienbranche, bisher bereits unter dict.vdz-akademie.de im stationären Internet verfügbar, hat sich mit seinen mehr als 3200 Begriffen in kurzer Zeit zu einem wichtigen Arbeitsinstrument entwickelt. „Es ist nur konsequent", sagt Kai H. Helfritz, Geschäftsführer der VDZ Akademie, „das Media Dictionary auch mobile den Medienschaffenden zur Verfügung zu stellen, gerade weil diese häufig unterwegs sind". Er unterstreicht: „Seine Wiki-Funktion ist auch in der App verfügbar, sodass wir einen weiteren ständigen Zuwachs seines Wortschatzes erwarten".

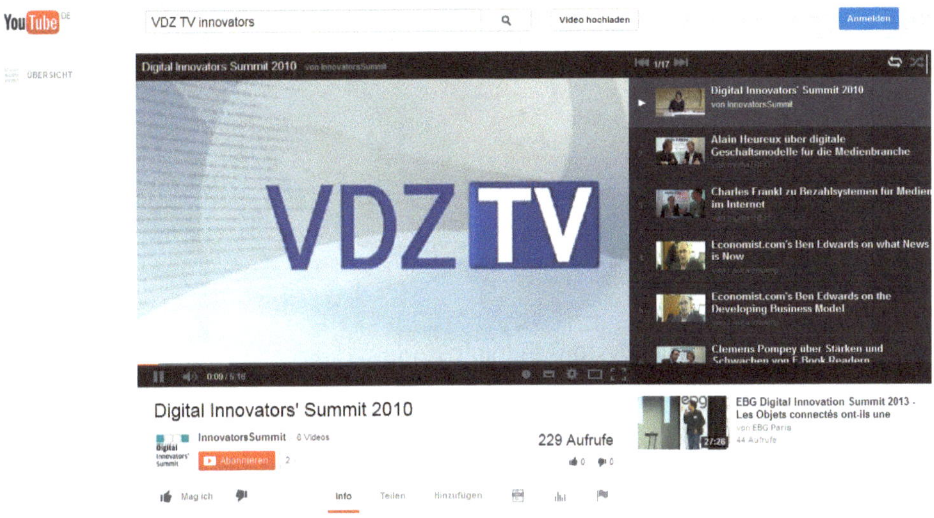

Abb. 4.45 VDZ TV-Streams auch auf YouTube

Abb. 4.46 Media Dictionary App des VDZ

Abb. 4.47 Multi Channel Kampagne PRINT WW-WIRKT

Abb. 4.48 Portal für VDZ Tech Summit

Abb. 4.49 Portal zum Digital Innovators' Summit

Analoge Formate mit digitaler Ausrichtung: Kampagne und Veranstaltung Die **Kampagne „Print wwwirkt"** (s. Abb. 4.47) wurde 2012 deutschlandweit in analogen und digitalen Kanälen lanciert.

Die Motive werden mehrheitlich online geschaltet – denn hier erreicht man die meist jungen und webaffinen Mediaplaner in ihrem Arbeitsumfeld. Das Mediavolumen für die Anzeigen lag 2012 im sechsstelligen Bereich.

WWWirkt, weil 42 Prozent aller Suchanfragen im Internet auf das Zeitschriftenlesen zurückgehen!

Zwei Veranstaltungsformate beschäftigen sich auf primär analoge Weise mit der Digitalisierung der Verlags- und Medienwelt: Der **Tech Summit** (s. Abb. 4.48) hat das Thema „IT in Medienhäusern". Er wurde 2013 erfolgreich gestartet, und der **Digital Innovators' Summit** (s. Abb. 4.49), der 2014 zum 6. mal stattfindet, bringt auf internationaler Ebene die „Digital-Szene" von Verlagen und neuen Anbietern zusammen. Hier trifft sich ein B2B-Publikum von rund 600 Gästen aus bis über 40 Nationen.

Beide Veranstaltungen werden auf allen Kanälen beworben, nachbereitet und auf VDZ.de live gestreamed (s. o.).

Einführung, Change Management Das Repertoire an Kommunikationsinstrumenten ermöglicht dem VDZ eine intensivere Vernetzung mit seinen Mitgliedern, sodass auch hier gemeinsame Ressourcen besser genutzt werden können. Organisatorisch geschieht dies etwa in den thematischen Arbeitsgruppen oder verlagsübergreifenden Projekten.

Zertifizierte Prozesse beim VDZ verstärken die Bestrebungen nach einem ökonomischen Umgang mit den Mitgliedsbeiträgen.

4.6.5 Ergebnisse, Ausblick

Der Verband hat einen großen Schritt in Richtung eines modernen Medienhauses getan, die Entwicklung ist aber noch nicht abgeschlossen.

Aktuelle Schwerpunkte liegen in der Förderung des Wissensaustausch mit und zwischen seinen Mitgliedern sowie der technischen und prozessualen Professionalisierung des internen Kommunikations-, Mitglieder- und Veranstaltungsmanagements.

Neben der Erneuerung der Außenkommunikation wurde auch die interne Organisation immer wieder an die gelebte Wirklichkeit in den Unternehmen adaptiert.

Weitere Ergebnisse sind:

(a) Der intensive Medienwandel mit einer grundsätzlichen Veränderung der Geschäftsmodelle mit viel mehr Komplexität hat den VDZ geprägt. Der Verband ist notwendiger als früher!
(b) Das Selbstverständnis des Verbandes entwickelt sich stets weiter in Richtung Aktualität, Offenheit, Professionalität, Relevanz. Es werden mehr und komplexere Aufgaben bewältigt, ohne dafür mehr Ressourcen zu benötigen. Im Gegenteil sind durch Fusionen Ressourcen gebündelt worden.
(c) Die Mitgliederbindung durch neue und bessere Services geht vor Mitgliederwerbung, da der „Organisationsgrad" bereits sehr hoch ist.
(d) Die Relevanz, Reichweite, das Image und der Nutzwert für Mitglieder konnten signifikant gesteigert werden. Dabei wurden mit VDZ TV und Twitter besonders positive Erfahrungen gemacht.
(e) Kritisch ist das Aufwand-Nutzenverhältnis bezüglich der Pflege neuer „Beziehungen" auf den Social Media Plattformen – vor allem Facebook – zu sehen.
(f) Die Schwerpunktsetzung muss wegen der rasanten Entwicklungen immer wieder neu justiert werden.

4.7 Deutscher Journalisten-Verband e. V. (DJV)

4.7.1 Auf einen Blick

Der Journalistenverband hat sich auf die digitale Kommunikation 2.0 eingestellt. Neben der neuen Website des Gesamtverbandes zählen dazu auch ein verstärkter Einsatz von Web-/Videokonferenzen für virtuelle Meetings und Webinare.

Die Ende 2012 freigeschaltete Website integriert Web 2.0 Bausteine wie Communities, Blogs und Social Media Konnektoren.

In diesem Fallbeispiel wird insbesondere auf die ebenfalls in die Website integrierte, hier als Einzelmaßnahme hervor gehobene virtuelle Verbandsarbeit mit Web-/Videokonferenzen eingegangen:

- Video-/Webkonferenzen werden beim DJV in vielen Bereichen der Verbandsarbeit eingesetzt, insbesondere aber bei Webinaren und in der Gremienarbeit.
- Zunächst werden dafür die technischen (u. a. Plattform übergreifende Lauffähigkeit, Verbindungsqualität, Equipment, Ton- und Bildqualität) und organisatorischen (Betreuung, Schulung für Moderatoren) Voraussetzungen geschaffen.
- Die Erfahrung hat gezeigt, dass die Einführung dieser Mittel ein längerer, schrittweiser Änderungsprozess für alle Beteiligten ist, bei dem auf individuelle Voraussetzungen und Einstellungen eingegangen werden muss.

4.7.2 Zum DJV

Der Deutsche Journalisten-Verband (DJV) vertritt die berufs- und medienpolitischen Ziele und Forderungen der hauptberuflichen Journalistinnen und Journalisten aller Medien. Er setzt auf die Gemeinsamkeit von Redakteuren und freien Journalisten und fördert die publizistische Unabhängigkeit seiner Mitglieder.

Die Kombination aus Gewerkschaft und Berufsverband hat sich im DJV bewährt: Der Verband schließt als Tarifpartei seit 1950 in allen Medien Tarifverträge ab und überwacht deren Einhaltung.

Weitere Dienstleistungen für seine Mitglieder:

(a) Die Juristen des DJV beraten die Mitglieder und sorgen bei Erfolgsaussicht auch für Rechtsschutz.
(b) Der Verband unterstützt seine Mitglieder bei der Bildung von Betriebsräten, berät beim Aufbau, führt Schulungen durch und informiert durch regelmäßige Publikationen.
(c) Er setzt sich für die Aus- und Weiterbildung von Journalistinnen und Journalisten ein und bietet Seminare zur gewerkschaftlichen und beruflichen Qualifizierung inklusive

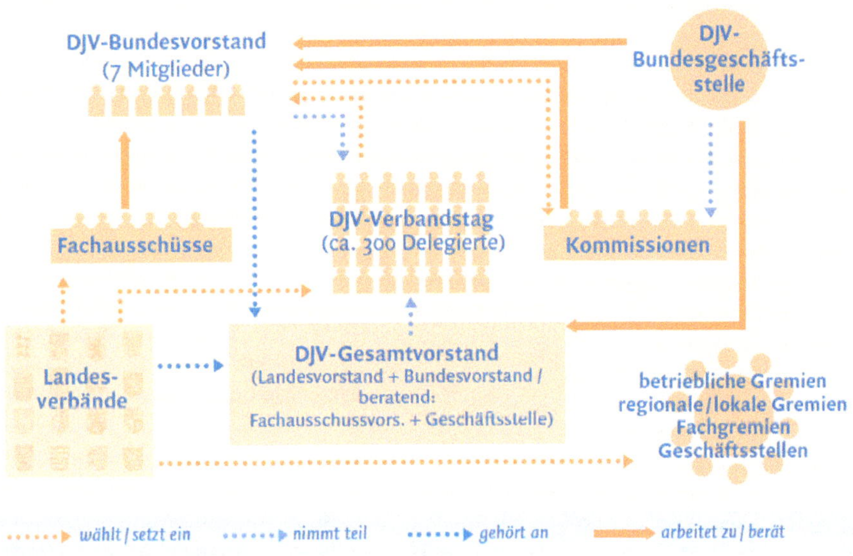

Abb. 4.50 Struktur des DJV

Schulungen für Betriebs- und Personalräte. Seit 2010 bietet der DJV auch Webinare, an denen Journalisten per Internet von jedem Ort der Welt aus teilnehmen können.

In Fachausschüssen und Kommissionen werden aktuelle berufliche wie medienpolitische Probleme aufbereitet und in gewerkschaftliche und berufsverbandliche Forderungen auf Landes-, Bundes- und (über die Journalisten-Föderation) internationaler Ebene umgesetzt (Abb. 4.50). So unterhält der Verband nationalitätsübergreifende Kontakte zu Journalistenverbänden in Ost und West.

Der DJV ist Mitglied der Internationalen Journalisten-Föderation (IJF) und der Europäischen Journalisten-Föderation (EJF) mit Sitz in Brüssel.

Die Bundesgeschäftsstelle koordiniert die Aktivitäten des DJV und unterstützt die Arbeit der Geschäftsstellen in den Landesverbänden. Ihre insgesamt etwa zweidutzend Mitarbeiter betreuen von den beiden Standorten Berlin und Bonn aus das gesamte Bundesgebiet.

Mitglieder können sich bei Spezialfragen direkt an die Bundesgeschäftsstelle wenden. Bei den meisten Fragen u. a. hinsichtlich Mitgliedschaft, Presseausweise sind jedoch die DJV-Landesverbände zuständig.

4.7.3 Ausgangslage, Zielsetzung, Strategie

Eine veraltete Website plus mehrere, nicht integrierte Online-Angebote bildeten den Ausgangspunkt für grundsätzliche, konzeptionelle Fragen nach einem kohärenten, modernen Auftritt im digitalen Raum.

Am Anfang stand die Frage „Warum digital kommunizieren"? Einige Antworten aus den Reihen des DJV:

1. Weil es geht!
2. Weil es (bald) alle tun!
3. Weil Mitglieder es heute oder morgen wollen (werden)
4. Weil der Technologiesprung Kommunikations- & Konsensfindungsprozesse verändert
5. Nach Wolfgangs Riepls „Gesetz" der Medien: „Neue Medien stellen sich neben die bewährten, alte Medien"

Warum aber *neue*, digitale Technologien?

Bei den bisherigen Technologien haben die Teilnehmer eine kommunikationstechnisch begrenzte Möglichkeit des Austausches. Z.B. ist bei einer Telefonkonferenz ein gemeinsames Anschauen eines Layout-Entwurfs nicht möglich: Ein Teilnehmer verweist auf ein Papier, kann es aber nicht direkt einbringen, selbst zeigen, markieren oder gar bearbeiten.

Schon in der virtuellen Kommunikation 1.0 erfolgen die Entscheidungsabläufe nicht mehr notwendig in klassischen Sitzungen oder Tagungen. Letztlich entscheidet die inhaltliche und technische Qualität der Vorbereitung einer virtuellen Sitzung darüber, ob sie eine klassische Veranstaltung ersetzen kann.

4.7.4 Maßnahmen (Auswahl)

Internet-Auftritt mit Mitglieder-Community Der neue Internet-Auftritt ist Anlaufstelle und virtueller Treffpunkt von Journalisten im Netz. Die Online-Plattform vereint dazu die verschiedenen Angebote des DJV unter einem gemeinsamen technischen, inhaltlichen und optischen „Band":

i. Pressemitteilungen,
ii. Magazin „journalist",
iii. Blogs,
iv. Social Media und die
v. Sites der Landesverbände, Regional-, Ortsverbände, Fachgruppen, DJV-Initiativen und Partnerorganisationen sowie der Tochter- und Partnerfirmen.

Um bei aller Vereinheitlichung auch Spezialinteressen zu bedienen, wurde ein Mitgliederportal mit personalisierten und gruppierten Inhalten plus integrierten Services entwickelt. Zusätzlich sollen Inhalte von Partnern mit eingebunden werden.

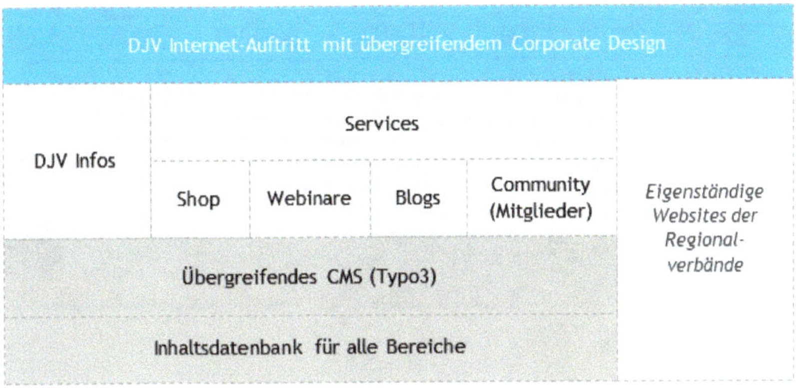

Abb. 4.51 Module des Internet Portals

Abbildung 4.51 schematisiert stark vereinfacht die Informationsarchitektur mit den weiter unten beschriebenen Modulen.

Als bildliche Unterstützung zeigen die folgenden fünf Screenshots die Startseite und einige der zentralen Module der Website:

1. Abb. 4.52 Homepage
2. Abb. 4.53 Links zu den separaten Sites der Landesverbände,
3. Abb. 4.54 Blog und (Mitglieder-)Community,
4. Abb. 4.55 Shop und
5. Abb. 4.56 Webinare

Abb. 4.52 DJV Homepage

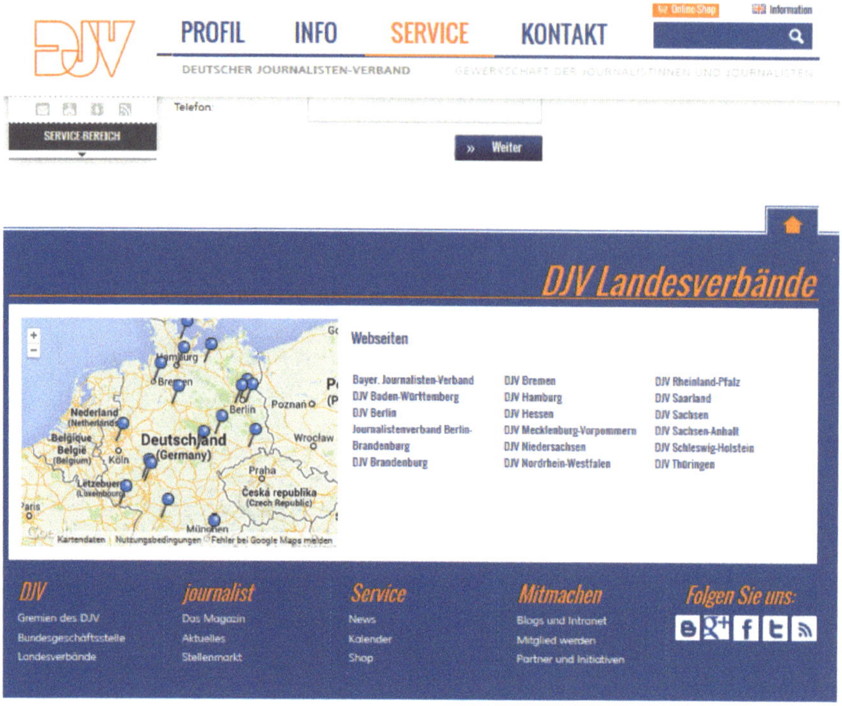

Abb. 4.53 Links zu den separaten Sites der Landesverbände

Abb. 4.54 Web 2.0 auf der DJV Site (das Intranet ist eigentlich ein Extranet)

Abb. 4.55 Der Shop mit Produkten für Journalisten

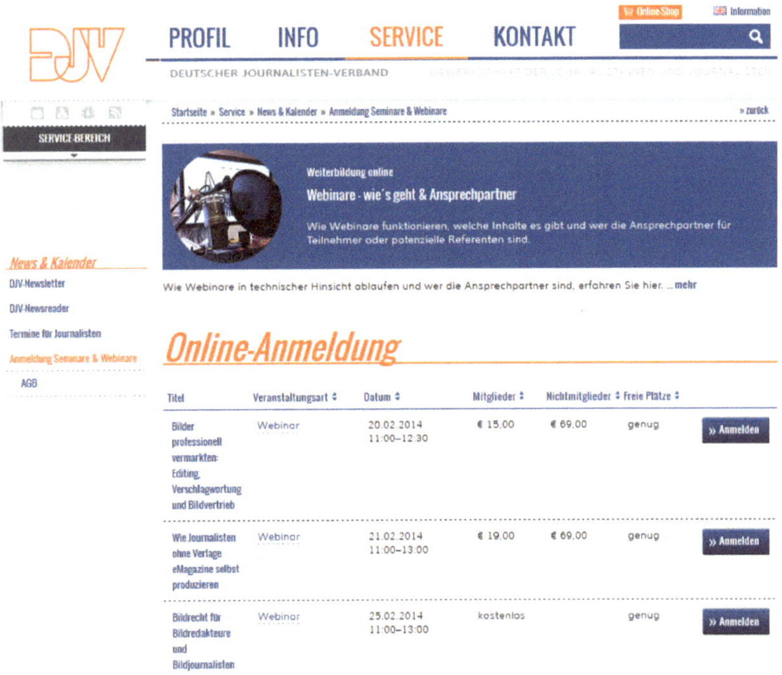

Abb. 4.56 Webinare auf der Website mit Online-Anmeldefunktion

Die Einbindung der Webinare als Angebot auf der Website impliziert laut Konzept:

- Nutzung des im CMS der Website integrierten Berechtigungssystems
- An das Websitedesign angepasste Anmelde- und Verwaltungsoberflächen
- Die Ablage von Webinar-Aufzeichnungen für Mitglieder kostenlos im Extranet und für Externe als kostenpflichtige Angebote im Shop
- Umfragen zum Webinar über die Website
- Nutzung eines externen Anmeldesystems zur leichteren Archivierung von Aufzeichnungen

Webkonferenzen und Webinare Klassische, physische Meetings und Schulungen sind mit wachsenden Problemen behaftet.

An erster Stelle stehen die erschwerte Terminfindung sowie Zeit & Kosten für die Reisen, nicht zu vergessen die damit einher gehende Umweltbelastung.

Weitere Probleme sind:

- Terminstörungen durch Wetter-/Verkehrsprobleme, vor allem im Winter
- Organisationsaufwand und Kosten für Räumlichkeiten, Verpflegung, Ausfall
- Verhinderung von Personen in Betreuungssituationen oder auf Reisen
- Konzentrationsbeeinträchtigung auf Präsenzveranstaltungen bei nicht ausgeschalteten Smartphones, Tablets etc.

Webinare haben sich vielerorts als kostengünstige und mit nur geringem finanziellem Ausfallrisiko behaftete Alternative für Präsenzseminare durchgesetzt, zumal die Lerninhaltsvermittlung auf digitalem Weg mittlerweile akzeptiert ist.

Webinare beim DJV finden in folgender Form statt:

- Präsentation aller Inhalte, die am Computer präsentiert werden können (u. a. Powerpoint, Videos, Websites, Anwendungen und Anwendungsdaten)
- Software-Anwendungsschulung (z. B. Buchhaltungssoftware)
- Teilnehmer via Bildschirmübergabe präsentieren oder testen lassen
- Gemeinsam Dokumente bearbeiten oder Diagramme erstellen
- Umfragen und Tests innerhalb des Webinars durchführen
- Bildschirmunterstützte Diskussionen führen

Dabei wird großes Augenmerk auf eine professionelle Vorbereitung und Ausstattung gelegt (s. Abb. 4.57).

Digitale Meetings oder Sitzungen haben den Akzeptanzstatus und damit Nutzungsgrad von Webinaren noch nicht erreicht. Warum ist das so?

Klassische Meetings oder Sitzungen zeichnen sich in der Regel aus durch:

- Reisen – Isolierung vom Arbeitsumfeld ermöglicht Konzentration auf das Sitzungsthema (wenn Mobilgeräte abgeschaltet werden),

Abb. 4.57 Arbeitsplatz eines Webinar Moderators mit professionellem Mikro und Sichtblende (Quelle: Hirschler, DJV)

- gemeinsames Anschauen, Zuhören und andere Aspekte nonverbaler Kommunikation,
- Networking z. B. in Pausengesprächen als wichtiger Bestandteil längerer Veranstaltungen,
- gemeinsame, haptische Bearbeitung von Dokumenten in Arbeitstreffen,
- einfache ad hoc Abstimmungen,
- Teilnehmer können sich in anderen Räumen versammeln, um Unterarbeitsgruppen zu bilden.

Eine Ablösung von persönlichen Meetings durch Web-/Videokonferenzen wird es im Verbandssektor nur in begrenztem Ausmaß geben; Dementgegen werden sie voraussichtlich einige Anwendungsbereiche herkömmlicher Telefonkonferenzen zu einem größeren Teil ersetzen. Die Vorteile liegen auf der Hand: Sie bieten denselben Leistungsumfang wie herkömmliche Telefonkonferenzen plus zusätzliche Funktionen wie:

- Visualisierung und gemeinsame Bearbeitung jeglichen digital darstellbaren Materials. Beispielsweise können Filme, Audio etc. gemeinsam betrachtet, Applikationen und Websites durchgespielt und Dokumente bearbeitet werden (s. Abb. 4.58)
- Videokonferenzen mit Darstellung mehrerer Teilnehmer gleichzeitig
- Aufzeichnung, die anschließend verteilt, geschnitten und weiterverwertet werden kann (als Video, Dokumentation)
- Konferenzsteuerung durch Kontrollübergaben, parallele Chats, Dateihochladen „pass the mike“ u. v. a. m.
- Anonyme Abstimmungen

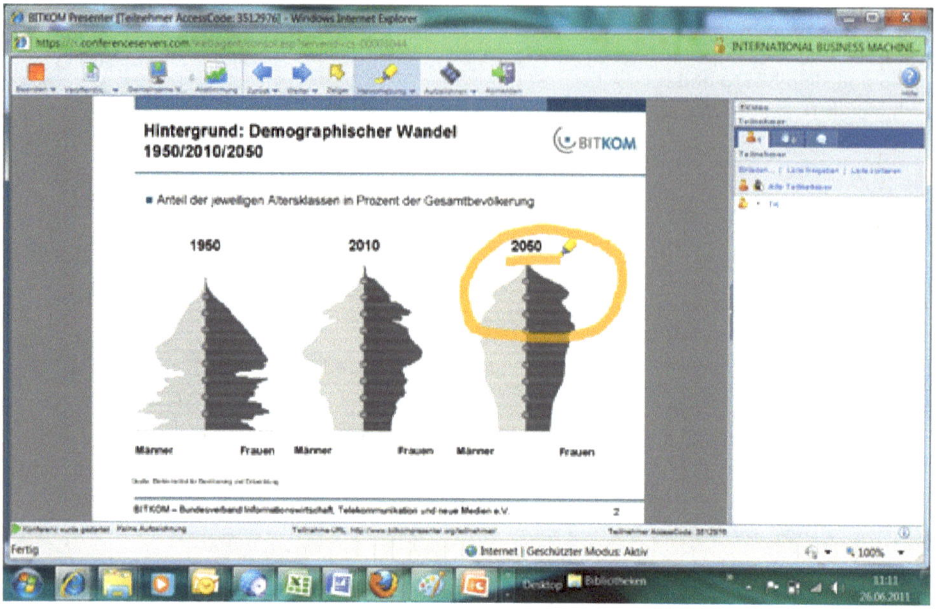

Abb. 4.58 Beispiel eines Webmeetings mit Echtzeit Markierung und Audiokommunikation

Weitere Einsatzgebiete von Video-/Webkonferenzen sind:

- Mitglieder- oder öffentliche Diskussionen
- Pressekonferenzen oder Präsentationen mit Q&A Sessions, Interviews mit Stakeholdern
- Dokumentation und spätere Verbreitung von Schulungen, Vorträgen u. a.m.
- Mitgliederwerbung, Vorstellung der Verbandsleistungen

Die Nachteile der meisten Anwendungen von Web-/Videokonferenzsystemen sind demgegenüber:

- Technische Eintrittshürden (ein Teilnehmer hat meistens Probleme oder zumindest Berührungsängste)
- Virtualität ohne verbindliches Protokoll führt zu Dauerdebatten („Piratenparteiproblem")
- Gesetzliche Bestimmungen (Datenschutz), Satzungs-und Geschäftsordnungsregeln bzgl. formeller Meetings/Sitzungen

Einführung, Change Management Web-/Videokonferenzsysteme werden als Teil des Mietangebots technisch bzgl. Dienstbereitstellung und 2nd Level Support vom externen Anbieter betreut. Die interne IT kümmerst sich um die Clients der internen Nutzer und die damit verbundenen, technischen Fragestellungen.

Die Einführung von Mitarbeitern in die konkrete Anwendung und der 1st Level Anwendungssupport erfolgt durch die für sie verantwortliche Stelle. Bei Pressekonferenzen ist dies die Presseabteilung, bei virtuellen Gremienmeetings die Leitung des Gremiums und bei Webinaren die Journalistische Bildung.

Im Rahmen der Einführung wird beim DJV auf die folgenden Punkte geachtet:

(a) Die Schulung von Nutzern anhand konkreter, praktischer Anwendungsszenarien
(b) Der persönliche Support noch unsicherer Nutzer
(c) Schnellhilfeangebote (Fallback-Lösungen)
(d) Sicherstellen der technischen Grundvoraussetzungen
(e) Regeln für die Durchführung von Webinaren (Aufzeichnungen, Datenschutz, Verhalten ...)

Für die Sicherstellung eines möglichst reibungslosen Ablaufs von Webinaren und zur eigenen Absicherung weist der DJV jeden Teilnehmer auf die folgenden Grundvoraussetzungen hin:

Technischer Hinweis
Sie benötigen für die Teilnahme einen Computer (mit Lautsprecher oder Kopfhörer) mit Breitbandverbindung (DSL oder UMTS bzw. WLAN). Sie können freilich, wenn es gar nicht geht, auch allein per Telefonverbindung teilnehmen.

Windows-Nutzer müssen sich im Normalfall während des Anmeldungsprozesses (kurz vor der Sitzung) eine „ausführbare" .exe-Datei herunterladen, die auf Ihrem Computer installiert wird (Sie müssen daher Administrator Ihres Computers sein oder vom Admin entsprechende Installationsrechte erhalten haben).

Für **Mac-Betriebssysteme** gibt es einen entsprechenden Installationsvorgang.

Hinweis: Linux-Betriebssysteme sind derzeit in der Regel nicht funktional. Der DJV bereitet aber den Wechsel zu einem Anbieter vor, der Linux-Systeme zulässt.

Für die Teilnahme per **iPad/iPhone** und vergleichbaren Tablet-/Smartphone-Geräten ist die Installation der (kostenlosen) Meeting-App erforderlich.

Während des Webinars:

Sie sehen jeweils eine Präsentation zu einem bestimmten Thema. Zu sehen sind also z. B. Powerpoint-Seiten oder ausgewählte Internetseiten (prinzipiell kann alles gezeigt werden; auf Ihrer Seite muss kein Powerpoint installiert sein). Den Ton hören Sie über VoIP (d. h. ohne Skype, aber über Computer). Das funktioniert sowohl für Windows als auch für Mac.

Falls VoIP bei Ihnen ausgeschlossen ist, können wir Sie auch über Festnetz einbinden, dann müssen Sie an einer Telefonkonferenz teilnehmen, die Einwahlkosten tragen Sie. Die Telefonnummer erhalten Sie dann mit den Zugangsdaten.

Deaktivieren Sie Ihre Webcam, wenn Sie nicht gesehen werden wollen.

Während des Seminars können Sie grundsätzlich sowohl per VoIP als auch per Chat (sichtbar für alle Teilnehmer) Fragen stellen.

Es kann allerdings auch sein, dass zur Vermeidung von akustischen Rückkopplungen bei größeren Gruppen die VoIP-Fragen deaktiviert und die Fragen ausschließlich per Chat/Fragemodul möglich sind. Bei größeren Teilnehmerzahlen (ab 26) kann auf Grund von der verwendeten Software auch die allgemeine Chatfunktion deaktiviert sein, dann können Ihre Fragen/Kommentare nur an den jeweiligen Moderator/Organisator gesendet werden.

Alle weiteren Details (Zugangsdaten und Adresse) erhalten Sie von uns spätestens zwanzig Minuten vor Beginn des Seminars per Mail.

Bei Rückfragen zum Inhalt, Ablauf und technischen Voraussetzungen können Sie sich an das DJV-Referat Freie Journalisten wenden, das sie unter der Mailadresse *xxxx* erreichen.

PS: Webinar verpasst? Die Aufzeichnungen kostenloser Webinare finden DJV-Mitglieder zum Teil auch über die Seite „Material Seminare/Webinare" im DJV-Intranet.

Aufzeichnungen kostenpflichtiger Webinare erhalten Sie über den DJV-Shop (unter „Sonstiges"). Bei kostenpflichtigen Webinaren ist auch der Bezug der Aufzeichnung kostenpflichtig.

Hinweis: Es kann vorkommen, dass ein Webinar aus technischen, konzeptionellen oder urheberrechtlichen Gründen nicht erfasst wurde. Wir bitten um Verständnis, wenn die Aufzeichnung Ihres Wunsch-Webinars nicht vorliegt.

Verbindung/Technik vor dem Webinar testen

Sie können die Verbindung testen, bevor die Sitzung gestartet wird, indem Sie an einer Testsitzung teilnehmen. An Testsitzung teilnehmen

1. Nehmen Sie über *xxxx* an der Testsitzung teil.
2. Wenn Sie an einem Desktopcomputer arbeiten, müssen Sie möglicherweise eine Datei für Windows oder Mac für den Start von herunterladen.
3. Wenn die Nachricht „Erfolgreich verbunden" (Successfully Connected) im Dialogfeld „Auf Organisator warten" (Waiting for Organizer) erscheint, sind Sie Teilnehmer der Testsitzung. Schließen Sie das Dialogfeld „Auf Organisator warten" (Waiting for Organizer), um die Sitzung zu beenden.

Als organisatorische Unterstützung der Online Projekte insgesamt wurden eine interne Vollzeitstelle plus Assistenz eingerichtet. Dies war insbesondere zur fortlaufenden Betreuung der Community Services erforderlich (siehe auch. Abschn. 4.1).

4.7.5 Ergebnisse & Ausblick

Erfahrungen mit Web-/Videokonferenzsystemen

Wichtige Voraussetzungen sind aus technischer Sicht:

- Lauffähigkeit mindestens auf PC, Mac und Tablets, Smartphones (Apple und Android)
- Zugang, Firewall, Stabilität der Verbindung, ausreichende Bandbreiten, Ausrüstung der Endnutzer
- Aufzeichnungs- und Abspielformate, die von den Nutzer auch verwendet werden können

Aus organisatorischer Sicht sind zu beachten:

- Die Zahlen gleichzeitiger Videokonferenzteilnehmer, Telefonteilnehmer, Webkonferenzteilnehmer oder Chatteilnehmer bestimmen Technologie und Konferenzmodell (bspw. „pass the mike" bei mehr als 12 Teilnehmern)

- Bei internationalen Teilnehmern sind internationale Einwahlnummern bereit zu stellen, um die Kosten nicht unnötig in die Höhe zu treiben
- Während der Laufzeit muss ein Technik- bzw. Anwenderservice bereitgestellt werden

Für den Moderator bedeutet die Durchführung einer Video-/Webkonferenz oft mehr Stress, wenn er/sie nicht geübt darin ist: Er muss die Teilnehmer bei Bedarf in der Anwendung betreuen und ggf. den technischen Support einschalten, die Steuerung übernehmen und auf den guten Ton sowie evtl. ein gutes Bild und ggf. zusätzlich die Aufnahmeleitung achten!

Folgende Probleme sind bei Webinaren keine Ausnahme:

- Technische Probleme einzelner Teilnehmer/Referenten
- Tonschwäche, Rückkopplungen, Störgeräusche (Risiko wächst bei mehr Teilnehmern)
- Informelle Abmeldung von Teilnehmern
- Lampenfieber: „Inszenierungsgefühl" verhindert (Audio-) Wortmeldungen,
- Bruch von Routineverhalten
- Datenschutz-/Urheberrechtsproblem: Aufzeichnung durch Teilnehmer zwar juristisch verboten, in der Praxis aber nicht zu unterbinden

Die Vorteile sind in der Zahl weniger, aber dementgegen äußerst gewichtig:

- hohe Einsparungen an Organisations- Reise- (Zeit und Kosten) und Umweltressourcen,
- die Erreichbarkeit von Mitgliedern weltweit in (fast) jeder Situation sowie
- die Wiederaufrufbarkeit/Dokumentation und Weiterverwertung.

Potenzielle Promotoren und Kritiker von Video-/Webkonferenzen lassen sich anhand der in Tab. 4.2 aufgeführten Charakteristika oft schon im Vorfeld erkennen.

Die Kritiker sollten mit besonders sensibler Betreuung langsam herangeführt werden, um die Barrieren zu überwinden. Dabei helfen nur positive Erfahrungen, negative verstärken selbsterklärend die Abwehrhaltung.

Tab. 4.2 Wie erkennt man, wer Webkonferenz affin ist, ohne ihn/sie zu fragen?

Befürworter	Gegner
+ technikaffin	- erfolgreich mit traditionellen Mitteln
+ mobil bzw. viel unterwegs	- Reisen viel und gerne, nutzen Gespräch vor Ort
+ mit vielen Aufgaben belastet	
+ Home-Office/ Betreuungssituationen (Kinder etc.)	- Angehörige eines bisher „geschützten" Bereichs (closed circle)

Fazit, weitere Entwicklungen

Der Relaunch der Website war zwar komplizierter als erwartet, konnte letztendlich aber durch einen vorab vereinbarten Werkvertrag erfolgreich innerhalb des gesteckten Budget-Rahmens und mit vertretbarer Zeitverzögerung umgesetzt werden.

Nach Meinung des beim DJV Verantwortlichen werden virtuelle Kommunikationsstrukturen in modernen Verbänden neben die bisherigen Gremienstrukturen treten. Der DJV folgt dieser Einschätzung mit in den neuen Webauftritt integrierten Kommunikationstools 2.0 wie Blogs, Communities, Web- und Videokonferenzen, Webinaren.

Die Erfahrung nicht nur beim DJV zeigt, dass Web- und Videokonferenzen in vielen Bereichen von Verbänden mit Erfolg eingesetzt werden können.

Deren Einführung ist jedoch ein länger währender Prozess, da er an alltägliche Arbeits- und Kommunikationsgewohnheiten rührt. Eine zu schnelle Einführung schafft mehr Barrieren, als sie abbaut. Die Barrieren sind generations-, aber auch personen-und trainingsabhängig. Erheblicher Widerstand ist umso wahrscheinlicher, je mehr traditionell eingespielten Methoden der Konsensfindung davon negativ berührt werden.

4.8 Die Familienunternehmer (ASU) & Die Jungen Unternehmer (BJU)

4.8.1 Auf einen Blick

Stark im Multi Channel (e)Campaigning – on- und offline.

- Beide Verbände sind aufgrund von Personen-Mitgliedschaften eher durch persönliche, als durch institutionelle Beziehungen geprägt.
- Der Schwerpunkt der Maßnahmen liegt in der Außenkommunikation mit modernen Medien. Im Unterschied zu vielen Verbänden wird bewusst auf den *Dialog* mit der Öffentlichkeit gesetzt.
- Für die Vernetzung der Mitglieder untereinander wurden Gruppen auf externe Social Media Plattformen wie Xing und Facebook eingerichtet (zum Start 2006 bzw. 2009 von den Mitgliedern selbst).

4.8.2 Zum ASU & BJU

DIE FAMILIENUNTERNEHMER – ASU und DIE JUNGEN UNTERNEHMER – BJU sind als Schwesterverbände die stärkste politische Interessenvertretung für Familienunternehmen.

Sie sind eine sehr sichtbare Stimme in den analogen und digitalen Medien und haben sich in den letzten Jahren durch für Verbände ungewöhnliche, moderne Kampagnen hervor getan.

Die mehreren tausend Mitgliedsunternehmen beider Verbände erwirtschaften einen Jahresumsatz von ca. 300 Mrd. Euro (Vgl. BIP Deutschland: rund 2.400 Mrd. Euro). Über 90 Prozent der Unternehmen in Deutschland sind Familienunternehmen, also eigentümergeführte Firmen. Auch unter den Betrieben mit mehr als einer Million Umsatz sind 80 % Familienunternehmen.

Mitglieder werden aufgenommen, wenn sie die Aufnahmekriterien von mindestens 10 Mitarbeitern und 1 Mio. Jahresumsatz und 25 % Unternehmensanteil erfüllen. Aufnahmevoraussetzung bei den Jungunternehmern (BJU) ist zudem, dass der Inhaber höchstens 40 Jahre alt ist – bei den Familienunternehmern entsprechend über 40.

Beide Verbände werden von jeweils einem Präsidium und Bundesvorstand gelenkt. Der BJU ist in 10 Landesbereichen und 45 Regionalkreisen organisiert und hat eine zentrale Geschäftsstelle in Berlin.

Auch der ASU ist in Landes- und Regionalkreisen aktiv, unterstützt von der zentralen, Berliner Geschäftsstelle. Er hat zusätzlich noch einen strategischen Beirat als „Vordenker des Verbandes". Letzterer besteht aus einem festen Kreis von Mitgliedern.

Die fachliche Arbeit findet in den Kommissionen zu folgenden Themen statt:

- Arbeitsmarktpolitik
- Energiepolitik
- Sanierungspolitik
- Fachkräftesicherung
- Wider den Schuldenstaat
- Ordnungspolitik
- Steuerpolitik

4.8.3 Ausgangslage, Zielsetzung, Strategie

DIE FAMILIENUNTERNEHMER und DIE JUNGEN UNTERNEHMER vertreten persönliche Mitglieder: Social Media ist u. a. deshalb wichtiger Bestandteil der direkten Mitglieder-Kommunikation. Beide Verbände wollen unter aktiver Nutzung der Medienkommunikation politische Ziele mit der Unterstützung von Kampagnen erreichen.

Politik, gesellschaftliche Multiplikatoren, Unternehmer, Medien und interessierte Bürger sollen direkt angesprochen werden – auch digital.

Der Verband möchte noch stärker als bisher mit seinen politischen Positionen Gehör finden und Aktionen ermöglichen.

Mit Nutzung von Social Media sollen deshalb weitere Zielgruppen erreicht, insbesondere aber die bereits erreichten intensiver einbezogen werden.

Die Erhöhung der Medienresonanz durch Social Media, die Ansprache von Journalisten als Multiplikatoren und die Ansprache weiterer wichtiger Zielgruppen aus Politik und Unternehmertum stehen deshalb im Zentrum des digitalen Kommunikationskonzeptes (zur Strategie vgl. [DF12]).

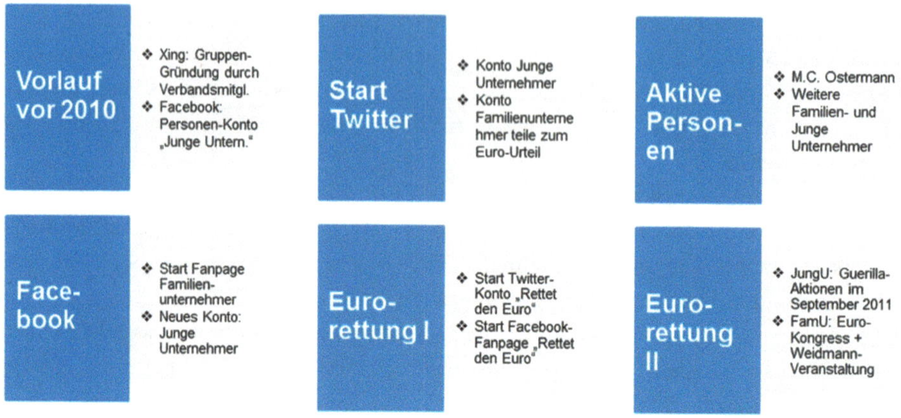

Abb. 4.59 ASU und BJU Kommunikationsstrategien als einfaches Ablaufdiagramm (vgl. [DF12])

Kernelement ist eine beide Verbände übergreifende Kampagnen-Strategie, die am Beispiel der EURO-Kampagnen in Abb. 4.59 visualisiert wird.

Als aus der Strategie abgeleitete Maßnahmen werden die Social Media Aktivitäten und eine erfolgreiche Multi Channel Kampagne vorgestellt.

4.8.4 Maßnahmen (Auswahl)

Seit etwa 2006 existiert eine von den Mitgliedern initiierte Gruppe auf Xing, der Aufbau der anderen Social Media-Kanäle hat zu Beginn des Jahres 2010 begonnen (s. o.).

Die Konzentration liegt auf den Marktführern Twitter, Facebook, Xing, und YouTube.

Ergänzt werden diese Kanäle durch ein eigenes Angebot mit dem Nachrichten- und Social-Media-Portal der Verbandszeitschrift „Wir Familienunternehmer" (www.wir-familienunternehmer.de) sowie speziellen Kampagnen Websites (vgl. Abschn. 3.4.2 Satelliten-, Themen-, Kampagnenportale & Microsites).

Xing Die bereits 2006 entstandene Xing-Gruppe wurde 2010 reaktiviert, um die Präsenz in diesem wichtigsten deutschen Businessportal zu verstärken (Mitgliederzahl wurde von 350 auf über mittlerweile annähern 900 fast verdreifacht). Wesentlicher Anlass waren Anforderungen aus der Mitgliederschaft, die auf dieser Plattform schwerpunktmäßig präsent sind.

Twitter In den Tweets „Die Familienunternehmer" und „Die Jungen Unternehmer" geht es vor allem um die Verbreitung von Pressemitteilungen, Medienresonanzen und geeigneten News. Durch die hohe Eigenmotivation der Mitglieder, die gemeinsamen Anliegen zu verbreiten ergab sich recht schnell eine beträchtliche Zahl von Followern:

- „Familienunternehmer" über 1000 Verfolger in 15 Monaten,
- „Junge Unternehmer" über 900 Verfolger in 15 Monaten!

Ende 2013 hatte @FamUnt mit mehr als 3100 Followern nicht viel weniger als der BDI mit 3600!

Facebook Startbasis für die Präsenz in Facebook war eine „private" Präsenz mit einer hohen Zahl von Freunden. Das generelle Problem einer ehemals privaten Präsenz ist die fehlende, eindeutige Abgrenzung zwischen Person und Unternehmen. Dieser Umstand kann dazu führen, dass der Plattformbetreiber Facebook eine solche Präsenz löscht, weil es nicht mit dessen Statuten konform geht.

„Die Jungen Unternehmer" als erste Anlaufstelle für Mitglieder des Verbandes auf Facebook und die Gruppe „Dic Familienunternehmer" (Abb. 4.55) sind im August 2010 gestartet.

Letztere hatte im März 2014 mehr als 4100 „Likes" (im März 2014 s. Abb. 4.60), „Die Jungen Unternehmer" (im März 2014 s. Abb. 4.61) gar fast 7100.

Medienübergreifende Kampagnen, Bsp. Euro-Kampagne „EURO-Rettung: So nicht!" Diese Kampagne ist ein interessantes Beispiel für wirksames Agenda Setting. Darin werben

Abb. 4.60 ASU auf Facebook

Abb. 4.61 BJU auf Facebook

Abb. 4.62 Ablaufdiagramm EURO-Kampagne (vgl. [DF12])

die Familienunternehmer ausdrücklich für den Erhalt des Euro, positionieren sich jedoch gegen den beschrittenen Weg der Rettungsschirme und gegen Euroanleihen.

Der konkrete Ablauf der auf der Gesamtstrategie basierenden Kampagne findet sich in Abb. 4.62.

Die EURO-Kampagne wurde zunächst in überregionalen Tageszeitungen mit Anzeigen gestartet und ist dann als Kampagnenseite auf Facebook erschienen. Es gab 260 Anhänger in zehn Tagen, 44.000 Abrufe der Beiträge auf der Seite, 200 Feedbacks durch Kommentare und „Likes" sowie gezielte Einzelbeiträge auf Facebook-Seiten Dritter.

Eine eigene Kampagnenanzeige erschien vier Millionen Mal auf den Startseiten der Nutzer von Facebook.

Auf Twitter wurden 1300 Verfolger in zwei Monaten gewonnen, 55 Beiträge per Retweets weiterverbreitet und die Verfolger erwähnen in 76 Beiträgen positiv die Euro-Kampagne.

Schließlich wurde auf Xing die Startdebatte in der Politik-Gruppe eröffnet. Dort gab es 1400 Zugriffe auf die Debatte und 43 Kommentare in einer lebhaften Diskussion.

Schließlich gab es Beiträge auf zwölf Medienportalen: SpiegelOnline.de, Bild.de, Focus-Online.de, FHZ.net, Süddeutsche.de, Welt.de, Handelsblatt.de, FTD.de, T-Online.de, Politik.de, RP-Online.de, Tagesspiegel.de, DieZeit-Online.de.

Direkt und indirekt (viral) haben die Social Media Maßnahmen auch die Zugriffe auf die Homepage des ASU deutlich erhöht: In den zehn Tagen vom 13.12.2010 bis 23.12.2010 gab es allein 2000 Visitors die Gesamtbesucherzahl erhöhte sich in diesem Zeitraum auf 8500.

Die Homepage der Jungen Unternehmer wurde zur Kampagnenseite umgebaut: Auf der Website wurde in Form eines Popups oder „Super Banners" die Kampagne für einen begrenzten Zeitraum unübersehbar platziert, wie Abb. 4.63 zeigt.

Die Resonanz im Netz war beachtlich:

1. Verdreifachung der täglichen Zugriffe in der ersten Woche
2. Verbreitung der Familienunternehmer und Jungen Unternehmer auf Online-Portalen: über 800 erfasste Web-Clippings im deutschsprachigen Raum (so auch bei bild.de, welt.de und Focus-Online sowie Henryk Broders Blog www.achgut.de).
3. Fanseiten der Jungen Unternehmer und Familienunternehmer auf Facebook und Twitter:
   - 13.500 Beitragsaufrufe auf Facebook (3x mehr als sonst)
   - 230 Feedbacks durch Kommentare und „Gefällt mir"-Klicks auf Facebook (4x mehr als sonst)
   - 530 Fans auf eigener „Rettet-den-Euro"-Seite
   - Twitter: 2160 Follower auf „Rettet-den-Euro"-Seite

Die Welle schwappte in die analoge Welt: Bereits nach zwei Wochen erschienen Artikel, in denen Rösler und Ramsauer Zweifel an der Rettungsschirmpolitik öffentlich machten und der damalige Bundesbankpräsident Weidmann die Familienunternehmer besuchte, was wiederum in der Tagesschau und den Tagesthemen gesendet wurde (vgl. 3.6.2. Elektronisches Agenda-Setting).

Einführung/Change Management Hauptverantwortlich für Konzeption wie Umsetzung ist der Pressesprecher und Leiter für Web-Kommunikation der beiden Verbände. Aufgrund der Rückendeckung der gesamten Verbandsführung gab es keine entscheidenden

Abb. 4.63 Super Banner Popup als ein Teil der EURO-Kampagne

Hindernisse für die laufende Betreuung. Zwecks Weiterentwicklung ist ein Web-affiner, fester freier Mitarbeiter engagiert worden.

Erleichtert wurde die Einführung intern auch dadurch, dass auf eine längere Erfahrung vieler Mitarbeiter und Mitglieder mit Interessensvertretung im Web aufgebaut werden konnte. Der Einstieg in Social Media wurde organisatorisch und auch konzeptionell als eine Art Weiterentwicklung der bestehenden Aktivitäten und Konzepte entwickelt. Für das Management ist ein(e) Mitarbeiter(in) voll verantwortlich.

Last but not least ist die Eigenmotivation der Mitglieder ein gewichtiges Pfund in der Waagschale, das aber nur genutzt werden kann, wenn ihnen der entsprechende Freiraum gewährt wird.

4.8.5 Ergebnisse & Ausblick

Ein zentrales Ergebnis ist die stärkere Dialogorientierung. Hierbei erleichtert die Struktur der beiden Personenverbände diese Entwicklung. Sie ist vergleichbar mit NGOs, deren

Hauptzweck die Vernetzung und Forderung politischer Positionen ist: Siehe Pro Euro-Kampagne. Grundsätzlich sehen sich die beiden Verbände wegen Ihrer Dialogorientierung gegenüber Agenturen, die eher auf Präsentation angelegt sind, im Vorteil.

Die Zielgruppen in Öffentlichkeit und Politik wurden wie geplant besser und breiter angesprochen als zuvor, auch wenn etliche Journalisten nicht ausreichend sensibilisiert werden konnten.

Grundsätzlich hat sich das strategische Konzept bewährt, so dass die weitere Entwicklung eher ein Feintuning sein wird. So sollen vermehrt kleine Kampagnenfilme produziert und im Netz eingestellt werden, um zu testen, ob eine generelle stärkere Ausrichtung an bewegten Bildern sinnvoll ist.

Zudem sollen die eigenen Online Angebote ausgebaut werden, wie etwa mit dem Verbandsmagazin-Portal und weiteren Magazinseiten. Dazu zählen auch mehr Beiträge für die Online-Publikationen und regelmäßige Kommentare von „Edelfedern" des Journalismus.

Fazit

ASU und BJU sind keine Branchenverbände sondern im Querschnitt politisch angelegt und sehr vom Grundverständnis des Eigentümer-Unternehmers geprägt. Insoweit ist die Arbeit im Verband stärker dialogorientiert als sonst üblich. Der Wunsch, die digitale Kommunikation aktiv auszubauen, wurde aus der Mitgliedschaft selbst an die Verbände-Führung herangetragen.

Aus deren Eigeninitiative hatte sich bereits frühzeitig eine Xing-Gruppe von Unternehmern gebildet und 2009 eine Facebook-Gruppe. Diese aus den Gremien des Verbandes heraus geborenen Aktivitäten wurden letzten Endes vom Präsidium aufgegriffen, dass sich anschließend selbst zum Initiator und Protagonisten entwickelt hat.

In diesem „bottom up"-Vorgehen, mit dem die Eigeninitiative der Mitglieds-Unternehmer gestärkt wird, spiegelt sich auch das Selbstverständnis der beiden Verbände.

4.9 Bundesverband der Deutschen Industrie e. V. (BDI)

4.9.1 Auf einen Blick

Neues Mitgliederportal, neue Mitgliederservices, bessere und schnellere Handlungsfähigkeit mit Prozess-, Qualitäts- und Wissensmanagement.

- Der BDI modernisiert sich digital, um attraktiver, effektiver und effizienter zu sein.
- Eine zentrale Säule bildet das neue Mitgliederportal mit virtuellen Gremienräumen, das in einem langen Prozess sorgfältig konzipiert, entwickelt und nun eingeführt wird. Schwerpunkte in den ersten beiden Entwicklungsstufen sind Wissensmanagement und Prozessverbesserungen bei der Positionskonsolidierung, um hier schneller agieren zu können.
- Da bereits mehrere Mitgliedsverbände Portale auf der gleichen technologischen Plattform betreiben, wurde eine gemeinsame Gruppe zur Schaffung von Synergien unter Federführung des BDI eingesetzt.

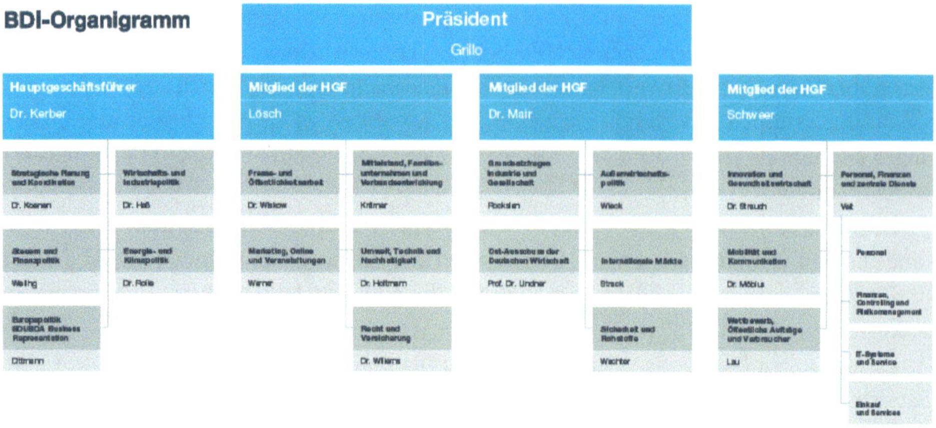

Abb. 4.64 Organigramm des BDI

4.9.2 Zum BDI

Der Spitzenverband der deutschen Industrie und der industrienahen Dienstleister in Deutschland spricht für 37 Branchenverbände. Er repräsentiert über 100.000 Unternehmen mit gut acht Millionen Beschäftigten gegenüber Politik und Öffentlichkeit.

Nach eigener Darstellung transportiert er die Interessen der deutschen Industrie an die politisch Verantwortlichen und unterstützt damit die Unternehmen im globalen Wettbewerb. Er verfügt über ein weit verzweigtes Netzwerk in Deutschland und Europa sowie in allen wichtigen Märkten und internationalen Organisationen. Der BDI sorgt für die politische Flankierung internationaler Markterschließung, zudem bietet er Informationen und wirtschaftspolitische Beratung für alle industrierelevanten Themen.

Der Dachverband hat eine Geschäftsstelle in Berlin mit ca. 120 Mitarbeitern und eine eigene, interne IT-Abteilung mit 4 Mitarbeitern (Organigramm vom Februar 2014 s. Abb. 4.64).

4.9.3 Ausgangslage, Zielsetzung, Strategie

Ein Verband, der Industrie 4.0 propagiert, kann nicht Verband 1.0 praktizieren.[1]

Die Entscheidung, zentrale Bereiche der Verbandstätigkeit wie Gremienarbeit, Kommunikation und Wissensmanagement auf neue, digitalen Plattformen zu transformieren, ist eine große Chance, auch die dahinterstehenden Prozesse zu modernisieren.

[1] Der Autor auf dem vom ihm mitveranstalteten Praxisforum Verbände digital am 29. Januar 2014 als Zusammenfassung nach einem Beitrag von Daniela Werner, Leiterin Online Marketing beim BDI, in dem sie die Motivation des BDI erläutert, sich digital zu modernisieren.

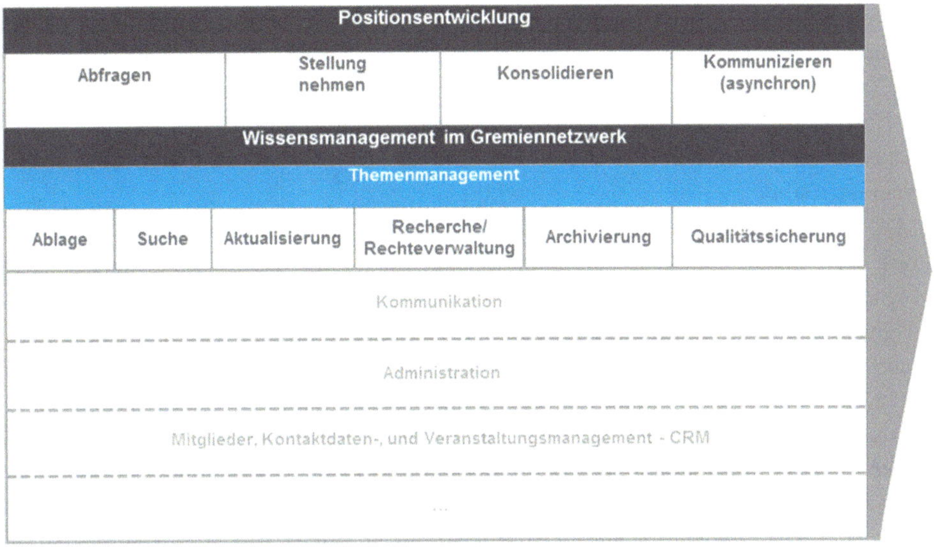

Abb. 4.65 Digitale Transformation/Unterstützung zentraler Verbandsbereiche

Übergeordnete Ziele der Projektierung sind:

- Imagegewinn durch eine moderne, integrierte Verbandskommunikation,
- Mehrwerte für die Mitglieder durch zeitgemäße Services sowie
- effizientere Prozesse bei einer verbesserten Nutzung interner Ressourcen.

Nach den Mitarbeitern und Mitgliedern ist das Wissen in seinem Netzwerk die wichtigste Ressource eines Verbandes. Mit Hilfe eines externen Beraters wurde deshalb zunächst ein Konzept für das Wissensmanagement im Gremiennetzwerk erstellt. Dann wurde der Bogen über das Themenmanagement bis hin zu Kernprozessen der Gremienarbeit, der Positionsentwicklung gezogen.

Weitere zentrale Bereiche der Verbandsarbeit könnten folgen, wie in Abb. 4.65 angedeutet.

Zum initialen Launch des neuen Mitgliederportals werden die oberen beiden Bereiche mit den darunter aufgeführten Aktivitäten digital unterstützt. Das Wissensmanagement soll durchgängig mit dem Themenmanagement verbunden und in Output, Effizienz und Qualität verbessert werden.

Ein wichtiges Augenmerk lag von Beginn an auf einer Beschleunigung der Positionsentwicklung, der als einer der wichtigsten Prozesse für die Wirksamkeit der Verbandsarbeit angesehen werden kann.

Die Digitalisierung der Medienwelt und die damit verbundenen gravierenden Veränderungen in den Medienproduktions- und Rezeptionsprozessen (vgl. 1. Kapitel) stellen gerade für einen Dachverband eine große Herausforderung in Bezug auf schnelle, medienadäquate Reaktions- oder Sprachfähigkeit dar (s. Werner: Strategie und Elemente der Online Kommunikation im BDI, in [GB10], S. 191 ff.). Die organisatorisch und Zeit aufwendigen Prozesse, die hinter der Erarbeitung von Positionen stehen, sind ein wachsendes Hindernis für die Platzierung der Verbandspositionen in den Medien: Die öffentliche Diskussion ist nicht selten bereits gelaufen, bevor die internen Abstimmungsprozesse abgeschlossen sind.

Die Beschleunigung dieser Prozesse ist neben dem Wissens- und Qualitätsmanagement sowie der besseren Mitglieder-Einbindung einer der Haupt-Ansatzpunkte für das neue Mitgliederportal.

Eine erfolgreiche Positionierung nach Außen ist nur die Hälfte Wert, wenn sie nicht auch intern von den Mitgliedern als erfolgreich wahrgenommen wird. Hinzu kommt das interne Service-Angebot an die Mitglieder selbst, die entsprechend ihrer für den Verband existenziellen Bedeutung auch mit Mehrwerten bedient werden wollen.

Eine Schwierigkeit besteht in der unterschiedlichen Erwartungshaltung gegenüber solchen Angeboten. Deshalb wird bei der Konzeption des Portals soweit wie möglich auf gelernte Elemente der klassischen Gremienarbeit Bezug genommen. Dies äußert sich z. B. in den Begrifflichkeiten „(Dokumenten)Mappen", „(Arbeits)Gruppen", „Rundschreiben" (Werner, BDI).

Die Herausforderung bestand darin, eine Plattform bereit zu stellen, auf der alle Mitglieder in der gewünschten Art und Weise arbeiten, sich austauschen und Informationen beziehen.

4.9.4 Maßnahmen (Auswahl)

Das Mitgliederportal für Gremien ist der mittlere Teil einer neuen, digitalen Verbandsplattform, die aus drei Säulen besteht (s. Abb. 4.66).

Mitgliederportal BDI interaktiv Die Grundidee ist das Zusammenfassen aller wichtigen Materialien plus Gremien-, Kommunikations- und Zusammenarbeitsfunktionalitäten in einem personalisierten, nach außen abgesicherten Mitgliederportal. Schematisch wird dies in Abb. 4.67 dargestellt.

Zusammenarbeit in virtuelle Gremienarbeitsräumen Digitale Gremienräume sind wie auch beim BITKOM-Mitgliederportal (s. Abschn. 4.4) ein wichtiger Teil des Extranets „BDI-Interaktiv". Sie ermöglichen den Gremienmitgliedern eine Zeit- und Ortsunabhängige Zusammenarbeit in BDI-Gremien, effiziente Terminabstimmungen oder den direkten Zugriff auf den stets aktualisierten, zentralen Dokumentenpool. Die Kernfunktionalität der virtuellen Gremienarbeit beim BDI besteht in der gemeinsamen Kommentierung und Bearbeitung von Dokumenten, was u. a. dazu dient, Positionspapiere zeitnah zu konsolidieren. Damit wird der Prozess zur Erarbeitung politischer Positionen um ein Vielfaches effizienter, als dies über den bisher praktizierten zeitversetzten Versand von E-Mails und zentraler Konsolidierung möglich war.

Abb. 4.66 Die drei Säulen der digitalen Kommunikationsplattform beim BDI (nach Werner, 2014)

Sowohl per Mail, als auch zum Lesen und Herunterladen auf/von der Plattform werden thematisch verschlagwortete, elektronische Rundschreiben angeboten. Sie dienen als wichtiger Informationsdienst für die Gremienmitglieder.

Zur Motivation, auf die Plattform zu gehen, kann jeder Nutzer in seinem Profil aggregiert alle ihn betreffenden Informationen, Dokumente, Gruppen und Aktivitäten einsehen und sein Expertenprofil anpassen. Des Weiteren kann er dort zeit- und ortsunabhängig aktiv an der Gremienarbeit teilnehmen und Positionspapiere mit beeinflussen.

Der Funktionsumfang der Gremienräume wurde bewusst einfach gehalten, damit sich Mitarbeiter und Gremienmitglieder an die neue Form der Zusammenarbeit herantasten und auf die wesentlichen Aufgaben fokussieren können.

Abbildung 4.68 zeigt auf, wie einer der wichtigsten Gremienarbeitsprozesse, die Konsolidierung von Positionspapieren, vonstatten geht.

Was sind zusammen gefasst die Anreize für Gremienmitglieder, auf die Plattform zu gehen und dort evtl. aktiv zu werden?

a. Wissenspool

Sie erhalten über die Plattform personalisierten Zugriff auf alle Newsletter/Rundschreiben, Studien, Analysen, Veranstaltungshinweise/Einladungen in strukturiert durchsuchbarer Form (Pull Service).

Optional können Sie sich per E-Mail automatisch vom System benachrichtigen lassen, sobald neue Inhalte eingestellt werden und sich auch entscheiden, Dokumente als Anhang zu den Benachrichtigungsmails mitgesandt zu bekommen (Push Service).

Abb. 4.67 Idee und Ergebnis (unten ein Gremienarbeitsraum) zum neuen Mitgliederportal

b. Direkter Dialog & Zusammenarbeit

Sie können sich zu jeder Zeit, von jedem Ort aktiv mit Kommentaren/Rückmeldungen an der Ausarbeitung von Positionen etc. beteiligen und auch sonst gezieltes Feedback zur Gremien- und Verbandsarbeit geben (an Stelle von unspezifischem, für andere intransparentem Feedback per Mail).

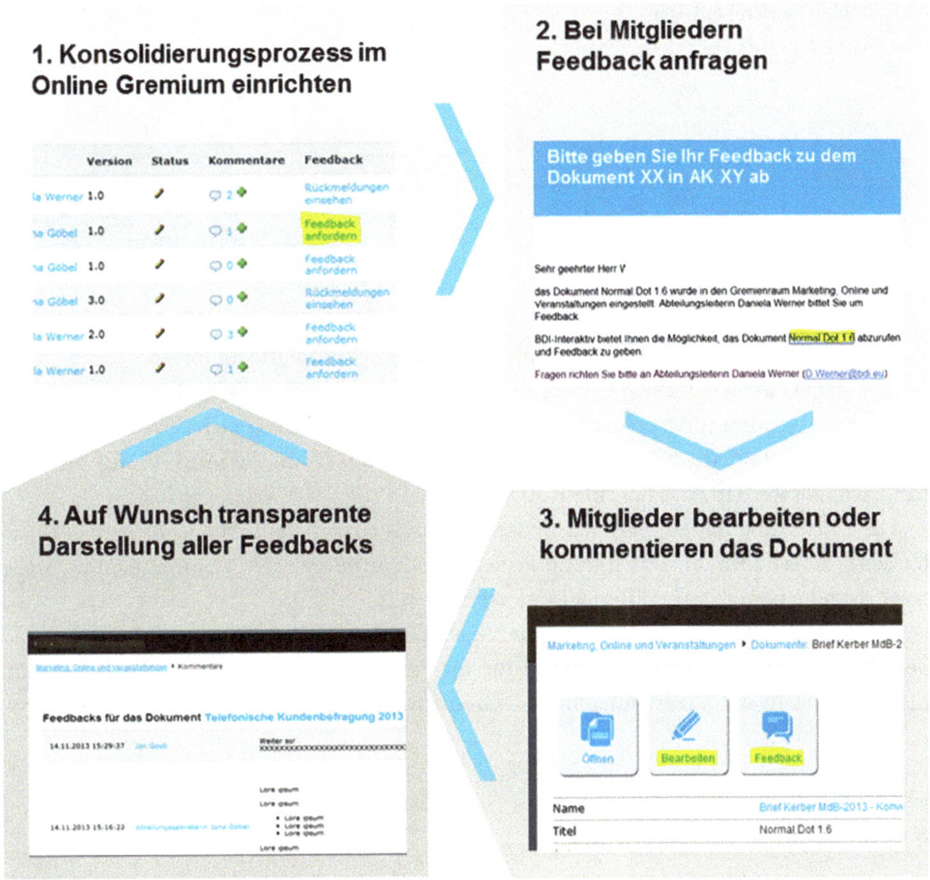

Abb. 4.68 Konsolidierung von Positionspapieren als Prozess in virtuellen Gremienarbeitsräumen (in Anlehnung an Werner, 2014)

Einführung, Change Management Bei der Umsetzung und Einführung des neuen Portals ist bis dato die erste Phase abgeschlossen und die zweite im Pilotstatus (vgl. Abb. 4.69):

1. Phase
   Etablierung der Versandfunktion des neuen BDI-Extranets und damit Ablösung von BDI-Direkt
   Erfolgreiche Umsetzung:
   - ca. 800 Rundschreiben in 2013
   - Hohe interne & externe Akzeptanz
   - problemfreies Change Management

   im BDI
2. Phase
   Einrichtung der Zusammenarbeits-Funktion in den Gremien

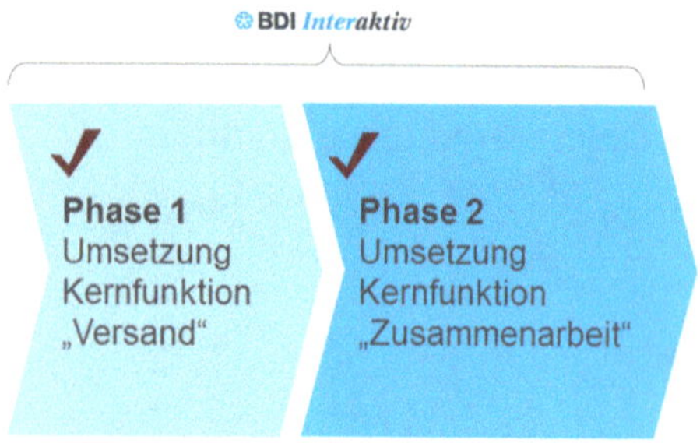

Abb. 4.69 Die sich bedingenden Phasen 1 und 2

Weitere Schritte zur Optimierung und zum Ausbau der Plattform folgen.

Von dem ersten Grundkonzept bis zum Launch war es auch aufgrund interner Umstellungen und Abstimmungsprozesse ein recht langer Weg über fast vier Jahre. Letztendlich konnte das Portal jedoch mit nur geringen Abweichungen im Zeit- und Budgetrahmen freigeschaltet werden, was bei einem so komplexen Projekt ein großer Erfolg ist.

Die Umsetzung hat ein IT-Dienstleister auf Basis eines detailliert ausgearbeiteten Lastenheftes übernommen. Das interne Projektteam wurde von der Kommunikationsstelle geleitet und einem externen Berater unterstützt.

Die Einführung ist ein „ongoing process“: Die Mitarbeiter der Geschäftsstelle sind bereits größtenteils aufgabenspezifisch für die Arbeit mit dem Portal geschult worden, die Diffusion in die Verästelungen aller Gremien ist angelaufen (Stand bei Redaktionsschluss).

4.9.5 Ergebnisse & Ausblick

Ergebnisse Nach dem BITKOM (s. Abschn. 4.4), der diese Funktion als erster BDI-Mitgliedsverband verbandsübergreifend eingeführt hat und dem ZVEI (4.5.), der dies in Teilbereichen implementiert hat, ist der BDI der dritte Verband, der eine Zusammenarbeitsfunktion in digitalen Gremienräumen auf Basis von Microsoft Sharepoint eingeführt hat.

Die Zusammenarbeitsfunktionen der digitalen Gremienräume haben folgende Vorteile (vgl. Abschn. 3.3.2). Extranet für Mitglieder …):

- Sie optimieren die Kommunikationswege zwischen dem BDI, seinen Mitgliedsverbänden und den darin organisierten Unternehmen. Damit sorgen sie tatsächlich für eine schnellere Konsolidierung von Positionen und somit höheren inhaltlichen Output des BDI.
- Sie schaffen mehr Transparenz im Prozess der Positionsentwicklung und ermöglichen es auch Mitgliedern mit weniger Ressourcen, die nicht so häufig an physischen Meetings teilnehmen können, sich aktiv mit einzubringen.
- Die Prozesse in der Verbandsarbeit zwischen BDI, Mitgliedsverbänden und Unternehmen werden systematisiert und dadurch ein effektives Qualitätsmanagement mit kontinuierlichem Verbesserungsprozess erst möglich gemacht.

- Als Ergebnis besserer Prozesse steigt auch die Organisationseffizienz – qualitativ durch die modernen, zeit- und ortsunabhängigen Medien und quantitativ durch mehr Output mit weniger Ressourcen

Erfahrungen Da die virtuellen Gremienräume noch nicht verbandsweit eingeführt worden sind, liegen bei Fertigstellung dieses Buches nur ein paar Erfahrungen aus den Pilotgremien vor, in denen größtenteils aufgeschlossene Mitglieder vertreten sind.

Aber auch hier deutet sich an, dass die Tendenz, gemeinsam an Dokumenten zu arbeiten ohne einen Treiber oder Moderator eher gering ist: Der Zusammenarbeitsprozess muss organisatorisch vollständig eingebunden und von einem geeigneten Mitarbeiter (an)geleitet und motiviert werden.

Ein Mitgliederportal wird ohne solch einen Antrieb auch in Zeiten von Social Media und Web 2.0 von vielen Nutzern ansonsten eher passiv zum Informations-/Datenabruf genutzt.

Fazit, weitere Entwicklungen

Der Betrieb eines dynamischen Mitgliederportals ist eine fortlaufende (Weiter-)Entwicklungs- und Managementaufgabe.

Da bereits einige der größeren Mitgliedsverbände des BDI ebenfalls ein Mitgliederportal auf Basis derselben technologischen Plattform eingeführt haben, ergeben sich Synergien durch den Austausch von Erfahrungen oder bei der Beschaffung oder Entwicklung von Verbandsmodulen.

Auch könnte perspektivisch eine Verknüpfung von Gremien aus unterschiedlichen Organisationen auf digitalem Weg erfolgen (Cooperative Collaboration).

Diese Entwicklungen sollen weiter ausgebaut werden. Auf den Erfahrungen von Mitgliedsverbänden aufbauend, soll als nächster Schritt eine enge Verzahnung des Mitgliederportals mit einem neu einzuführenden CRM-System entwickelt werden. Solch ein verknüpftes System wurde bereits beim Mitgliedsverband BITKOM aufgebaut[2] und ist seit 2009 dort erfolgreich im Einsatz (s. Abschn. 4.4).

Des Weiteren ist die Entwicklung eines nur für die Mitarbeiter des Verbandes zugänglichen Intranets auf derselben technologischen Plattform wie das Mitgliederportal (Extranet) angedacht.

Insgesamt führt nach Ansicht der Verantwortlichen kein Weg an einer weiteren digitalen Modernisierung der Verbandsarbeit vorbei.

[2] Fragen hierzu können direkt an den Autor gestellt werden, der dieses System konzipiert und eingeführt hat.

4.10 Bundesverband der Deutschen Luftverkehrswirtschaft e. V. (BDL)

4.10.1 Auf einen Blick

Konsolidierung und Management der gesamten IT eines jungen Verbandes

- Der BDL bei der Gründung 2010 eine initiale IT von einem externen Dienstleister aufbauen und anschließend betreuen lassen, die drei Jahre später einer Konsolidierung unterzogen werden sollte. Ziel war es, Kosten zu sparen, die Leistungsfähigkeit zu erhöhen und Mitarbeiter zu entlasten.
- Mit Hilfe eines externen Verbands-IT-Beraters wurde eine neutrale Analyse und anschließend eine unabhängige Ausschreibung zur Suche eines neuen IT-Generaldienstleisters durchgeführt. Dieser sollte die bestehende Landschaft weiter entwickeln und kostengünstig mit hohem Service-Anspruch betreuen.
- Die vorgegebenen Ziele konnten mit dem aus der Ausschreibung hervorgegangenem Ergebnis (Dienstleister, IT-Konsolidierung, Serviceprozesse) allesamt erreicht werden.
- Als konkrete Maßnahmen zur Modernisierung der IT-Ausstattung wurden zunächst einzelne Servermodule aktualisiert und neue Mobilgeräte mit Apps der Kernanwendungen (letztere noch in der Testphase) auf Grundlage eines mobilen Sicherheitskonzeptes eingeführt.
- Ergänzend wurde ein externer Datenschutzbeauftragter unter Vertrag genommen, der u. a. auf Basis eines Audits die interne Verfahrensbeschreibung neu aufgestellt hat.

4.10.2 Zum BDL

Der BDL ist die Stimme der deutschen Luftfahrt; Seine Mitglieder sind Deutschlands Fluggesellschaften, Flughäfen, die Deutsche Flugsicherung und andere Leistungsanbieter aus der Branche. Er ist Ansprechpartner für Politik, Medien, Bürgerinnen und Bürger, wenn es um das Thema Luftfahrt geht.

Die Ziele sind neben der Stärkung der deutschen Luftfahrt als Motor für Wirtschaft, Arbeit und Entwicklung in Deutschland die Förderung einer umweltfreundlichen und zukunftsfähigen Entwicklung des Luftverkehrs. Eine wichtige Funktion ist Beratung und Kompetenz zu allen relevanten Themen, ob Sicherheit, Energieeffizienz oder die Bedeutung der Luftfahrt für die deutsche Wirtschaft.

Der Ende 2010 gegründete, also noch junge Verband hat zurzeit 14 Mitarbeiter in seiner Berliner Geschäftsstelle. Seine Struktur visualisiert das vereinfachte Organigramm in Abb. 4.70.

4.10.3 Ausgangslage, Zielsetzung, Strategie

Der Verband hat keine eigene IT-Abteilung (bzw. Personalien), weshalb zur Gründung ein externer Dienstleister mit dem Aufbau und der anschließenden Komplettbetreuung der

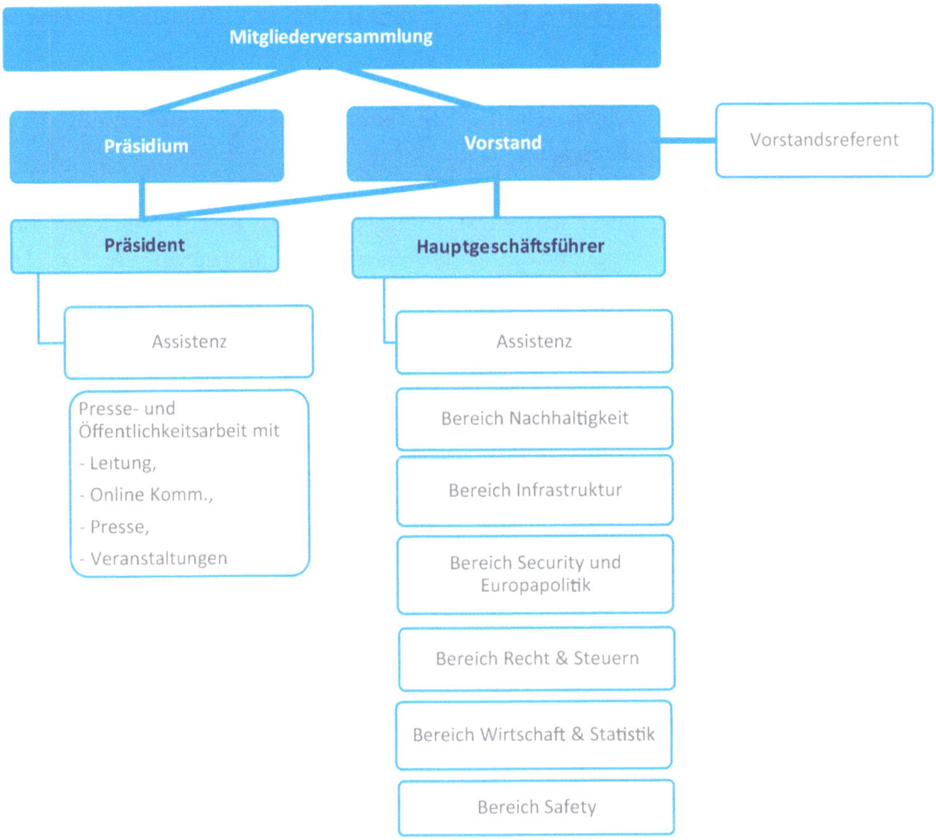

Abb. 4.70 Aufbauorganisation BDL

initialen IT-Infrastruktur, Ausstattung und zentralen Anwendungen beauftragt wurde. Intern gibt es einen Ansprechpartner aus der technischen Bereichsleitung, der IT relevante Fragen bündelt und mit dem externen Dienstleistern klärt.

Zwei Jahre nach der initialen Phase fiel die Entscheidung, die IT-Infrastruktur inklusive Dienstleiter zu überprüfen und zu konsolidieren. Ziele waren,

1. die Leistungsfähigkeit zu erhöhen,
2. mehr Service für die Mitarbeiter anzubieten,
3. den internen Ansprechpartner zu entlasten und
4. Kosten zu sparen.

Um die Situation unabhängig begutachten und diese Ziele erreichen zu können, wurde ein externer IT-Berater mit hinzu gezogen. Als Ergebnis der gemeinsamen Analyse wurde entschieden, die Konsolidierung und Betreuung der IT-Infrastruktur neu auszuschreiben, um Lösungsangebote einzuholen, mit denen diese Ziele besser als bisher erreicht werden können.

Die bestehende Infrastruktur entsprach in etwa dem in Abschn. 3.8.1 skizzierten Modell einer Verbands-IT.

Gesucht wurde primär ein IT-„General"-Dienstleister, der die bestehende IT konsolidieren, administrieren, weiterentwickeln und den benötigten Service zum bestmöglichen Preis-Leistungsverhältnis anbieten kann.

Der gesuchte Leistungsumfang schloss die Betreuung von Hardware- (primär Server, da für Telefonanlage und Drucker separate Wartungsverträge existieren), Netzwerk-, Betriebssystem-, Anwendungsebene und die Schnittstellen zu Systemen ein, die von anderen, darauf spezialisierten Dienstleistern betreut werden.

Der General-Dienstleister sollte Ansprechpartner für IT-Fragen sein und ggf. die Koordinierung und Nachverfolgung der Anfragen an die weiteren Dienstleister (für Drucker, Telefonanlage, Spezialanwendungen) übernehmen, um die verbandseigenen Mitarbeiter davon zu entlasten.

Entscheidend waren dabei nicht nur ausgewiesene Kenntnisse der in den Leistungspaketen geforderten Hardware, Software und Services, sondern vor allem auch eine hohe, möglichst kundenfreundliche Servicequalität, effiziente und effektive Prozesse sowie Verlässlichkeit/Seriosität.

4.10.4 Maßnahmen (Auswahl)

Ausschreibung IT-Generaldienstleister Zur Auswahl des neuen IT-Generaldienstleisters wurde zusammen mit dem externen Verbands-IT-Berater eine beschränke Ausschreibung konzipiert und durchgeführt.

Das Verfahren definierte die Vorauswahl von ca. 12 potenziellen Dienstleistern anhand von Top-Level-Kriterien (Ort, Größe, Branchenkenntnis, Serviceangebot, Systemkenntnisse) für die Ausschreibung. Die Teilnehmer bekamen eine Leistungsbeschreibung, einen umfangreichen Profilbogen sowie die Aufforderung zu einer terminierten, formellen Angebotsabgabe.

Von den eingereichten Angeboten wurden 4 Dienstleister zu einer ersten Präsentation eingeladen und davon 2 ins Finale geschickt (das Verfahren sah maximal drei Finalisten und 5 Halbfinalisten vor, wie Abb. 4.71 darlegt):

Die wichtigste Grundlage für eine erfolgreiche Ausschreibung bildete dabei eine professionelle Leistungsbeschreibung.

Zunächst wurden dafür alle vorhandenen Unterlagen zur bestehenden IT inklusive aller Verträge (Kaufverträge, Lizenzen, Wartungs-/Service und sonstige Dienstleisterverträge) gesammelt und ausgewertet. Ergänzt durch eigene Analysen der IT-Landschaft wurde daraufhin die Ziel-Landschaft mit Gestaltungsspielräumen für eigene Vorschläge des zukünftigen Dienstleisters definiert.

Zusammen mit der darauffolgenden Festlegung der gewünschten Serviceumfänge (Service Level Agreement, SLA) bildete dies das Gerüst der Leistungsbeschreibung (Tab. 4.3).

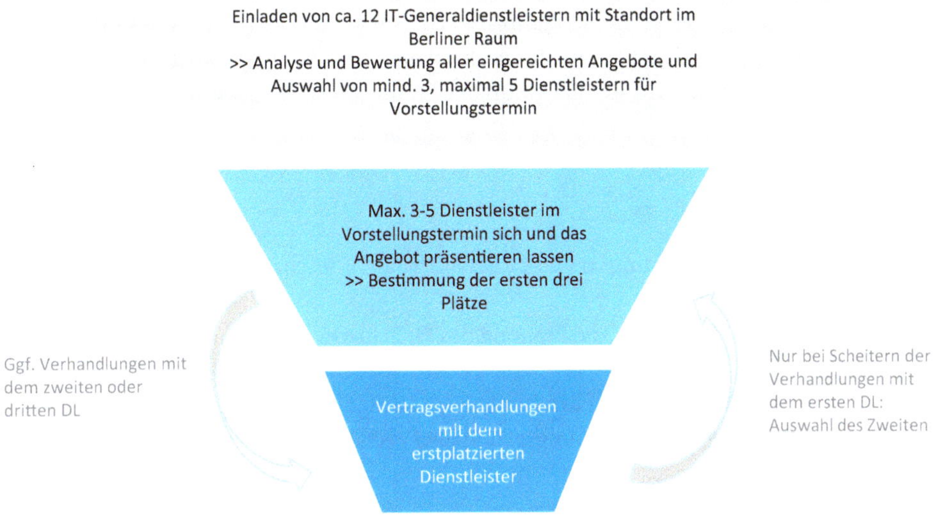

Abb. 4.71 Vorgehensmodell bei der beschränkten Ausschreibung

Tab. 4.3 Beispiel für die Definition von Service Level im Vorfallmanagement (Support)

Ausfalltyp	Reaktionszeit (Antwort mit Aufnahme des Vorfalls)	Lösungszeit (Erster Lösungsversuch nach Problemanalyse– kein Schnellschuss)	Eskalationszeiten (2 weitere Stufen bei Fehlschlagen der Lösung)
Akuter Vorfall (Arbeitsfähigkeit nicht gegeben)	0,5 Stunden	3 Stunden	6 Stunden: 2ter Lösungsversuch 12 Stunden: Ersatzsystem, mit welchem die Arbeitsfähigkeit wiederhergestellt ist
Normaler Vorfall (Arbeitsfähigkeit eingeschränkt)	1 Stunde	4 Stunden	8 Stunden: 2ter Lösungsversuch 24 Stunden: Ersatzsystem, mit welchem die Arbeitsfähigkeit wieder voll hergestellt ist
Service-Anfrage zur Beratung oder Unterstützung	4 Stunde	24 Stunden (qualifizierte Antwort oder Terminvorschlag)	-

Um dem Dienstleister eine bessere Vorstellung vom potenziellen Kunden zu geben, wurde der Leistungsbeschreibung eine komprimierte Darstellung des Verbandes mit den für die Aufgaben des Dienstleisters wichtigsten Informationen voran gestellt. Dazu zählen die Struktur, die bestehende Grundkonzeption der IT, die internen Ressourcen und wichtigsten IT-Prozesse.

Die Ausschreibung beinhaltete insgesamt (neben dem Anschreiben), die folgenden Dokumente:

A. Die **Leistungsbeschreibung** mit einer detaillierten(!) Beschreibung des ausgeschriebenen Leistungsumfanges
B. Einen **Auskunftsbogen**, der die Eignung des Dienstleisters im Sinne des Auftraggebers abbildet
C. Die **Beschreibung der Ausschreibungsbedingungen**, u. a. Gegenstand und Zweck der Ausschreibung, Ausschreibungsgrundlage/Verfahren, Zuschlag und Vertrag, Nutzungsrechte
D. Eine **Vertraulichkeitsvereinbarung**

Nach der finalen Präsentations- und Fragerunde fiel die Entscheidung auf einen Dienstleister, mit dem die Vertragsverhandlungen dann auch zu einem erfolgreichen und den Zielen entsprechenden Abschluss geführt werden konnten.

Der neue Dienstleister führte als eine der ersten Konsolidierungsmaßnahmen ein neues, Kosten sparendes Update- und Patch Management ein. Anschließend ging es um die Konsolidierung der Serverlandschaft sowie der Laptops.

Einführung, Change Management Für den Übergang von der bestehenden IT-Betreuung zum neuen Generaldienstleister wurde ein Zeitfenster von vier Wochen vorgesehen, in dem die anderen Dienstleister weiterhin verantwortlich waren und für Fragen zur Verfügung standen.

In dieser Zeit aktualisierte der neue Dienstleister die Dokumentation der gesamten IT für seine Zwecke und übernahm die Verwaltung der IT-Lizenzen, Miet- und Wartungsverträge. Dadurch bekam er einen detaillierten Einblick und konnte parallel ein eigenes IT-Management für den BDL aufbauen.

In Meetings wurden die Belegschaft und ihre neuen Ansprechpartner beim Dienstleister bekannt gemacht und die zentralen Supportprozesse eingeführt.

Datenschutz, -Sicherheit und Mobile Neben dem IT-Generaldienstleister wurde einige Zeit später auch ein externer Datenschutzbeauftragter zur weiteren Entlastung interner Ressourcen beauftragt.

Dieser erstellte nach einer internen Belehrung der Mitarbeiter zunächst ein aktuelles, öffentliches Verfahrensverzeichnis (s. Abschn. 3.7 Datenschutz & Datensicherheit). Anschließend führte er vor Ort komprimiert ein eintägiges Datenschutzaudit durch und dokumentierte die Ergebnisse in einem internen Verfahrensverzeichnis.

Diese Dokumentation ist für eine Organisation mit mehr als 9 Mitarbeitern nicht nur datenschutzrechtlich geboten, sondern auch in Bezug auf die unten unter „Mobile“ kurz beschriebenen Maßnahmen von Bedeutung.

Mobile Bei den Smartphones und Tablets der Mitarbeiter bestand Handlungsbedarf hinsichtlich Aktualisierung, Vereinheitlichung, Geräte- und Anwendungsmanagement. Die Telefone waren größtenteils Blackberrys, parallel gab es iPhones und iPads in unterschiedlichen Versionen. Die Blackberrys sollten durch neuere Modelle bzw. iPhones ersetzt und damit auch der Blackberry Server eingespart werden.

Auf den meisten Geräten war bereits E-Mail Exchange eingerichtet, wobei es auf den Blackberrys Probleme mit veränderten Datenfeldern gab. Auch wurden bereits iPhone und iPad Apps der zentralen Anwendungen für das gemeinsame Dokumenten- und Kommunikationsmanagement (CRM) getestet. Hier gab es jedoch noch Nachholbedarf im Sicherheits-, Geräte- und Rechtemanagement, was vor einer breiten Einführung geklärt werden sollte.

4.10.5 Ergebnisse und Ausblick

Vor Redaktionsschluss stand die Suche nach einem geeigneten Videokonferenz-System auf der Agenda.

Nach Durchführung dieser Maßnahmen ist der Verband insgesamt digital gut aufgestellt.

Mit Hilfe der professionellen Ausschreibung konnte eine Lösung gefunden werden, die bei reduzierten Kosten zu einer erheblichen Verbesserung der IT-Betreuung geführt hat. Die Kosten für die Ausschreibung haben sich in weniger als einem Jahr amortisiert.

Eine wichtige Erfahrung ist, dass es sich finanziell, organisatorisch und qualitativ rechnet, eine professionelle Suche, Auswahl und ggf. Ausschreibung von IT-Lösungen und Dienstleistern vorzunehmen, auch wenn es zunächst nach Mehraufwand aussieht.

Dabei kann eine unabhängige(!) externe Unterstützung helfen, ja sie ist sogar geboten, wenn intern nicht genügend IT Managementkompetenz bereit steht.

5 Fazit & Ausblick

Es ist nicht genug zu wissen; man muss es auch anwenden. Es ist nicht genug zu wollen; man muss es auch tun (Johann Wolfgang von Goethe).

Digitalisierung erfasst grundlegende Funktionen der Gesellschaft, der Wissenschaft, der Wirtschaft, der Medien, der Politik und damit auch der Verbandswelt.

Information ist der Rohstoff des 21. Jahrhundert und Big Data die dazu passende Philosophie – oder Kampagne, je nach Sichtweise.

Digitalen Strategien, Konzepten, Lösungen und Technologien kommt eine Schlüsselrolle elementarer Bereiche der Verbandsarbeit zu, wie Informations-, Kommunikations-, Netzwerk- und Wissensmanagement. Deshalb betrifft die Entwicklung Verbände stärker, als viele andere Branchen!

Verbände in Deutschland stehen auf nationaler und internationaler Ebene vor der großen Herausforderung, sich im „War for Attention" zu behaupten. Die sich immer schneller drehende Medienspirale führt zu neuen kommunikativen Aufgaben bei steigender Konkurrenz durch Agenturen, privatwirtschaftliche Initiativen und anderen Interessensgruppen. Dabei geben Online Medien den Takt und immer öfter auch den Ton in vielen Meinungsbildungsprozessen an; Social Media, E-Campaigning und E-Lobbying gehören schon heute in das Vokabular einer modernen Interessensvertretung.

Hinzu kommen die gestiegenen Anforderungen von den Mitgliedern an eine professionelle, effiziente Verbandsarbeit und geldwerte Dienstleistungen. Sie erwarten von Ihren Verbänden neben vorzeigbaren Ergebnissen an ihre Bedürfnisse orientierte Informations-, Networking und Kommunikationsangebote sowie einen effizienten und effektiven Umgang mit ihren Beiträgen.

Erfolgreiche Verbände treiben den Veränderungsprozess aktiv voran, wie einige der Beispiele in Kap. 4 dieses Buches aufzeigen. Die Vorreiter entscheiden sich für einen Relaunch, der ein neues Selbstverständnis, eine professionelle, moderne Außendarstellung, mehr Dialog, Transparenz und eine mehr an Projekten als an Stabs-Hierarchien orientierte Organisationsstruktur fördert.

T. Klauß, *Verbände digital*, X.media.press, DOI 10.1007/978-3-642-45019-8_5,

Viele Verbände sind (auf)gefordert, sich insgesamt Service orientierter, professioneller, flexibler, effizienter und effektiver aufzustellen. Dabei müssen sie den Mut haben, neue Wege zu gehen, um nicht in wenigen Jahren von der (digitalen) Bildfläche zu verschwinden.

Hierzu das Zitat eines Verbandsgeschäftsführers: *„Wir haben uns in unseren Dienstleistungen weiter professionalisiert und sehen uns immer mehr als Lösungsanbieter nicht nur für den von uns vertretenen Industriezweig, sondern vielmehr für jedes einzelne Mitgliedsunternehmen." (Quelle Verbandsreport 01|2014)*

Nicht zuletzt stellen aktuelle und vor allem potenzielle Mitarbeiter gestiegene Anforderungen an ein modernes Arbeitsumfeld, wie es viele Unternehmen und konkurrierende Non-Profit-Organisationen bereits anbieten. Auch im „War for Talents" müssen Verbände verstärkt um ein attraktives Image werben, wollen sie mit ihrer Belegschaft den Erwartungen der Mitglieder gerecht werden.

Dazu zählt eine zeitgemäße Organisationskultur mit kürzeren Entscheidungswegen sowie eine optimierte Gestaltung interner, wissensbasierter Abläufe bei knapper werdenden Ressourcen. Laut einer Umfrage der Deutschen Gesellschaft für Verbandsmanagement (DGVM) zum Jahreswechsel 2013/2014, rangiert die Herausforderung, geeignete Mitstreiter zu finden, bereits an fünfter Stelle der drängendsten Aufgaben – eine Stelle höher als 2013.

Allen diesen Herausforderungen ist gemein, dass sie ohne eine moderne und professionellere IT – ob inhouse, outsourced oder in der Cloud – nicht mehr bewältigt werden können.

Als Basis wird eine Agenda benötigt, welche die strategische Einbindung der digitalen Verbandsentwicklung als Kernaufgabe des Verbandsmanagements annimmt.

Die daraus abgeleiteten Maßnahmen betreffen große Teile des Verbandes, beispielsweise

- Organisationsentwicklung, Prozess- & Qualitätsmanagement,
- Dokumenten-, Content-, Informations- & Wissensmanagement,
- Verbands-IT Infrastruktur,
- Interne Kommunikation (separiert nach Mitarbeitern und Mitgliedern),
- Mitgliederservices & Networking,
- Veranstaltungsmanagement,
- Kontakt- und Beziehungsmanagement,
- Außenkommunikation und Verbandsmarketing,
- Lobbying, Monitoring und Agenda Setting,
- Datenschutz, Datensicherheit, Compliance sowie
- Projekt- & Change Management.

Fast alle Maßnahmen kreisen um das Management der Key Assets, also des Wissenskapitals eines Verbandes (vgl. Abschn. 3.2. Wissensmanagement). Die zentrale Anforderung für moderne Verbandsarbeit ist demnach eine interne Modernisierung als Voraussetzung für eine moderne Außenwirkung!

Worauf es bei diesen und weiteren Maßnahmen ankommt, versucht das Buch aufzuzeigen. Dies impliziert eine integrative, umfassende Sicht auf die digitale Verbandswelt. Ein wichtiges Ziel des Buches ist es auch zu vermitteln, dass es weniger um die Namen spezieller Software oder Internet-Dienste geht, sondern vor allem um die richtige Herangehensweise: Eine gute Herangehensweise mit mangelhafter Software führt zu besseren Ergebnissen als eine gute Software bei mangelhafter Herangehensweise!

Tools wechseln fast jährlich, wer sich als Organisation intern nicht darauf einstellt, schnell auf neue Entwicklungen reagieren zu können oder besser proaktiv Entwicklungen zu beobachten, wie es bei politischen oder wirtschaftlichen Veränderungen ja selbstverständlich ist, wird immer zu spät kommen. Dazu ein Zitat von Albert Einstein: „Das Problem zu erkennen ist wichtiger als die Lösung zu erkennen, denn die genaue Darstellung des Problems führt zur Lösung."

Digital hinterher zu hinken ist keine Kalamität mehr, weil ein Großteil der Prozesse einer unausweichlichen Digitalisierung unterworfen sind. Das heißt, ohne moderne IT sind die Anforderungen moderner Verbandsarbeit nicht zu bewältigen – es sei denn eventuell noch mit hohen Kostenaufwänden für externe Dienstleister.

IT gesellt sich neben die anderen, strategischen Kernaufgaben der Verbandsführung. Den Verbänden steht eine vergleichbare Entwicklung bevor, wie sie die klassischen Medienhäuser bereits erleben. In diesem längerfristigen, nachhaltigen Prozess helfen keine kurzfristigen Lösungen. Es geht um einen „Change", der nur mit vereinzelten, digitalen Maßnahmen wie z. B. einer neuen Website, Social Media Aktivitäten oder dem Kauf einer neuen CRM-Software nicht gelingen kann.

Abschließend ein Zitat von Mary C. Joyce, New Media Operations-Managerin der Obama Wahlkampagnen:

> *Es kann die Authentizität beschädigen, wenn der Eindruck entsteht, dass neue Technologien vor allem genutzt werden, um sich als innovativ zu branden, ohne dass die Technologie selbst der Kampagne etwas bringt. Die Menschen merken so etwas. Als erstes braucht man immer eine Strategie.*

▸ **Hinweis** Wer sich bei weiter über das Thema informieren möchte, den lade ich ein, meinen Blog www.verbaende-digital.com zu besuchen: Dort finden sich zahlreiche weitere Artikel, Aktualisierungen zu einzelnen Partien des Buches und natürlich die Möglichkeit, sich mit mir und anderen zu vernetzen und in Dialog zu treten.
Bitte richten Sie eventuelle Nachfragen zu den Fallbeispielen auch an mich (http://www.moderner-verband.de/anfrage.htm), damit ich sie kanalisieren und bevorzugt bearbeiten kann – die betreffenden Verbandsmitarbeiter/innen würden es Ihnen danken!

Zum Autor

Der Autor ist Diplom-Informatiker und Diplom-Medienberater und seit Mitte der 90er im Bereich digitaler On- und Offline-Medien tätig. Er hat ein Kundenspektrum von internationalen Blue Chips bis zum kleinen Start-up und von Profit- wie Non Profit Organisationen.

Seit 2010 hat er sich unter dem Namen *Xpoint0 – Moderner Verband* darauf spezialisiert, Verbände bei der strategischen und praktischen Planung, Einführung und Umsetzung digitaler Modernisierungsmaßnahmen zu unterstützen und bei der Auswahl passender Lösungen zu beraten. Thomas Klauß ist Initiator und Mitveranstalter des jährlich seit 2012 Ende Januar stattfindenden Praxisforums „Verbände digital" (s. aktuelle Hinweise auf www.verbaende-digital.de) und Autor zahlreicher Fachartikel, Beiträge und Vorträge zu diesem und verwandten Themengebieten[1].

Von 2005 bis 2010 war er beim BITKOM hauptverantwortlicher Projektmanager für Online Medien und Wissensmanagement. Unter anderem hat er dort ein Social Intranet

[1] Unter anderem Wissensmanagement in Netzwerken und zeit- und ortsunabhängige Zusammenarbeit (Smart Collaboration).

T. Klauß, *Verbände digital*, X.media.press, DOI 10.1007/978-3-642-45019-8,

sowie eine „2.0"-Verbandsplattform konzipiert, geplant und verbandsweit eingeführt. Mit mehr als 20.000 Nutzern und Expertenprofilen, umfassendem Wissenspool, Collaboration und Social Media Features und mehr als 220 Gremien-, Themen- und Zusammenarbeitsbereichen war dies das erste integrierte Verbandsportal dieser Art und Größe in Deutschland. Damit verbunden leitete er die Migration auf ein neues, mit dem Portal integriertes und um neue Anwendungen erweitertes CRM-System. Dieses Projekt wurde 2010 mit einem CRM best practice Award prämiert.

Literatur

[BH13] Heinzlmaier, B. (2013). *Performer, Styler, Egoisten*. Berlin: Archiv der Jugendkulturen Verlag KG.

[Bu03] Burt, R. S. (2003). *Social origins of good ideas*. January: University of Chicago. http://gsb.uchicago.edu/fac/ronald.burt

[DA00] Davenport, T. H., & Prusak, L. (2000). *Working Knowledge: How Organizations Manage What They Know* (S. 88–106). Boston: Harvard Business School Press. Kapitel 5 Knowledge Transfer

[DB01] Davenport, T. H., & Beck, J. C. (2001). *The Attention Economy: Understanding the New Currency of Business*. Harvard: Harvard Business School Press.

[DF12] Fischer, D. (2012). *Strategiefähigkeit und Kampagnenführung von Unternehmerverbänden – Interessenvertretung am Beispiel des Verbandes Die Familienunternehmer – ASU*. Wiesbaden: Springer VS Verlag für Sozialwissenschaften.

[Fi11] Fischer, D. (2011). *Strategiefähigkeit und Kampagnenführung von Unternehmerverbänden – Interessenvertretung am Beispiel des Verbandes* Die Familienunternehmer ASU. Berlin: Springer VS. Dissertation FU Berlin

[FS11] Schirrmacher, F. (2011). *Payback : warum wir im Informationszeitalter gezwungen sind zu tun, was wir nicht tun wollen, und wie wir die Kontrolle über unser Denken zurückgewinnen*. München: Pantheon.

[FS13] Schirrmacher, F. (2013). *Ego: das Spiel des Lebens*. München: Blessing.

[GB10] Bender, W. (2010). *Digital Public Affairs – Social Media für Unternehmen, Verbände und Politik*. Berlin: Helio Media GmbH.

[GR11] Greve, G. (2011). Social CRM – ganzheitliches Beziehungsmanagement mit Social Media. *Marketing Review St. Gallen*, *05*, 17.

[Ha07] Cohen, B. (2007). Managing Collaborative Networks. In S. Hawamdeh (Hrsg.), *Creating Collaborative Advantage Through Knowledge and Innovation, Technology and Cultures* Proceedings of the 2006 International Conference on Knowledge Management, (Bd. 5, S. 135). Singapur: World Scientific Publishing Co Pte Ltd.

[KB14] Koch-Baumgarten, S. (2014). *Verbände zwischen Öffentlichkeit, Medien und Politik*. Wiesbaden: Springer Fachmedien Reihe Essentials.

[Kl208] T. Klauß: „Networking 2.0 statt „face2face" – Netzwerkbasierte Wissenskooperation im Verband", Verbändereport 01/2008, Bonn, S. 8 ff

[Kl308] Klauß, T. (2008). Knowledge Management in Cross-Organizational Networks like the European ICT Association BITKOM – A case study. *Proceedings of World Academy of Science, Engineering and Technology*, *30*(July), S. 79 ff.

[LB11] Lietzau, Bender, & Richter (Hrsg.). (2011). *Praxishandbuch Social Media in Verbänden/Grundlagen - Praxiswissen - Fallbeispiele* (1. Aufl.). Bonn: Business FORUM, DGVM. u. a. mit Beiträgen von Thomas Klauß und Dr. Hans-Werner Busch

[LI13] Lichtsteiner, Gmür, Giroud, & Schauer (2013). *Das Freiburger Management-Modell für Nonprofit Organisationen* (7. Aufl.). Bern/Stuttgart/Wien: Haupt Verlag.

[MP09] Marcinkowski, & Pfetsch (Hrsg.). (2009). *Politik in der Mediendemokratie* (1. Aufl.). Wiesbaden: VS Verlag für Sozialwissenschaften.

[Ni08] Nielsen, J. (2006). *Participation inequality: Encouraging more users to participate* Retrieved from http://www.useit.com/alertbox/participation_inequality.html on June 19, 2008

[No95] Nonaka, I., & Takeuchi, H. (1995). *The Knowledge-Creating Company*. Oxford: Oxford University Press Inc..

[OB14] Oppong, M. (2014). *Verdeckte PR in Wikipedia - Das Weltwissen im Visier von Unternehmen*. Arbeitsheft 76 der Otto Brenner Stiftung. https://www.otto-brenner-shop.de/publikationen/obs-arbeitshefte/shop/verdeckte-pr-in-wikipedia-ah76.html

[Pr98] Probst, G., & Romhardt, K. (1998). Bausteine des Wissensmanagements - ein praxisorientierter Ansatz. In Dr. Wieselhuber & Partner (Hrsg.), *Handbuch Lernende Organisation* (1. Aufl. S. 129–143). Wiesbaden: Gabler.

[RO98] Rolf, A. (1998). *Grundlagen der Organisations- und Wirtschaftsinformatik*. Berlin, Heidelberg: Springer-Verlag.

[SC05] Schwarz, P. (2005). *Organisation in Nonprofit-Organisationen - Grundlagen, Strukturen* (1. Aufl.). Bern: Haupt Verlag AG.

[SD71] Simon, H. (1971). Designing organizations for an information-rich world. In M. Greenberger (Hrsg.), *Computers, Communication, and the Public Interest* (S. 37–52). Baltimore: The Johns Hopkins Press.

[St08] Stary, C., Barachini, F., & Hawamdeh, S. (2008). *Knowledge Management: Innovation, Technology and Cultures Proceedings of the 2007 International Conference: Innovation, Technology and Cultures*. Series on Innovation and Knowledge Management, Bd. 6, S. 1). Singapur: World Scientific Publishing Co Pte Ltd.

[ST11] Princeton Survey Research Associates International for the Pew Research Center's Internet & American Life ProjectSurvey by Pew Internet & American Life Project.2010, Sample: National adult.

[TU06] Pawlowsky et al. (2006). *Wissensmanagement als Wettbewerbsvorteil in kleinen und mittelständischen Unternehmen - Empirische Typologisierungen auf Grundlage einer bundesweiten Befragung*.
http://www.google.com/url?sa=t%26source=web%26cd=2%26ved=0CB0QFjAB
%26url=http%3A%2F%2Fwww.tu-chemnitz.de%2Fwirtschaft%2Fbwl6%2Fforschung
%2Fmetora%2Fdocs%2Ffokus_prints_09-06.pdf%26rct=j%26q=TU%20Chemnitz
%20Studie%20Wissensmanagement%20KMU%26ei=PPp9TYesNovwsgbr_uHrBw
%26usg=AFQjCNGfTWQmaqgMuTZaJprfBw53Iwjddg%26cad=rja

[TWE98] Tweraser, S. (1998). Besonderheiten der Implementierung von Instrumenten. In R. Eschenbach (Hrsg.), *Führungsinstrumente für die Nonprofit Organisation: bewährte Verfahren im praktischen Einsatz* (S. 437–440). Stuttgart: Schäffer-Pöschel.

[VR11] Busch, H. W., & Klauß, T. (2011). Verbandsarbeit heute und morgen unter dem Einsatz moderner Informations- und Kommunikationstechnologie. *Zeitschrift Verbändereport, 03*, S. 10 ff. Bonn

[WE13] Wenig et al. (2013). *Competition among memes in a world with limited attention*. Scientific Reports, Bd. 2 Article number: 335

Sachverzeichnis

A

Agenda Setting, 18, 23, 64, 103, 104, 106, 176, 178, 222, 242
Anwendungsszenarien, Use Cases, 48, 51, 138, 149, 213
Apps, 8, 60, 65, 106, 127, 128, 131, 134, 189, 193, 194, 202, 203, 215, 234, 239
Ausschreibung, 58, 62, 182, 234, 236, 238, 239
Außenkommunikation, 3, 15, 35, 162, 202, 205, 218, 242

B

Big Data, 12, 241
Blog, 8, 17, 18, 47, 51, 53, 75, 100, 181, 218, 243
Branchenverband, 16, 29, 48, 85, 176, 181
BYOD „bring your own device", 130

C

Change Management, 31, 68, 147, 149, 153, 164, 166, 171, 182, 187, 205, 214, 223, 231, 238, 242
Cloud, 16, 20, 35, 49, 57, 60, 118, 122, 124, 125, 154, 158, 166, 167, 169, 171, 172, 182
Collaboration, Social Collaboration, Online (Gremien-)Arbeitsräume, 17, 21, 24, 43, 44, 49, 51, 53, 62, 63, 146, 179, 184, 188, 193, 233
Communities, 5–7, 49, 70, 71, 100, 206, 218
Community-Manager, 29, 161, 216
Compliance, 1, 48, 56, 68, 128, 132, 242
Content Management/CMS, 46, 47, 57, 60, 177, 178, 180, 211
Corporate Design, 154, 166, 167, 170, 197
CRM, 1, 16, 24, 35, 43, 44, 48, 50, 53, 56, 62, 80–82, 90, 93, 94, 96, 121, 124, 127, 130, 131, 150, 154, 158, 160, 169, 179, 181, 182, 186, 187, 189, 233, 239, 243
extended CRM, Social CRM, 80, 82

D

Dachverband, 29, 172, 228
Datenschutz, 9, 11, 35, 60, 83, 96, 97, 107, 109, 111, 118, 119, 126, 127, 130, 131, 180, 214, 215, 217, 238, 242
Datenschutzbeauftragter, 30, 119, 234, 238
Datensicherheit, 35, 43, 83, 96, 107, 111, 127, 132, 238
Dialogplattform(en), 3–7, 21, 50, 177
Dokumentenmanagementsystem/DMS, 44, 57, 60, 127

E

E-Campaigning, 105, 106, 175–179, 204, 218–221, 223, 241
E-Campaigning, 241
E-Lobbying, 5, 19, 35, 43, 75, 84, 92, 97, 102, 178, 179, 241

G

Gremienmanagement, 82, 94, 181

I

inhouse, 35, 60, 121, 131, 178, 242
Internet-Auftritt/Website, 63, 167, 190, 208
Intranet, 16, 34, 44, 46, 47, 56, 57, 59, 62, 63, 95, 125, 177, 179, 181, 185, 186, 189, 210, 216
IT-Infrastruktur, 61, 124, 169, 235

K

Kampagnensites, 64, 70–72, 177, 222, 223
Kommunikationsmanagement, 16, 24, 41, 43, 80, 82, 90, 169, 239

M

Meinungsführer, 100–102
Microblog (Twitter), 18–20, 23, 40, 60, 62, 63, 70, 74, 75, 78, 92, 99, 100, 102, 104, 106, 133, 145, 161–163, 165, 175–178, 190, 193, 195, 197, 200, 201, 205, 220, 223
Microsite, Microsites, 71, 104, 172
Mitgliederportal, 17, 34, 44, 47, 49, 50, 53, 54, 60, 63, 68, 82, 88, 95, 151, 179, 181–184, 189, 208, 225, 227, 228, 230, 233
Mitgliederservices, 20, 23, 30, 43, 44, 50, 60, 78, 133, 161, 166, 179, 225, 242
Mobile
  Phablets, 10, 64, 65, 127, 134
  Smartphones, 10, 109, 121, 127, 128, 130, 134, 212, 216, 239
  Tablets, 10, 64, 109, 121, 127, 128, 130, 131, 212, 216, 239
Mobile Device Management System/MDM, 127, 132
Monitoring, 23, 75, 82, 99, 100, 102, 104, 105, 242
Multi Channel, 43, 57, 62, 105, 106, 172, 203, 218, 220

N

Networking, 3, 24, 30, 43, 45, 51, 55, 94, 133, 161, 213, 241, 242
Newsletter, 7, 18, 54, 60, 62, 82, 90, 92, 104, 126, 167, 170, 178, 202, 229

O

Office-Software, 94
Online Medien, 5, 16, 241
Online Umfragen, 18, 68
Open Source, 45, 80, 130
Organisationsstruktur, 28, 137, 157, 180, 185, 197, 241
Outsourcing, 30, 60, 80, 118, 121, 123

P

Personalisierung, 58, 61
Personenverband, 29, 205
Projektmanagement, 31, 42, 68, 95, 136, 139, 141, 142, 145, 150, 166, 177, 185
  Scrum, 137
  V-Modell, 136
Publishing, 42, 121, 201

Q

Qualitätsmanagement, 45, 48, 49, 185, 228, 232, 242

R

Rechtemanagement, 57, 62, 82, 239
Responsive Design, 61, 65, 134
RSS-Feeds, 19, 51, 71

S

Social Extranet, 49, 184
Social Intranet, 44, 47
Social Media, 1, 3, 5, 15, 17–22, 34, 50, 53, 59, 60, 62, 63, 70, 75, 78, 79, 88, 90, 92, 100, 102, 133, 145, 154, 161, 162, 165, 174, 178, 189, 193, 197, 200, 202, 205, 206, 208, 219, 223, 224, 233, 241, 243
Soziale Netzwerke, Social Network Analysis, SNA, 5–9, 98–101
Studie, 2, 5, 9, 15, 18, 27, 46, 49, 63, 75, 82, 153
Suchmaschinenoptimierung, SEO, SEM, Ranking, 57, 61, 62, 64, 72, 75, 104, 174, 192

U

Usability, 60, 134, 150

V

Veranstaltungsmanagement, 81, 87, 121, 159, 183, 242
Verbands-IT, 35, 121, 166, 234, 236
Verfahrensverzeichnis, 111, 118, 238
Video, 19, 37, 60, 63, 75, 78, 104, 130, 171, 175, 193, 200, 206, 212, 213, 216
Videokonferenz, Webkonferenz, Webinar, 20, 41, 51, 52, 129, 132, 133, 171, 181, 206–209, 212, 213, 215–217

W

Web 2.0, 1, 7, 8, 29, 64, 164, 179, 206, 210, 233
Wiki, 39–41, 50, 145, 202
Wissensmanagement, 36–38, 158, 179, 181, 197, 225–227, 241, 242
  Kompetenzmanagement, 42, 45, 185

FSC
www.fsc.org
MIX
Papier | Fördert
gute Waldnutzung
FSC® C083411

Kolibri 360 GmbH
Ferdinand-Jühlke-Straße 7
99095 Erfurt, Deutschland
produktsicherheit@kolibri360.de